U0541107

国家自然科学基金项目（71763018）
江西省社会科学规划项目（20GL05）
江西省高校人文社会科学研究项目（GL19242）
南昌大学江西扶贫发展研究院项目（FPFZ001）
南昌大学廉政研究中心和公共管理学院资助

中国食糖产业研究

基于保障生产稳定与市场安全视角

高群 著

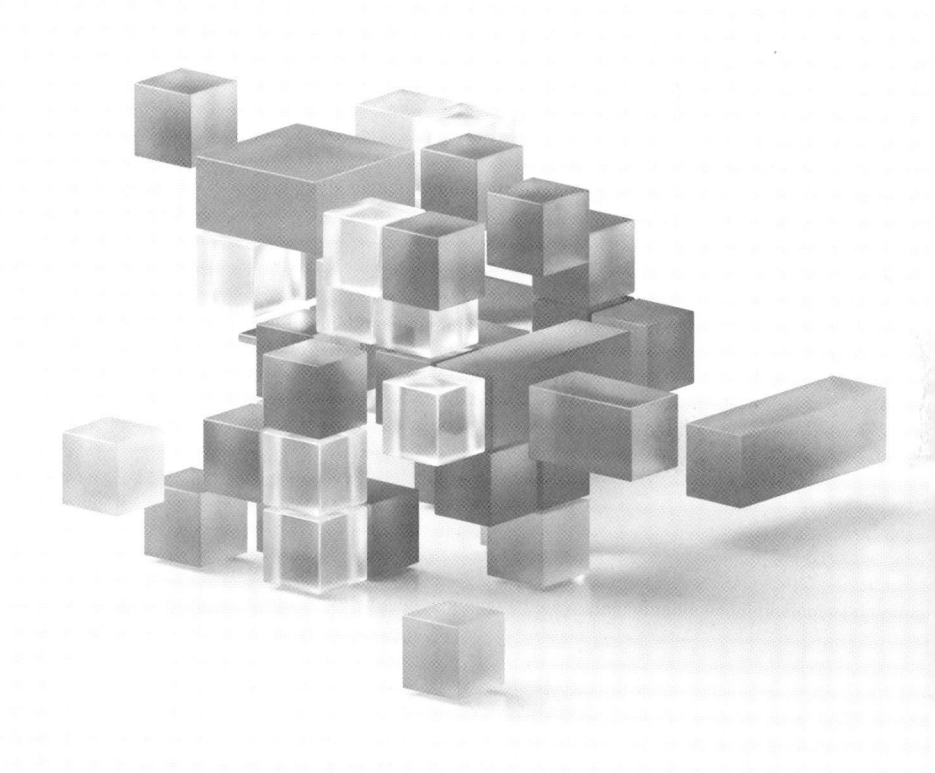

中国社会科学出版社

图书在版编目（CIP）数据

中国食糖产业研究：基于保障生产稳定与市场安全视角/高群著 . —北京：中国社会科学出版社，2021.9
ISBN 978-7-5203-8446-9

Ⅰ.①中… Ⅱ.①高… Ⅲ.①食糖—制糖工业—工业企业管理—安全管理—中国 Ⅳ.①F426.82

中国版本图书馆 CIP 数据核字（2021）第 088766 号

出 版 人	赵剑英
责任编辑	车文娇
责任校对	周晓东
责任印制	王 超

出　　版	中国社会科学出版社
社　　址	北京鼓楼西大街甲 158 号
邮　　编	100720
网　　址	http：//www.csspw.cn
发 行 部	010-84083685
门 市 部	010-84029450
经　　销	新华书店及其他书店
印　　刷	北京明恒达印务有限公司
装　　订	廊坊市广阳区广增装订厂
版　　次	2021 年 9 月第 1 版
印　　次	2021 年 9 月第 1 次印刷
开　　本	710×1000　1/16
印　　张	13
插　　页	2
字　　数	213 千字
定　　价	69.00 元

凡购买中国社会科学出版社图书，如有质量问题请与本社营销中心联系调换
电话：010-84083683
版权所有　侵权必究

内容简介

食糖是食用性、战略性、全球化、金融化以及能源化多重属性兼具的重要大宗敏感农产品之一，也是继蔬菜、棉花和油料作物之后的重要大宗经济作物，在中国农业经济领域中扮演着重要角色。与此同时，中国作为全球为数不多的兼具甘蔗作物和甜菜作物生产优势的国家，在全球食糖市场扮演着重要角色，是世界上重要的糖料作物生产国、食糖产品进口国以及消费国。研究如何从源头稳定糖料作物生产、确保产品供给稳定、保障食糖市场安全是一项复杂的系统工程，同时具有重要的现实意义。

本书旨在从生产稳定与市场安全视角系统开展中国食糖产业安全问题研究。在查阅国内外文献资料、收集食糖产业生产与市场相关数据的基础上，遵循"中国食糖产业生产功能区时空格局分异特征是什么？"→"中国食糖产业生产功能区时空集聚是如何形成的？"→"地理距离变量抽离前后中国食糖产业市场的整合程度如何？"→"不同外部市场势力会给中国食糖市场带来怎样的冲击效应？"→"中国食糖市场价格系统内是否存在非周期性、非规律性的结构性突变？"的逻辑思路展开研究。本书主要的研究内容包括五个方面：第一，从生产稳定视角展开中国食糖产业功能区时空格局分异特征与动态演进趋势研究。基于空间洛伦兹曲线的生产集中化指数，从食糖产业整体视角和品种细分视角分别研究糖料作物时空格局分异特征以及食糖主产区生产集中化趋势的演进规律。第二，基于对数平均迪氏分解 LMDI 模型，从产业整体视角、品种细分视角以及区域布局视角三个维度分别展开中国食糖产业时空集聚影响因子及其要素贡献程度研究。第三，分别选取甘蔗作物和甜菜作物作为中国南方和北方两种主要的糖料作物代表，基于外部综合价格指数指标，在一价定律的分析框架内展开地理距离变量抽离前后中国南北方食糖市场整合程度的研究。第四，基于食糖产品具备的多重属性，利用 BEKK –

GARCH 类模型分别开展国际化驱动势力、金融化驱动势力以及能源化驱动势力对中国食糖市场的冲击效应研究，综合探讨不同市场势力与中国食糖市场相互之间的动态关联关系和溢出效应；随后，将国际化冲击因素、金融化冲击因素以及能源化冲击因素纳入同一分析框架，并添加食糖产业传统驱动因素，利用自回归分布滞后 ARDL 模型开展新形势下多重市场势力对中国食糖市场的混合冲击效应研究。第五，基于商品价格突变 PPM 模型，科学诊断中国食糖市场价格系统内的非周期性、非规律性的结构性突变现象，识别突变发生节点、呈现方向、作用程度，并深入剖析食糖市场价格结构性突变形成的诱发机理。

　　本书主要的研究结论有：第一，1978—2015 年中国糖料作物整体生产逐步向优势区域集中并呈现"西移"的趋势，产业生产集中度有了明显的提高，中国南方、北方两种主要的糖料作物——甘蔗作物和甜菜作物的生产布局均出现了较大幅度的位置迁移，并呈现"蔗多菜少"的态势；其中，甘蔗作物的生产逐步向包括广西壮族自治区和云南省等省域在内的西南优势区域集中，甘蔗作物的生产集中化程度明显优于甜菜作物并呈现"U"形变动轨迹；而甜菜作物的主要生产区域正在向包括新疆维吾尔自治区、内蒙古自治区等省域在内的西北产区迁移，甜菜作物的生产集中化趋势表现出"上升—下降—上升—下降—上升"的类"M"形波浪式演进，且甜菜作物生产集中化水平仍然存在较大的提升空间。第二，从产业整体、品种细分以及区域布局三个不同视角测算的中国改革开放以来糖料作物生产时空格局演变因素分解效应存在显著的差异。从产业整体来看，因科技进步等因素引致的单产水平提升是糖料作物总产量增长的根本原因。其中，从作物构成来看，甘蔗作物播种面积扩大是引致糖料作物总产量显著增加的首要因素，其次为甘蔗作物与甜菜作物的单产效益，而甜菜作物播种面积效应则在一定程度上延缓了糖料作物总产量提速；从区域布局来看，广西壮族自治区、云南省、新疆维吾尔自治区、海南省及贵州省等省域的糖料作物产量迅猛增加取决于播种面积与单产水平提升双因素，其余各省域产量变化均由单一因素主导。第三，中国糖料作物主产区均逐步趋于市场整合状态，南方地区甘蔗作物和北方地区甜菜作物主产省域之间的市场整合程度较高；对比气候条件、气候条件变异系数以及丰收质量等当地生产条件，外部综合价格变动对食糖市场价格影响程度更高；并且，地理距离临近的主产省域之间的市场整合程度要高于地理距离相对较远的主产省域。第四，步入21世纪以来，中国食糖市场价格传导机制正在发生新的变革，包括对未来市场价格的理性预期在内的传统驱动因素仍然是影响国内食糖市场价格波动的重要因素之一，与此同时，全球化冲击、金融化冲击、能源化冲击等各大新型外部冲击势力同时作用于国内食糖市场，给中国食糖产业安全带来不容小觑的威胁，使国内食糖市场面临更加复杂的、不确定的价格波动。第五，2007—2017年中国食糖市场共经历了6次非周期性、非规律性的市场价格系统结构性异常突变；突变形成的主要驱动因素为全球化属性、金融化属性、能源化属性等新型冲击势力，并且三大市场价格异动与中国食糖现货市场价格突变的方向存在一定的趋同性。

最后，本书提出确保中国食糖产业安全的对策建议：第一，甘蔗作物是中国食糖产业发展的主导要素与关键命脉，务必要紧抓广西壮族自治区、云南省两地甘蔗作物的规模化、机械化生产，并适度优化甜菜作物的优势区域布局。第二，依托现代化科技，力推"广西模式"，努力提高糖料作物单产水平。第三，建立糖料作物主产区长效的供求合作机制，支持中国北方地区甜菜作物与南方地区甘蔗作物跨省域的生产与投资，鼓励中国食糖产业新型流通业态的产生。第四，重视食糖价格系统内非周期性、非规律性的价格异动新特性，科学把握食糖市场相关价格新动向，尤其是期货市场、能源市场以及国际市场新动向，随时防控因外部市场冲击叠加引致的产业市场风险升级，并强化对食糖产业链市场相关利益主体的有效引导。第五，坚持市场导向的原则，改革与规范国内现行的食糖产业政策调控体系。

目　录

第一章　导论 ... 1
第一节　问题的提出及研究意义 ... 1
第二节　中国食糖产业发展概况 ... 5
第三节　国内外研究现状及发展动态 ... 11
第四节　研究内容、研究目标及拟解决的关键问题 ... 19
第五节　理论基础、研究方法与技术路线 ... 24
第六节　可能的特色与创新 ... 38

第二章　中国糖料作物生产功能区时空格局分异研究 ... 41
第一节　问题的提出与文献回顾 ... 41
第二节　方法介绍与数据说明 ... 44
第三节　食糖主产区集中化趋势演进分析结果 ... 46
第四节　研究结论与讨论 ... 56
第五节　本章小结 ... 58

第三章　中国糖料作物生产时空集聚的作物贡献要素分解 ... 60
第一节　引言与文献回顾 ... 60
第二节　理论分析与 LMDI 模型构建 ... 62
第三节　全国糖料作物产业总体时序特征 ... 65
第四节　省域糖料作物产量分解因素效应的时空特征 ... 70
第五节　研究结论与讨论 ... 72
第六节　本章小结 ... 74

第四章　地理距离变量抽离前后中国南北方食糖市场整合研究 …… 76

- 第一节　引言与文献回顾 …… 76
- 第二节　基于外部综合价格指数$\overline{p_{it}}$的实证模型简介与数据说明 …… 79
- 第三节　实证过程和结果分析 …… 82
- 第四节　研究结论与讨论 …… 87
- 第五节　本章小结 …… 88

第五章　国际化属性对中国食糖市场的冲击效应 …… 90

- 第一节　引言与文献回顾 …… 90
- 第二节　二元 VEC – BEKK – GARCH 模型设计 …… 93
- 第三节　理论框架与数据处理 …… 96
- 第四节　实证过程和结果分析 …… 99
- 第五节　研究结论与讨论 …… 101
- 第六节　本章小结 …… 104

第六章　金融化属性对中国食糖市场的冲击效应 …… 105

- 第一节　引言与文献回顾 …… 105
- 第二节　理论框架与研究假说 …… 108
- 第三节　四元 BEKK – GARCH 模型设计与数据说明 …… 111
- 第四节　实证过程和结果分析 …… 115
- 第五节　研究结论与讨论 …… 120
- 第六节　本章小结 …… 121

第七章　能源化属性对中国食糖市场的冲击效应 …… 123

- 第一节　引言与文献回顾 …… 123
- 第二节　三元 BEKK – GARCH 模型设计 …… 126
- 第三节　理论框架与数据说明 …… 128
- 第四节　实证分析过程 …… 132
- 第五节　研究结论与讨论 …… 136
- 第六节　本章小结 …… 138

第八章　新时期多重属性对中国食糖市场的混合冲击效应 …… 140

第一节　引言与文献回顾 …… 140
第二节　理论框架与 ARDL 模型介绍 …… 142
第三节　数据说明与变量处理 …… 146
第四节　实证分析过程 …… 147
第五节　研究结论与讨论 …… 153
第六节　本章小结 …… 155

第九章　中国食糖市场价格系统结构性突变诊断 …… 157

第一节　引言与文献回顾 …… 157
第二节　PPM 模型设计与数据说明 …… 160
第三节　实证过程与结果分析 …… 164
第四节　稳健性检验 …… 169
第五节　研究结论和启示 …… 174
第六节　本章小结 …… 176

第十章　研究结论与对策建议 …… 178

第一节　研究结论 …… 178
第二节　对策建议 …… 181

参考文献 …… 184

致　谢 …… 199

第一章　导论

第一节　问题的提出及研究意义

一　问题的提出

糖料作物是继蔬菜、棉花和油料作物之后的重要大宗经济作物；与此同时，中国也是全球为数不多的兼具甘蔗作物和甜菜作物生产优势的国家，在全球食糖市场占据着重要角色（黄春全、司伟，2014）。国家统计局数据显示，2015年中国食糖产量、进口量及消费量依次为1056万吨、484.59万吨及1510万吨，是世界第四大糖料作物生产国、第一大食糖产品进口国以及第三大食糖产品消费国。近年来，国内食糖及其制品供给不容乐观，《中国农业展望报告（2016—2025）》预计未来十年中国糖料作物种植面积将进一步缩减，生产区域将进一步集中，其中，甘蔗作物生产有向广西壮族自治区和云南省等优势产区集中、甜菜作物生产有向新疆维吾尔自治区和内蒙古自治区等优势产区集中的态势。生产技术水平的提升带动糖料作物单产水平的提升，预计未来食糖产业将呈现产量稳中略增、消费量持续增长以及进口规模不断扩大之势；当前以及未来十年，国内食糖市场面临产需缺口持续扩大、进口形势依旧严峻的趋势。在四大主要农作物中，中国政府对食糖产业的政策支持水平要远弱于粮食、棉花、油料等作物（国务院发展研究中心云南省"三农"发展政策调研组，2011）。在食糖及其制品进口数量激增并且持久的背景下，如何从源头上稳定糖料作物生产、确保食糖产品供给稳定、保障食糖产业安全引发了社会各界的广泛关注。

事实上，时空格局分异特征及其产业功能区构建是确保食糖产业生产供给稳定的重要手段，也是农业供给侧改革的一种手段与方式（高群、张有望等，2016）。2016年2月，中共中央、国务院发布了《关于落实发展新理念加快农业现代化实现全面小康目标的若干意见》（中央一号文件），首次提出"农业供给侧结构性改革"，要求用发展新理念来解决农业供给领域库存、成本、产能、"短板"和投入等方面的难题。孔祥智（2016）提出在供给侧结构性改革语境下，农业结构调整涵盖经营结构调整、生产结构调整两大主体内容，进一步揭示出：若要显著提高农业供给体系质量和效率，破解"三农"新问题，势必离不开农业产业合理布局。因此，有必要从效率视角出发解释食糖产业功能区构建对产品供求关系的影响或者作用。目前，甜菜作物和甘蔗作物是中国两大主要的糖料作物，其中，前者主要产于北方地区，后者则主要产于西南地区。从国内糖料作物主产区的变迁历程不难发现，国内糖料作物的主产区不断地从经济发展水平高、劳动力机会成本高的地区向经济欠发达、劳动力基本成本相对较低的地区转移。维持食糖类产品市场价格的稳定是降低生产主体风险、确保消费主体福利的重要因素，中央及地方各级政府相关部门对此也一直处于干预或不干预的尴尬境地。因此，研究市场机制下食糖市场整合程度、空间溢出效应、外部市场势力的冲击效应、价格系统内的结构性突变等问题具有重要的现实意义。

从国内外学者已有的研究来看，从空间地理学视角展开农业生产时空格局变迁以及动态演变的研究和产业市场安全问题的研究大多以粮食产业和畜禽产业为主，食糖产业作为中国种植业第四大重要组成，对中国农业经济领域做出了突出贡献，然而，学术界对食糖产业生产格局与功能区构建和市场安全方面的关注度却相对不高。综观国内外已有的文献研究，有关农业领域时空格局分异的相关研究主要集中于三个问题：一是测算农业产业时空集聚与扩散的程度、产业集聚特征以及动态演化路径；二是解析农业产业时空集聚与扩散的形成机理；三是研究农业产业时空集聚与扩散可能引致的各方效应。涉及的研究对象主要集中于两类主体：一类是农业产业整体或者种植业整体；另一类是分品种视域下的以粮食作物为代表的大宗农产品。与此同时，从市场安全视角展开大宗农产品市场价格形成、价格波动和传导机制的研究也存在值得进一步优化的空间。综合而言，当前学术界已有研究选取了不同研究节点，基于不同研究方法，基本上都证实了农业产业时空集聚对农产品供给稳定与有效确保产业安全具有重要意义；此外，以往学者的研究也基本上都肯定了国外食糖市场、食糖期货市场、能源市场与国内食糖市场之间存在密不可分性，也都在一定程度上暗示了国际市场食糖价格变动、金融化驱动因素以及能源化属性等变量可能对国内食糖市场的冲击，为本书研究的顺利展开奠定了坚实的基础。

食糖产业是国内种植业领域中的一个重要组成部分，其产业功能区时空集聚与扩散特征识别、集聚形成机理与效应评估、种植结构优化转型、市场整合程度测算、外部市场势力冲击效应、价格系统内的结构性突变识别、确保产业市场安全是一项十分复杂的系统性工程。但是，国内外学术界已有的文献对此关注度并不高。那么，中国食糖产业功能区究竟存在怎样的时空集聚和扩散特征？中国食糖产业功能区时空集聚与扩散特征会引致何种集聚效应？中国食糖产业功能区时空集聚与扩散格局是如何形成的？中国食糖产业功能区之间是否存在区域间的关联与溢出效应？为了有效确保中国食糖产业供给稳定，应当如何优化食糖产业布局与功能区建设？在供给侧结构性改革新形势下，应该如何优化调整中国食糖产业种植结构？从产业整体视角和分品种视角来看，中国南北方糖料作物主产区域的市场整合程度如何？全球化属性、能源化属性和金融化属性的市场势力各自对国内食糖市场价格的作用方向和程度如何？上述三个因素是否已经全面且同时融入了中国食糖市场价格的传导过程，多重因素的叠加效应是否改变了传统驱动因素的作用强度？中国食糖市场价格系统内是否存在非周期性、非规律性的结构性突变现象？这些均是现有的文献研究未能够深入挖掘的问题。

在新时期供给侧结构性改革形势之下，如何确保中国食糖产品供给稳定与区域供需平衡、有效维稳食糖类产品市场价格、及时调整产业市场政策与区域布局策略具有十分重要的现实意义。鉴于此，本书查阅国内外已有的文献资料，收集糖料作物相关基础数据，遵循"中国食糖产业生产功能区究竟存在怎样的时空集聚与扩散特征？"→"品种细分视角下中国食糖产业功能区时空集聚与扩散格局是如何形成的？"→"地理距离变量抽离前后中国南北方糖料作物主产区域市场整合程度如何？"→"因全球化属性、能源化属性、金融化属性引致的外部市场冲击势力是如何作用于国内食糖市场的？"→"中国食糖市场价格系统内是否存在非周期性、非规律性的结构性突变现象？"→"如何有效确保中国食糖生产稳定与市场安全？"的逻辑展开研究。首先，采用空间洛伦兹曲线集中化指数 I 展开中国食糖产业生产功能区时空格局分异特征以及演变趋势的研究。其次，基于对数平均迪氏分解 LMDI 模型分品种研究中国食糖产业功能区时空集聚与扩散驱动机理。再次，采用地理距离变量抽离前后的外部综合价格指数 $\bar{p}_{it}$ 科学测算中国南北方食糖主产区域市场整合程度。随后，利用 BEKK-GARCH 类模型深入探讨全球化属性、金融化属性以及能源化属性各自对中国食糖市场价格的冲击效应，并采用自回归分布滞后 ARDL 模型深入研究三种属性的叠加冲击效应。进一步，利用动态商品价格突变 PPM 模型展开中国食糖价格系统内的非周期性、非规律性的结构性突变诊断，识别突变发生节点、作用方向及作用强度。最后，在上述研究的基础上，有针对性地提出中国食糖产业生产功能区优化调整和确保产品市场安全的有效路径与制度安排。

二 研究意义

（一）理论意义

第一，本书构建了一个全方位、多层次的食糖产业功能区集聚和产业安全研究框架，系统揭示了中国食糖产业功能区时空集聚格局的形成、发展、演进机理、市场整合以及产业市场安全等，深化了关于中国农业产业产销功能区建设和确保市场安全问题的研究体系。本书打破了以往学者侧重于从单一层面进行农业产业时空集聚效应、驱动机理以及产业安全分析的逻辑，从中国食糖产业功能区时空分异特征识别、产业集聚形成机理、产业集聚效应评估、空间关联与溢出、种植结构优化路径、产业市场整合、外部势力冲击、价格系统内的结构性突变等诸多方面展开中国食糖产业时空集聚与扩散、产业市场安全的系统性研究。与此同时，本书也在一定程度上为蔬菜、棉花、油料等其他经济作物产业功能区集聚和市场安全的相关研究提供了理论借鉴。

第二，本书给出了一种新的综合评定包括食糖产业在内的特色经济作物功能区时空集聚和产业安全的方法与思路，对于深化中国农业产业集聚和市场安全的研究具有重要的参考价值。本书在研究方法上具有一定的新意。首先，在空间地理学框架之下拟依次采用空间洛伦兹曲线的集中化指数、对数平均迪氏分解 LMDI 模型以及外部综合价格指数指标展开中国食糖产业功能区时空格局分异特征、产业集聚效率测算、产业集聚驱动机理分析、时空关联与溢出效应的综合研究；其次，在一价定律的框架内展开地理距离变量抽离前后中国南北方食糖市场整合程度的研究；最后，依次选用 BEKK - GARCH 类模型、自回归分布滞后 ARDL 模型以及商品价格突变 PPM 模型，科学展开中国食糖产业市场安全问题的研究。综合而言，本书试图探索一种新的从多重维度、多重视角考量经济作物产业集聚测算和产业市场安全评判的综合模型。

（二）现实意义

第一，对于科学认知中国食糖生产结构与产业安全现状具有很强的现实意义。本书从中国食糖产业时空集聚与扩散特征、产业时空集聚的驱动机理、产业集聚的效率测算、空间关联与溢出效应、南北方市场整合以及中国食糖市场价格系统内结构性突变诊断等多重视角展开中国食糖生产稳定与产业安全问题的系统性研究，有利于国内外学术界、政府机构、中国食糖产业生产主体、消费主体、中国食糖产业从业人员以及其他利益相关主体综合把握与科学认识中国食糖产业布局、产品供给以及市场价格现状。

第二，在新时代供给侧结构性改革浪潮之下，本书有针对性地提出中国食糖产业功能区优化调整路径与制度安排，对于及时调整中国食糖产业政策、稳定糖料作物生产、确保食糖类产品区域供需均衡具有重要的政策借鉴意义。本书将从如何优化中国糖料作物生产布局、如何推进食糖产业种植结构调整、如何保障食糖类产品供给率、如何有效确保食糖市场安全、如何创新食糖产业财政支持政策等多重视角为确保国内食糖市场合理的产品有效供给献计献策。

第二节　中国食糖产业发展概况

一　食糖生产安全水平测算

Wind 金融资讯终端数据库资料显示，自进入 2010 年以来，中国甜菜作物的主产区主要集中在河北省、山西省、内蒙古自治区、辽宁省、吉林省、黑龙江省、甘肃省以及新疆维吾尔自治区等。2016 年，上述 8 个省份的甜菜作物产量约占全国甜菜作物总产量的 99.969%。而中国甘蔗作物的主产区则主要由上海市、江苏省、浙江省、安徽省、福建省、江西省、河南省、湖北省、湖南省、广西壮族自治区、云南省、陕西省、贵州省、广东省以及四川省等省份组成。

本节旨在采用卡斯利不稳定指数 C_i 测算中国糖料作物的生产安全水平，采样区间为1978—2016年，采样频率为改革开放以来的年度频率数据，共涵盖39个年度。本节除了展开研究区间样本的整体检验，在研究过程中还将采样区间均分为三个组别，分别为1978—1990年、1991—2003年、2004—2016年，分不同时间段进行卡斯利不稳定指数的测算。在研究区间内，将成立较晚的重庆市和海南省数据分别并入四川省和广东省。

从表1-1不同时间段的中国甜菜作物主产区卡斯利不稳定指数 C_i 变动趋势来看，包括黑龙江省、新疆维吾尔自治区以及内蒙古自治区在内的3个省份本身土地面积较大，在甜菜作物减产容易被省份内其他区域所替补的情况下，卡斯利不稳定指数 C_i 却依旧表现出高位运行的状况，值得引起特别的关注。其中，不稳定性最高的省份为黑龙江省，该省正在逐渐淡出甜菜作物生产的历史舞台，其卡斯利不稳定指数 C_i 始终高于3.940；在不同研究区间内甜菜作物产量在全国甜菜作物总产量中的占比水平直线下滑，占比自1978—1990年的45.471%降至1991—2003年的29.927%，并继续下滑至2004—2016年的16.148%，截至2016年，黑龙江省甜菜作物生产在全国甜菜作物总产量中的占比仅为1.191%。不稳定性次高的省份为新疆维吾尔自治区，其甜菜作物的生产状态表现出与黑龙江省截然相反的态势，甜菜作物产量年年递增；在不同时间段内，甜菜作物产量在全国甜菜作物总产量中的占比呈现直线上升态势，自1978—1990年的8.818%稳步增长至1991—2003年的28.440%，并持续增加至2004—2016年的53.076%，2016年新疆维吾尔自治区甜菜作物生产在全国甜菜作物生产中的总占比高达58.002%，成为近年来全国最大的甜菜作物生产基地。此外，内蒙古自治区的卡斯利不稳定指数 C_i 也偏高，应该成为中国食糖产业安全值得关注的点。2010年之前，不同时间段内甜菜作物生产份额总体稳步维持在18%左右；自2010年以后，内蒙古自治区甜菜作物生产份额有所提升，2016年甜菜作物生产在全国甜菜作物总产量中的占比高达27.825%，成为近年来国内不容小觑的甜菜作物生产功能区。

表 1-1　不同时间段甜菜主产区卡斯利不稳定指数 C_i 变动趋势
（1978—2016 年）

时间段（年）	全国	河北	山西	内蒙古	辽宁	吉林	黑龙江	甘肃	新疆
1978—2016	5.044 (100.000)	2.810 (2.758)	2.674 (2.968)	3.735 (17.989)	2.504 (2.512)	3.197 (5.385)	4.458 (30.071)	3.205 (4.926)	4.515 (30.432)
1978—1990	5.031 (100.000)	1.181 (1.230)	2.222 (3.025)	3.686 (17.620)	2.198 (3.165)	2.822 (10.271)	4.341 (45.471)	2.966 (4.665)	3.469 (8.818)
1991—2003	4.996 (100.000)	1.440 (1.045)	2.837 (3.699)	3.757 (18.160)	2.370 (3.275)	2.991 (5.337)	4.363 (29.927)	3.213 (6.925)	3.871 (28.440)
2004—2016	4.398 (100.000)	2.651 (6.584)	2.146 (1.882)	3.377 (18.087)	1.157 (0.833)	1.727 (0.972)	3.940 (16.148)	1.274 (2.335)	3.571 (53.076)

注：括号中的数据代表所在省份甜菜作物产量在全国甜菜作物总产量中的占比，单位为%。

从表 1-2 的数据测算结果不难看出，在样本研究区间内甘蔗作物的卡斯利不稳定指数 C_i 要明显地高于甜菜作物。具体来看，卡斯利不稳定指数居于高位的省份主要涵盖两种类型。第一类是以广西壮族自治区和云南省为代表的省份，在样本研究区间内其甘蔗作物的生产量日渐提升。其中，广西壮族自治区甘蔗作物生产在全国甘蔗作物总产量中的占比提速最大，占比从 1978—1990 年的 22.067% 稳步提升至 1991—2003 年的 42.093%，并进一步增加至 2004—2016 年的 63.897%；2016 年，广西壮族自治区甘蔗作物的产量占全国甘蔗作物总产量的比重高达 65.551%，跃居成为近年来全国最大的、最主要的甘蔗作物生产功能区。其次是云南省。云南省的甘蔗作物生产在全国甘蔗作物总产量中的占比自改革开放之初的 7.578% 提升至 1990 年的 11.487%，并进一步提升至 1991—2003 年的 17.320%，2016 年云南省甘蔗作物在全国的生产占比稳定在 15.273%。第二类是以广东省、四川省以及福建省为代表的传统甘蔗作物主产区，这类产区的甘蔗作物生产日渐衰落并且正在逐步退出主产区的行列。其中，广东省的表现尤为突出，其甘蔗作物生产在全国甘蔗作物总产量中的占比自 1978—1990 年的 42.161% 跌落至 1991—2003 年的 26.697%，并且进一步下滑至 2004—2016 年的 15.087%；2016 年，广东省甘蔗作物生产在全国甘蔗作物总产量中的占比仅为 14.794%。与此同时，四川省和福建省两省甘蔗作物的生产占比也表现出逐年下滑的态势，两个省的甘蔗作物生产在全国甘蔗作物总产量中的占比分别自1978—1990年的5.591%和9.903%跌落至1991—2003年的2.500%和2.943%，并且分别进一步下滑至2004—2016年的0.886%和0.557%。2016年，四川省和福建省两个省的甘蔗作物生产在全国甘蔗作物总产量中的占比分别仅为0.325%和0.520%。

表1-2 不同时间段甘蔗主产区卡斯利不稳定指数 C_i 变动趋势（1978—2016年）

时间段（年）	全国	上海	江苏	浙江	安徽	福建	江西	河南
1978—2016	7.023 (100.000)	1.252 (0.047)	2.006 (0.221)	2.625 (1.025)	1.946 (0.220)	4.360 (2.959)	3.586 (1.718)	1.789 (0.243)
1978—1990	6.208 (100.000)	-0.078 (0.009)	2.122 (0.337)	2.788 (1.975)	1.311 (0.140)	3.739 (9.903)	3.323 (3.548)	1.461 (0.279)
1991—2003	5.956 (100.000)	0.926 (0.087)	1.587 (0.335)	2.666 (1.101)	1.724 (0.294)	3.995 (2.943)	3.314 (2.493)	1.706 (0.268)
2004—2016	6.248 (100.000)	1.415 (0.033)	1.607 (0.105)	2.337 (0.646)	0.850 (0.199)	2.501 (0.557)	1.967 (0.572)	1.257 (0.213)

时间段（年）	湖北	湖南	广西	云南	陕西	贵州	广东	四川
1978—2016	2.978 (0.610)	3.236 (1.527)	6.883 (49.492)	5.607 (15.420)	0.064 (0.010)	3.269 (0.689)	5.268 (23.589)	3.536 (2.231)
1978—1990	2.450 (0.627)	3.018 (2.781)	5.186 (22.067)	4.486 (10.159)	-0.525 (0.021)	1.237 (0.404)	5.486 (42.161)	2.910 (5.591)
1991—2003	2.726 (1.104)	2.674 (2.149)	5.891 (42.093)	5.038 (17.320)	-0.748 (0.008)	2.645 (0.609)	5.250 (26.697)	2.971 (2.500)
2004—2016	1.892 (0.278)	2.289 (0.681)	6.036 (63.897)	4.756 (15.998)	0.494 (0.008)	3.304 (0.840)	4.542 (15.087)	3.010 (0.886)

注：括号中的数据代表所在省份甘蔗作物产量在全国甘蔗作物总产量中的占比，单位为%。

二 食糖及其制品自给率估算

从国内外学术界已有的研究来看，绝大多数学者关于农产品自给率的分析都是围绕粮食作物展开的，主要涵盖自给率水平与粮食安全关联度、自给率水平统计口径以及测算方法等，包括食糖及其制品在内的其他大宗农产品自给率方面的研究相对较少。食糖类产品是国内外种植业领域中重要的一员，其产品市场供给的稳定也是关乎农业经济发展的大事。根据李显戈（2015）和张元红（2016）等的研究，大宗农产品自给率（R）一般是指在一年内一个国家或区域消费农产品中由本国或本区域生产的比例，即总生产量（P）占消费量（D）的比重。对食糖产业而言，总生产量主要指产品产量；消费量主要是指考虑库存增加量后可供消费的国内产品总供给量，可以通过产量与净进口量的合计扣除库存增加量来表示，用公式表示为：食糖消费量（D）=食糖产量（P）+食糖进口量（I）-食糖出口量（E）-食糖库存增加量（Z）。Wind金融资讯终端数据显示，遵循不同的统计口径，食糖消费量的数据统计量共涵盖两种，分别是食糖国内消费量和食糖总消费量。遵循农产品自给率的定义，按照不同的统计口径可以分别测算出中国食糖产品自给率：

统计口径（1）：中国食糖产品自给率（R_1）=食糖产量（P）/食糖国内消费量（D_1）

统计口径（2）：中国食糖产品自给率（R_2）=食糖产量（P）/食糖总消费量（D_2）

从表1-3不难看出，1997—2017年，中国食糖产品自给率水平呈现出显著下降的态势，产品自给率 R_1 和产品自给率 R_2 分别由初期的109.30%和104.01%跌落至2017年的72.19%和71.49%。图1-1的数据显示最近十年中国食糖产品的自给率水平始终处于低位，较大程度上依赖国外食糖产品进口。那么，未来中国食糖类产品会不会越来越供不应求？如何有效确保本国食糖产业安全、确保食糖类产品市场供给稳定，成为摆在新时代的难题。

表1-3　中国食糖产品自给率变动趋势（1997—2017年）

年份	自给率 R_1（%）	自给率 R_2（%）	产量 P（千吨）	国内消费量 D_1（千吨）	总消费量 D_2（千吨）
1997	109.30	104.01	8112.40	7422.00	7800.00
1998	112.23	106.34	8826.00	7864.00	8300.00
1999	89.99	85.86	6869.00	7633.00	8000.00
2000	80.68	76.55	6200.00	7685.00	8099.00

续表

年份	自给率 R_1（%）	自给率 R_2（%）	产量 P（千吨）	国内消费量 D_1（千吨）	总消费量 D_2（千吨）
2001	102.31	99.96	8497.00	8305.00	8500.00
2002	120.57	116.28	10640.00	8825.00	9150.00
2003	104.25	103.20	10630.00	10197.00	10300.00
2004	80.77	80.47	9174.00	11358.00	11400.00
2005	85.23	83.95	8815.00	10342.00	10500.00
2006	95.83	94.51	11200.00	11687.00	11850.00
2007	101.51	101.06	13050.00	12856.00	12913.00
2008	88.90	88.57	12420.00	13971.00	14023.00
2009	75.29	74.95	10790.00	14332.00	14396.00
2010	75.84	75.47	11000.00	14504.00	14575.00
2011	87.14	86.81	11180.00	12830.00	12878.00
2012	91.60	91.29	12120.00	13231.00	13277.00
2013	91.52	91.19	12750.00	13932.00	13982.00
2014	70.45	70.18	10800.00	15330.00	15389.00
2015	57.51	56.93	8700.00	15128.00	15282.00
2016	65.25	64.65	9200.00	14100.00	14230.00
2017	72.19	71.49	10700.00	14823.00	14968.00

资料来源：Wind 金融资讯终端数据库。

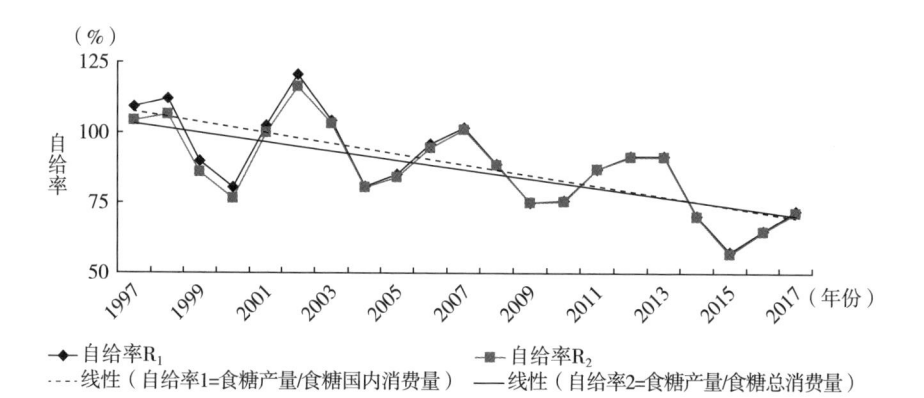

图 1-1 中国食糖产品自给率动态演进趋势（1997—2017 年）

第三节 国内外研究现状及发展动态

一 农业产业地理集聚特征与效应的相关研究

（一）关于农业产业集聚与扩散时空特征的研究

国内外关于农业产业集聚与扩散时空特征的研究主要基于两大理论框架：一是新古典分析框架，其研究假设是规模报酬不变与完全竞争的市场结构，涵盖雷蒙德·弗农（Raymond Vernon）的产品生命周期理论、赤松要（Kaname Akamatsu）的产业发展"雁形模式"理论、小岛清（Kiyoshi Kojima）的边际产业转移论、威廉·阿瑟·刘易斯（William Arthur Lewis）的劳动密集型产业转移理论、邓宁（John H. Dunning）的国际生产折中理论。二是新经济地理学（NEG）研究框架，其研究假设是规模报酬递增与不完全竞争市场结构，以保罗·克鲁格曼（Paul Krugman）、藤田昌久（Masahisa Fujita）为代表，通过产业区位选择、产业集聚和产业扩散的相互作用研究产业的空间转移现象。如陈景新、王云峰（2014）在新经济地理学框架下，提出了区域产业集聚和扩散的判断标准；并基于弹性分析法构建了产业动态脱钩指数，证实了1993—2011年我国典型劳动密集型产业在四大经济发展区域发展中存在明显的产业空间集聚和扩散现象。进一步的分析表明，2005年为产业空间集聚与扩散的"分水岭"，1993—2005年，典型劳动密集型产业向东部地区集聚的趋势明显；2006—2011年，典型劳动密集型产业向中部、西部以及东北地区的集聚趋势显现。从国内外已有的文献研究来看，与种植业综合生产能力、农业产业集聚与扩散时空特征相关的研究主要集中于以下三个维度。

一是关于种植业产业集聚与扩散特征及要素效应分解的整体研究。如周宏（2008）利用结构贡献因素分解方法研究了种植业总产增长的贡献因素，证实了市场价格的贡献效应相对较强，其次是作物的播种面积、区域结构以及内部结构的贡献效应，而作物的单产效应则表现出下降的态势；为了科学测算中国种植业1980—2010年地理集聚与扩散的时空格局特征与变化趋势，肖卫东（2012）利用中国29个省域种植业总播种面积和六种主要农作物播种面积数据从地区与产业两个维度进行了系统性刻画，认为国内种植业有明显的阶段性集聚特性（小幅增强→显著增强→趋于减弱），并且国内种植业的集聚区域主要是中部省域。

二是分品种、分省域考察粮食产业的时空分异格局。如刘忠、黄峰等（2013）和黄勇、朱信凯（2014）都指出国内三大主粮作物产量正在以播种面积扩大为主导的外延式方式增加，并且作物播种面积效应和作物单产效应表现出此消彼长之势；何蒲明、黎东升等（2010）基于边际贡献率、比重指标以及 Cox - Stuart 趋势检验方法综合测算了中国粮食总产量波动的品种贡献，研究发现水稻和小麦产量的提升推动了粮食总产量的变动，而大豆和玉米产量的提升则在一定程度上延缓了粮食总产量的波动速度；邓宗兵、封永刚等（2014）研究发现，中国稻谷产业的时空集聚效应正呈现明显的弱化态势，而玉米产业与小麦产业的时空集聚效应则表现出进一步强化之势，具体来看，国内水稻主产地中东北地区的地位日益提升，小麦主产地有向中部地区和北部地区迁移之势，而玉米主产地则向华北地区、华中地区以及东北产区迁移；张红富等（2011）基于 ArcGIS 9.0 软件的空间差值技术测算了 2000 年和 2006 年江苏省粮食产业的时空集聚与扩散特征及其驱动因素；周立青、程叶青（2015）综合运用空间自相关分析、聚类分析以及多元回归模型，系统性探讨了 2000—2012 年中国重要的粮食主产区和最大的商品粮基地——黑龙江省的粮食产业时空分异格局特征及其成因。

三是探讨包括水果、蔬菜以及油料在内的特色经济作物的产业时空集聚与扩散问题。如张怡（2014）基于产地集中度系数、效率比较优势指数、规模比较优势指数以及综合比较优势指数等一系列指数测算了改革开放以来中国花生产业的生产时空格局变迁态势及其影响因素，研究结果表明，1978—2012 年国内花生生产的集中化程度呈现出明显下降的态势，并且在样本研究区间内花生主产省域的排位出现了较大幅度的波动，其中华中花生主产区和东北花生主产区的排位有所上升，而东南沿海花生主产区的排位略有下降。程琳琳、张俊飚（2015）以香菇和平菇为例，基于 2001—2013 年国内 31 个省（市、区）的产量、产值等一系列指标，利用空间统计 Moran'I 指数和 LISA 图等方法系统研究了国内食用菌产业的生产时空集聚与扩散特征，研究发现：国内食用菌产业"南菇北移"态势明显，样本研究区间内食用菌生产自东部沿海地区、中部地区、华南地区、东北地区的主产区格局，逐渐向东部沿海地区、华中地区、华北地区以及东北地区等新的主产区格局迁移。李艳梅等（2015）基于洛伦兹曲线、基尼系数和双重自组织模型等方法，从地区层面和县域层面两个不同维度分别解析了2000—2012年京津冀地区蔬菜生产的时空分异特征及其影响因素，研究发现：样本研究区间内，京津冀地区蔬菜种植面积整体上呈现"上升→下降→上升"态势，县域层面的蔬菜生产呈现"北进南移"之势，为确保京津冀地区蔬菜产业有序发展，建议将蔬菜产业划分为都市蔬菜生产区、山地丘陵特色菜种植区、平原规模化蔬菜生产区、冀北高原错季菜生产区、冀东南蔬菜生产区五大蔬菜生产区。

（二）关于农业产业集聚效应和形成机制的相关研究

1. 关于农业产业集聚效应的研究

从国内外学术界已有文献研究来看，学者主要从经济效应、生产技术效应、环境效应以及社会效应四个维度解析农业产业集聚的多方效应。具体如下。

（1）就产业集聚的经济效应而言。自20世纪90年代以来，新经济地理学派开创性地将空间因素纳入主流经济学的一般均衡分析框架，国内外学术界开始着手产业集聚对经济发展的影响研究。其中，国外学者的研究起步相对较早，并且采用了一系列理论与实证相结合的方式证实产业集聚与经济增长两者之间存在彼此关联、相互强化的作用机理，指出产业集聚的规模效应和外部效应将促进经济增长，并且经济增长也将反向助推产业集聚水平的提升（Catherine & Donald，1999；Philippe & Gianmarco，2001；Stewart & Lambert，2009；Wang & Hou，2015）。国内学者则较多地关注产业时空集聚特征究竟会给产品稳定供给、确保产业安全、拉动经济增长以及提升农民收入等方面带来怎样的影响效应。如罗良国、李宁辉（2005）基于偏离—份额（SSM）模型对国内粮食产业展开了产值增长份额与位移研究；罗海平、宋炎（2015）在此基础上，从农业结构效应和产值能力角度肯定了粮食产业时空集聚格局对保障粮食安全持续能力的贡献价值；王艳荣、刘业政（2011）采用理论探讨与实证解析相结合的方式探讨了农业产业集聚对农民收入影响的作用机理及其效应水平。

（2）就产业集聚的生产技术效应而言。高鸣、宋洪远（2014）以粮食产业为例，基于DEA - Moran's I - Theil Index模型，证实了改革开放以来中国农业生产功能区存在技术效率差异，并且随着地理距离的扩大，农业生产技术效率会形成规模效应并在一定程度上改进传统的空间涟漪效应理论；文章进一步提出，有必要充分整合各地资源条件，优化平衡农业生产功能区之间的技术效率，助推相似农业区生产技术效率实现规模效应。Chen 和 Lu（2016）基于互补效应理论，构建了 KIBS 模型，验证了农业产业集群可通过战略联盟网实现生产技术创新。

（3）就产业集聚的环境效应而言。王介勇、刘彦随（2009）认为，中国粮食产业时空集聚的演变趋势进一步增强了北方地区的干旱化程度；李炜、田国双（2012）指出，中国农业产业集聚与主体功能区构建离不开环保补偿机制的完善，并基于环保补偿机制受益主体博弈模型，试图厘清主体功能区利益相关主体的环保补偿机理；Gocht 和 Roder（2014）基于县级遥感数据，采用贝叶斯估计和聚类分析相结合的方式评估了德国农业产业集聚引致的环境效应。

（4）就产业集聚的社会效应而言。Head 和 Mayer（2006）提出，产业集聚将增进劳动力流动水平、拉大区域间收入差距，并间接地造就社会不均衡发展。王介勇、刘彦随（2009）进一步指出，中国粮食产业时空集聚的演进增强了区域农村经济发展的不平衡性以及农业土地利用效率空间的不均衡性。Wang（2011）研究证实农业产业时空集聚在一定程度上能够创造与丰富就业机会，进而可以辅助解决社会就业问题。彭迪云、温舒甜（2013）认为，产业集群转型发展是一项以质量与效益为导向的复杂系统工程，并且强调产业集聚对合理布局农业产业功能区的重要性，指出产业集群和产业功能区之间呈现出相互依赖、互为促进的动态关联关系。

2. 关于农业产业集聚形成机制的研究

农业产业集聚是以农户或农业关联企业为中心，以政府政策支撑为保障体系，在空间上集聚形成的涵盖紧密相连的农户、企业、机构及市场等的网状体系（王艳荣、刘业政，2011）。综观国内外学术界已有研究，可以发现各大理论学派对产业集聚的形成机制均有所研究，并且均是基于不同理论展开的（如新古典经济理论、传统贸易理论、新贸易理论、新经济地理学理论、产业转移理论等）；然而，关于产业集聚形成机制的理论往往更倾向于制造业集聚，一些针对性的假设并不太适合于对农业产业集聚的分析。国内外学术界关于农业产业集聚驱动机理的研究主要涵盖下述两个方面。

第一，从农业产业整体来看。国内外学术界已有文献资料表明，农业产业时空集聚与扩散格局的形成涵盖多重影响因素。例如，生产技术与市场因素（Lee & Schrock，2002；王艳荣，2012）、宏观政策因素（KREI，2005；倪印锋、王明利，2018）、自然资源禀赋（王栋，2009；Wang & Zhang，2016）、环境因素（王艳荣、刘业政，2011）、社会文化维度因素（Saether，2014）以及气候变化因素等（白秀广、李纪生等，2015）。但是，在农业产业时空集聚与扩散的不同演进阶段，农业产业时空集聚与扩散格局形成的主导要素不尽相同。在农业产业时空集聚与扩散的初级阶段，自然资源禀赋占据主导作用；在农业产业时空集聚的中级阶段和高级阶段，前后向关联产生的累积效应以及其他因素则在农业产业集聚格局的形成中作用日益凸显（宋燕平、王艳荣，2009）。

第二，从要素影响程度来看。Wang和Liu（2011）选取安徽省五类特色农产品（黄山茶叶、砀山酥梨、肥西花木、亳州中药材和巢湖粮食）的相关从业人员为样本对象，基于结构方程模型（SEM），研究了自然资源禀赋、产业环境、外部环境以及竞合互动这四个因素对农业产业集聚形成的作用机理，以及各个因素之间的关联效应。他们分析后提出，对农业产业集聚作用按照要素的贡献程度排序，依次是产业环境、竞合互动与外部环境以及自然资源禀赋等。相对其他农业产业而言，自然资源禀赋因素和生产成本因素对鲜活农产品领域的产业集聚形成的影响程度更大（王伟新等，2013）。

二 与食糖产业市场方面相关的研究

（一）关于食糖产业竞争力、产业安全方面的研究

司伟、王秀清等（2004，2006，2012），先后从生产领域和销售领域两个不同的层面系统剖析了中国食糖产业的供给状况与消费状况、形成原因及其主要的推动力量；毛学峰等（2014）预计2020年中国食糖产业将面临较为严重的产品消费缺口。为了科学有效地认识中国食糖产业在全球食糖市场中所处的地位、增进中国食糖产业的国际竞争力，部分学者借鉴国际发达食糖市场运营经验，展开了中国食糖产业竞争力水平的系列研究。例如，2012年，刘志雄选取了1992—2010年国内食糖产业安全指标相关数据资料，基于产业安全综合指数证实了样本研究区间内中国食糖产业安全状况堪忧并且呈现出显著下降的态势，国内食糖产业安

全状态由20世纪90年代初期的"比较安全"状态逐步演变为"不安全"状态，甚至是"危机"状态；宋士菁和张建清（2007）、郑展鹏（2009）、李辉（2011）、徐雪（2014）等则从生产领域、销售领域、对外贸易领域以及产业政策等多重维度系统性解读了国际上发达的食糖产业大国（或地区）——巴西、澳大利亚、泰国以及欧盟等国家或地区的食糖产销运营情况，并与中国的食糖产业市场运营情况展开对比研究。另一部分学者则基于产品进出口贸易视角，展开中国食糖产业安全问题的研究。如杨莲娜（2013）指出，产品进出口贸易是熨平国内食糖市场产销变动状况的重要调节器；朱鑫榕、王亚星（2011）则基于案例分析法从三个维度（生产主体、加工主体及对外贸易）系统性地解读了国际食糖市场价格扭曲对国内食糖产业运营产生的影响。

（二）与食糖市场价格相关的研究

一是研究食糖产业市场价格波动的基本特征，并进行波动原因的解析。如袁华伟等（2011）、罗四维（2013）指出，受制于供求关系变动、产品库存压力、国际市场冲击以及游资炒作等多重因素制约，自2009年、2010年以来国内食糖市场呈现价格的剧烈波动之势。二是深入探讨甘蔗产品能源化属性对食糖市场价格的影响。自进入21世纪以来，伴随着全球生物质能源产业的蓬勃发展，国内外涌现出了一批学者关注能源市场与食糖市场之间的价格互动关联关系（Koizumi，2005；Serra and Zilberman，2011；黄春全、司伟，2014）。三是研究食糖市场价格的空间互动关联关系。如涂圣伟、蓝海涛（2013）指出，经济全球化强化了中国食糖市场与国际食糖市场之间的互动关联关系，当前国内外白糖市场价格的相关性高达91%；魏振祥、刘国良（2012）基于Granger因果关系检验和VECM模型证实2002—2012年中国和美国两国的食糖产业存在一定的市场价格联动效应，并且市场价格均衡关系由"前者单项引导"向"后者单向引导"转变；黄春全（2013）以及高群、柯杨敏（2016）分别基于SVAR模型和三元VEC – BEKK – GARCH模型，系统性地解析了甘蔗产品能源化背景下国内食糖市场、国际食糖市场在不同空间层面的价格溢出效应类型、溢出方向以及作用程度。

（三）与食糖产业政策相关的研究

早在21世纪之初，就有国外部分学者指出食糖市场是全球扭曲最为严重的市场之一（Beghin et al.，2003；Frandsen et al.，2003）。秦富等

（2015）同样指出，全球食糖市场从来就不是一个遵守公平原则的自由贸易市场，各个国家或地区的高关税、高补贴、巨量倾销政策对全球食糖市场的扭曲效应无以复加，保护国内食糖市场是各个国家或地区的首要政策选项。宋士菁、张建清（2007）详细论述了欧盟国家如何基于战略性贸易政策视角来保护本区域的食糖产业，以使其在市场竞争和国际贸易中处于一种人为的优势地位，分析指出欧盟食糖产业政策是所有农产品政策中最为成功的一种，也是全球范围内食糖产业政策中相对最为完善的。涂圣伟、蓝海涛（2013）提出，在传统因素与非传统因素的叠加效应作用下，包括食糖类产品在内的鲜活农产品价格高频振荡、市场不稳定性增强，中国食糖产业调控政策亟待优化调整。为了科学而有效地破解国内食糖产业困境，国务院发展研究中心云南省"三农"发展政策调研组于2011年在国内糖料作物第二大主产省份——云南省展开系统调研后提出高产创建、机械化推广、宏观政策支持以及境外替代四项对中国食糖产业的有效扶持举措。此后，张瑞娟（2016）以国家糖料收储政策为例，基于Granger因果关系检验和VAR模型探讨了政策因素对食糖市场价格的影响作用，研究结果证实：国家糖料收放储机制对食糖市场价格的形成的确具有显著作用，并且糖料放储政策的作用效果要明显优于糖料收储政策。

三 简要评述

近年来，国内外学者已经纷纷意识到开展农业产业集聚与扩散时空特征研究的可行性和必要性。从国内外已有的关于农业产业时空集聚与扩散研究的文献来看，学者的研究视角主要集中于种植业整体或者是以粮食作物为代表的大宗农产品的产业转移，并且已经形成了比较完整的理论体系；相比之下，对包括糖料作物在内的特色经济作物时空分异格局的研究略显不足。尽管有些文献研究了农业产业时空集聚与扩散的部分问题，然而仍然存在可以进一步深化的研究空间。

第一，国内外已有的关于农业产业集聚效应的研究集中以农业整体（或者种植业整体，或者粮食作物）为研究对象，从产业细分视角展开包括食糖产品在内的经济作物研究有待进一步深入。对比粮食、棉花、油料等大宗作物，国家对食糖产业的宏观政策支持力度明显较小，并且国内外学术界的关注度也相对较少。然而，食糖产业仍旧是关乎国计民生的重要大宗敏感物资之一，对国民经济的正常运营有非常重要的战略意义。当前,国内外学术界关于食糖产业的相关研究主要集中于产业安全视角、市场价格以及产业宏观政策三个层次。

第二,国内外文献对于种植业产业转移的研究以定性描述为主,定量研究有待进一步深化。国内外部分学者虽然尝试进行定量研究,但是为数不多的已有研究主要采用的是横截面数据,存在研究时间相对较短、不能够很好地反映产业转移的具体方向和过程等局限性,与此同时,现存的研究方法也急需创新。从目前已有的研究来看,被广泛应用到资源环境领域的脱钩理论可以较好地描述动态变化和过程,若能够将其引入农业产业集聚研究,结合探索性空间数据分析方法,在新经济地理学框架下,可以定量化识别农业产业集聚与产业扩散特征。

第三,以往学术界关于农业产业时空集聚与扩散的研究相对较为零散,已有研究大多是集中从单一视角出发展开农业产业集聚效应研究和驱动机理分析的。例如,在农业产业集聚效应评估方面,未将经济效率、生产技术效率、生态补偿效率以及社会效率纳入同一个逻辑分析框架,未从多重视角、多重维度综合考量农业产业集聚的综合效应;在农业产业集聚形成机理的研究过程中,也并未将全部影响因素纳入同一逻辑分析框架,以综合评定农业产业发展阶段与不同要素的影响程度。

综上所述,国内外学者关于农业产业集聚与扩散的相关研究为本研究的顺利开展奠定了坚实的理论基础,对于未来科学展开中国农业产业集聚与功能区优化调整研究具有重要的指导与借鉴意义。在农业供给侧结构性改革的时代背景下,本书借鉴国内外学术界已有的研究成果,以中国食糖产业为研究对象,从产业细分视角深入,试图进一步丰富特色经济作物时空分异格局研究的理论体系;与此同时,拟采用一系列农业产业时空集聚与扩散的综合评定方法,从多重视角、多重维度展开分析,以期构建一个系统的、完整的中国食糖产业集聚综合研究框架,涵盖产业功能区集聚特征识别、产业集聚效应评估、产业集聚形成机理、空间关联与溢出效应以及效率优化路径等全方位内容,并试图给出供给侧结构性改革背景下中国食糖产业生产结构优化调整和市场安全保障的思路与具体路径,为中国经济作物产业功能区的形成与优化提供依据。

第四节 研究内容、研究目标及拟解决的关键问题

一 研究内容

研究食糖产业功能区时空格局分异与剖析食糖市场安全状况是破解新时代中国食糖产业现代化发展困境、厚植作物优势产区、优化产业资源配置、确保重要经济作物生产与经营的重要内容，也是新时期农业供给侧结构性改革的重要手段与方式。为此，本书基于保障作物生产稳定与市场安全视角对中国食糖产业安全状况开展系统性考察，并将研究问题分解为六个方面的研究内容，顺着"中国食糖产业功能区究竟存在怎样的时空格局分异特征与动态演进趋势？"→"中国食糖产业地理集聚形成的原因与内在机理是什么？"→"中国南北方两种不同的糖料作物主产省域之间市场整合程度如何？"→"全球化、能源化和金融化等外部市场势力对中国食糖市场价格究竟存在怎样的冲击效应"→"如何科学识别与诊断中国食糖价格系统内非周期性、非规律性的结构性突变现象？"→"如何科学优化中国食糖产业布局与功能区建设？"的逻辑主线开展研究。

（一）研究内容一：关于中国食糖产业生产功能区时空格局分异特征研究

中国食糖产业功能区时空集聚与扩散特征识别、产业集聚与扩散形成机理、产业集聚效应评估以及种植结构优化转型是一项十分复杂的系统性工程。尤其是在供给侧结构性改革新形势下，如何有效确保中国食糖类产品供给稳定与区域供需平衡、及时调整食糖产业政策与生产区域布局策略具有重要的战略意义。基于此，本书拟选取1978—2015年中国28个糖料作物主产省域（不含北京市、天津市和西藏自治区及港澳台）的产业整体与分品种的作物播种面积数据和产量数据，基于空间洛伦兹曲线集中化指数I，分别从产业整体视角和品种细分视角，从时间和空间双重维度集中探讨中国糖料作物生产功能区时空集聚与扩散特征以及演变趋势，以期科学解析中国糖料作物主产区生产集中化水平演进趋势以及驱动机理，为优化调整中国食糖产业功能区构建与制度安排、稳定与提升国内食糖生产水平提供科学依据。

（二）研究内容二：关于中国食糖生产时空集聚的作物贡献要素分解研究

深入分析中国糖料作物生产时空动态格局及其成因是科学指导食糖生产合理布局与制定区域生产政策的关键。本书选取1978—2013年中国各个糖料作物生产省域甜菜作物与甘蔗作物的播种面积、单产水平、产量资料以及全国总体资料（除香港、澳门和台湾之外），在归纳中国食糖产业时序演变特征的基础上，运用对数平均迪氏分解模型（即LMDI模型）分别从产业整体视角、品种细分视角以及区域布局视角三个维度展开改革开放以来中国糖料作物生产时空集聚的作物贡献要素分解研究，深入解析引起国内糖料作物总产量变动的原因与内在机理；进一步地，按照不同时间、不同省域分别测算各个因素对糖料作物产量的贡献程度，从而为及时调整中国食糖产业政策、稳定糖料作物生产供给提供有效的资料支撑。

（三）研究内容三：地理距离变量抽离前后中国南北方食糖市场的整合研究

研究市场机制下国内食糖市场整合程度具有重要的现实意义。为此，本书将基于一价定律的分析框架，分别选取中国南方地区和北方地区两种主要的糖料作物——甜菜作物和甘蔗作物作为研究对象，选取内蒙古自治区、吉林省、黑龙江省、甘肃省以及新疆维吾尔自治区作为中国北方地区甜菜市场的代表，选取湖南省、广东省、广西壮族自治区、海南省、四川省和云南省作为南方地区甘蔗市场的主要代表，基于1990—2011年上述11个糖料作物主产省域面板数据，从品种细分视角分别选取经对数化处理后的外部综合价格指数$\overline{p_{it}}$、各个省域的气候条件（w_{it}）、气候条件的变异系数（wv_{it}）以及糖料作物丰收质量（h_{it}）等指标作为研究的自变量，以当地批发市场产品价格作为研究的因变量，构建当地产品市场价格为内外部因素共同作用的实证模型，并基于外部综合价格指数（$\overline{p_{it}}$）指标分析各个因素对中国南北方不同糖料作物市场整合程度的影响。随后，纳入地理距离变量，并基于新的外部综合价格指数（$\overline{p_{it}}$）指标再次分品种展开中国南北方不同糖料作物市场整合程度研究。

（四）研究内容四：关于外部市场势力对国内食糖市场整合和市场安全的冲击研究

针对食糖类产品具有的不同属性，分别从国际化视角、金融化视角、能源化视角以及多重冲击视角四个维度展开外部市场势力冲击对国内食糖市场安全的影响研究。具体来看：第一，选取2000—2014年食糖产业国内市场价格数据和国外市场价格数据，首先，基于Johansen协整检验判别国内外两个食糖市场之间是否存在长期的整合关系；其次，基于二元VEC - BEKK - GARCH模型从国际化视角测算两个食糖市场价格之间的均值溢出效应和波动溢出效应。第二，选取2006—2017年的国际食糖期货市场、国际食糖现货市场、中国食糖期货市场以及中国食糖现货市场四个市场的价格数据，基于四元BEKK - GARCH模型，首先，从空间关联视角展开中外食糖期货市场与现货市场价格关于自身历史价格和两两市场相互之间的互动关联关系研究；其次，展开中外食糖市场金融化程度的对比研究，测算中国食糖期现货市场与国际食糖期现货市场发育程度的差距。第三，选取2000—2014年国内食糖市场价格、国际食糖市场价格以及燃料乙醇市场价格作为研究的主要变量，基于食糖产业能源化视角，综合运用Granger因果关系检验和三元BEKK - GARCH模型考察国内、国际两个不同空间层面的食糖价格联动与彼此之间的溢出效应，以期从均值层面（即一阶矩层面）和方差层面（即二阶矩层面）两个不同维度衡量溢出效应的类型、作用程度以及作用方向。第四，为了及时而有效地把握与应对未来中国食糖市场价格变动可能出现的新形势，基于2007—2017年的数据资料，采用Johansen协整检验和自回归分布滞后ARDL模型展开实证分析，重点判别最近十年，包括传统驱动因素、全球化冲击势力、能源化冲击势力以及金融化冲击势力等在内的市场势力对中国食糖市场价格传导的叠加效应，以期科学剖析新时期国内食糖市场价格震荡的真实驱动机制。

（五）研究内容五：关于中国食糖市场价格系统内结构性突变的诊断研究

为了科学且有效地识别中国食糖市场价格系统内是否存在非周期性、非规律性的结构性突变现象，并科学明晰结构性突变的发生机理，本书选取2006—2017年中国食糖市场价格月度频率数据资料，首先，基于一种较好的用于突变问题分析的商品价格突变PPM模型展开中国食糖市场价格系统内的结构性突变诊断，识别食糖市场价格结构性突变发生的节点、发生次数、作用强度以及呈现方向，尝试给出大宗敏感农产品市场价格系统结构性突变识别以及动因分析的一般路径；其次，结合实际的政治经济背景,基于能源化指标、全球化指标、金融化指标、市场供求关系、宏观政策变动以及通货膨胀指标等相关市场行情指标深入挖掘中国食糖市场价格系统内结构性突变的发生机理;再次,为了确保研究结果的可靠性,在将相关的月度频率指标统一转换为季度频率指标之后展开稳健性检验;最后,在上述研究的基础上综合探讨食糖市场价格波动的新特性对我国食糖产业安全可能带来的影响,试图为包括食糖产业在内的大宗敏感农产品产业安全相关战略的制定提供相应的政策建议。

(六)研究内容六:关于中国食糖产业功能区布局的优化路径及产销结构调整策略

在考察中国食糖产业生产功能区时空格局分异与驱动机理、糖料作物主产省域空间市场整合、外部市场势力冲击效应以及国内食糖价格系统内结构性突变诊断的基础上,有针对性地提出中国食糖产业功能区优化调整路径与产销结构调整的制度安排。从如何优化中国糖料作物生产布局、如何推进食糖产业种植结构调整、如何提升食糖产业功能区集聚效应以及如何创新财政支持政策等多重视角为确保国内食糖市场安全献计献策。

二 研究目标

第一,从时间和空间双重维度揭示中国食糖产业功能区时空集聚与扩散特征以及动态演变趋势,并采用理论和实证相结合的方式研究中国食糖产业功能区时空分异格局形成的驱动机理,深入剖析影响中国食糖产业功能区时空集聚的关键指标、作用路径、影响程度以及各个指标之间的互动竞合机制。

第二,从产业整体视角和品种细分视角,分别考察地理距离变量抽离前后中国南方和北方两种主要的糖料作物——甘蔗作物和甜菜作物主产省域相互之间的关联效应和市场整合程度,为中国食糖产业种植结构调整与产业功能区优化提供决策参考。

第三,从食糖类产品具备的国际化属性、金融化属性以及能源化属性出发,分别开展不同市场势力冲击对食糖市场整合效应的研究;并进一步将传统驱动因素纳入其中,展开新时期多重市场势力对中国食糖市场整合效应冲击的叠加效应研究。

第四,科学诊断近年来中国食糖市场价格系统内是否存在新的非周期性、非规律性的结构性突变现象，进一步判别结构性突变的发生节点、具体次数、作用强度以及呈现方向，并科学探析中国食糖市场价格系统内结构性突变形成的诱发机理。

三 拟解决的关键问题

（1）揭示食糖产业功能区时空集聚与扩散的特征及驱动机理。首先回答：从时间和空间双重维度来看，中国食糖产业功能区时空集聚与扩散究竟有何特征？从产业整体视角和品种细分视角来看，中国食糖产业功能区时空集聚特征有何不同以及演变趋势是怎样的？此类问题将在研究内容一"关于中国食糖产业生产功能区时空格局分异特征研究"中解决。其次回答：中国食糖产业功能区时空集聚与扩散的形成因子是否构成了一个复杂系统？各个因子的作用力度以及相互之间的关联程度如何？选取理论研究与实证研究相结合的方式，深入探讨不同节点内糖料作物单产水平和播种面积哪个因素对糖料作物总产量变动的贡献程度更大，以及纳入品种因素后是否会改变糖料作物单产水平与播种面积对总产量的贡献效应，其改变程度是怎样的？省域层面的因素效应是否具有显著的差异？此类问题将在研究内容二"关于中国食糖生产时空集聚的作物贡献要素分解研究"中解决。

（2）从品种细分视角分别考察中国南方地区和北方地区两种不同糖料作物的市场整合程度。定量评估北方地区甜菜作物与南方地区甘蔗作物的市场整合程度与影响因素，对于判断国内糖料作物市场化改革效率与制定有效的糖料产业政策具有重要的现实意义。那么，在考察国内糖料作物的市场整合程度时，外部综合价格指数与当地条件是否对当地糖料作物市场价格具有显著的影响，若存在显著影响，那么其影响机制以及作用程度如何？纳入地理距离变量之后是否会改变中国糖料作物的市场整合程度？其改变程度和作用机理是怎样的？此类问题将在研究内容三"地理距离变量抽离前后中国南北方食糖市场的整合研究"中解决。

（3）科学解析外部冲击视角下中国食糖产业相关市场价格的空间关联与溢出效应。对食糖产业而言，全球化冲击因素、金融化冲击因素、能源化冲击因素等不同外部市场势力是否会显著的影响国内食糖市场价格？若存在显著影响，则影响程度如何？与其他影响国内食糖市场价格的因素相比，各个因素的重要性程度是怎样的，具体的作用机制又是怎样的？此类问题将在研究内容四"关于外部市场势力对国内食糖市场整合和市场安全的冲击研究"中解决。

（4）有效识别中国食糖市场价格系统内的结构性突变现象并明晰诱发机理。食糖类产品多重属性兼具，并且是关乎国计民生的重要大宗敏感农产品，其市场价格系统内是否真的存在非周期性、非规律性的异常波动现象？若存在，如何识别其市场价格异动特征并进一步明晰驱动机理？此外，这些新的市场价格波动特性是否会给中国食糖产业安全带来区别于以往的影响，应当如何有效应对与预防？此类问题将在研究内容五"关于中国食糖市场价格系统内结构性突变的诊断研究"中解决。

第五节　理论基础、研究方法与技术路线

一　理论基础

（一）农业区位与产业集聚理论

从理论溯源上看，农业区位与产业集聚理论始于农业生产活动的分工布局。1826年德国经济学家约翰·海因里希·冯·杜能（Johann Heinrich Von Thunen）在其专著《孤立国对农业和国民经济之关系》中，首次提出农业区位理论。农业区位理论主要指，以城市为中心由内及外呈现出同心圆状分布的农业地带，因同心圆与中心城市的距离不同而引致生产基础与利润收入的地区差异。冯·杜能基于抽象假想方法，基于一个与世隔绝的孤立城研究如何才能从单位面积的土地上获取最大利润问题。在他看来，农业经营的产品和经销方式主要是由农产品市场销售价格决定的，而农产品生产成本与运输成本之和构成了销售成本，农产品运输费用决定了总生产成本。因此，某农业经营主体能否在单位面积的土地上获取最大利润（P），主要取决于农产品的市场价格（V）、农业生产成本（E）以及运输费用（T）三个因素，用公式可表示为：$P = V - (E + T)$。冯·杜能围绕城市同心圆状分布的农村生产区域，进一步分析地理位置、土地租金等区位因素对经济收益的影响，并形成了"杜能圈理论"，为农业区位理论的发展奠定了坚实基础。

随后，诸多学者在冯·杜能的基础上进一步丰富和拓展了关于农业

区位理论和产业集聚演变的研究，对农业区位理论做出了杰出贡献。例如，以德国经济学家韦伯（Alfred Weber）为代表的学者，借鉴工业文明的成功检验，延续了农业区位理论的内涵。区别于工业产业集聚，农业产业集聚主要是综合了一系列的"集聚因素"作用，其发生的前提条件在于自然禀赋。韦伯也强调农业产业集聚的地缘优势与资源禀赋。而农产品的易腐蚀性使多数产品需要基于冷链运输，进一步提升了运输成本，使农产品的加工业围绕产地集聚，因此，运输成本对于农业产业集聚的形成也起着重要的助推作用。

20世纪90年代，以美国学者保罗·克鲁格曼（Paul R. Krugman）为代表的经济学家将空间地理学运用到经济学问题研究中，展开产业集聚、区域空间集聚等研究，进一步地丰富了农业产业集聚理论的内涵与外延。克鲁格曼指出，生产要素与市场资源在区域内的有序集聚将逐步形成产业中心并形成区域产业集聚区，外围布局大量的上中下游关联产业、配套相关产业，进而演化成了著名的"中心—外围"理论。该理论在成本收益优势的基础上，进一步阐释了产业集聚的外部性问题，即农业产业集聚形成过程中经济外部性及外部产业环境如何通过布局约束经营成本、促进生产要素在投入过程中实现规模报酬递增的产出效应。

食糖是食用性、战略性、全球化、金融化以及能源化多重属性兼具的重要大宗敏感农产品之一，也是继蔬菜、棉花和油料作物之后的重要大宗经济作物，在中国农业经济领域中扮演着重要角色。本书在界定食糖产业集聚时，遵循学术界关于农业产业集聚概念的界定逻辑。本书认为产业集聚主要是指生产同类产品的主体，以及为之配套的上下游相关主体和相关服务业在某个特定地理区域内呈现高度集中的现象，并由此带来一定的外部效应（即集聚经济），涵盖与专业化相联系的规模经济和与多样化相联系的范围经济（程长林，2018）。对比一般制造业和服务业，农业产业集聚的独特性更强（李二玲等，2012）。农业产业集聚兼具自然生产与社会再生产双重属性，表现出对自然资源禀赋的强依赖性与社会经济发展的适应性。早期的农业产业集聚形成更加依赖于自然资源禀赋条件，主要是围绕着农业生产形成集聚现象。鉴于不同区域的自然资源禀赋条件在"质"和"量"方面均存在较大的差别，各个区域在漫长的农业生产实践过程中逐步形成并发展了区域优势农业产业，形成了颇具特色的农业产业布局（王艳荣，2012）。此后，在社会再生产属性的作用下，农业产业集聚的特征逐步表现出从基于自然资源禀赋条件主导的生产集聚特征转向更为显著的基于区域经济发展的社会生产集聚特征（郝晓燕，2019）。糖料作物生产集聚成因符合农业产业集聚的一般规律，也是基于各地区的自然资源禀赋条件，由各区域的土地资源、气候条件、水利因素等自然资源禀赋条件决定了糖料作物的初始生产区位；运输成本和农户追求成本最小化、利润最大化等多元化目标下的生产行为决策进一步深化了农业生产差异，使糖料作物生产区域格局发生了新的变动。

综上所述，区域分工既是农业经济发展的必然产物，又是区域间经济关联关系的一种表现形式，还是不同区域之间突破资源约束与生产效率限制的一种有效途径。产业集聚的形成与要素的集中、地理半径内运输成本的优化、基础设施的共享等因素密切相关。基于区域分工，各个区域能够充分利用各自生产优势实现专业化分工，充分发挥各自的资源、人才、技术、区位优势，进而提高各区域经济效益及总体效益。区位分工与经济地理理论为农业产业发展提供了新的研究范式，丰富并拓展了产业集聚理论的内涵与外延。

（二）农产品价格传导理论

农产品价格波动传导主要指一地的农产品的市场价格波动往往会经由各种途径或者渠道影响其他市场价格，并最终引起物价总水平变动的过程。农产品市场价格传导的主要原因在于价差的存在，而价差的来源既可能是同一区域内不同农产品之间的价格差异，又有可能是不同区域内同类农产品的价格差异。因此，农产品市场的价格传导往往是从某一区域的某类农产品开始，经由产业链或者区域关联，逐步向其他区域其他产品市场进行传递。按照市场价格传导路径的不同，可以划分为农产品垂直价格传导与农产品空间价格传导两类。其中，前者主要指农产品产业链条的价格传导，即同一个产业链上不同环节之间的农产品价格波动传导，如研究食糖产业生产环节、流通环节和消费环节市场价格的相互传递就归属于这一类；而后者则主要表现为不同空间市场之间农产品价格波动的传导，如食糖市场价格在国内不同区域的传递、食糖市场价格在国内和国外的传递等均属于空间价格传导研究的范畴。

农产品垂直价格传导是多种因素综合作用的结果，且农产品垂直价格传导过程呈现复杂多变的特征。农产品垂直价格传导的一般途径有两个：一是生产资料价格上涨推动商品价格上涨，即成本变化引发产业链上游产品市场价格波动传导至下游产品市场；二是下游产品的需求变化会反向刺激产业链上游的农产品生产企业，进而辐射带动上游农产品价格波动。

农产品空间价格传导反映了商品和资源要素的流动程度，体现市场的整体经济效率。当某种农产品在不同区域的两个市场之间进行贸易活动时，若输出区的市场价格变化引发输入区市场价格的同等方向和程度变化，则意味着价格序列在这两个区域之间的传导为充分的，即两个市场是完全整合的。市场整合能够反映在一定区域范围内的农产品市场的竞争程度，市场完全整合意味着在贸易自由流动的基础上，某一农产品价格在不同市场下减去交易成本后为同一货币价格，即一价定律的实现（孙秀玲，2015）。对农产品市场而言，市场整合又可以进一步细分为短期市场整合和长期市场整合。其中，短期市场整合主要指市场之间价格传递的及时性以及对价格的敏感性，当一个市场的价格发生变化时，会引起另外一个市场价格在下一时期发生变化；而长期市场整合则是指两个市场之间的价格序列存在长期稳定的均衡关系，即使短期内偏离这种均衡关系，也会恢复到原来的均衡状态。

对比其他商品，大宗农产品市场价格传导有两个显著特征：一是短期性特征，鲜活农产品生产的季节性、周期性较强，并且产品容易腐烂、储存成本较高，加剧了农产品市场价格波动的传导性特征；二是滞后性特征，农业生产存在较长的周期性，导致农产品市场价格传导存在一定的时滞，对市场价格波动的反应可能不及时、渠道不顺畅，甚至可能会导致盲目生产现象，并引发市场价格波动与资源浪费等一系列后果。此外，农产品价格波动传导往往具有非对称性，即溢出效应，主要表现为农产品价格波动传导的滞后性和传导强度的减弱。其中，农产品价格的垂直传递溢出效应或非对称性特征主要指农产品产业链某一环节价格波动对其他环节产生的波及效应是不完全的或者是溢出的。对农产品市场而言，任何一个环节市场价格的波动都有可能通过成本变动或者需求变动拉动市场价格向产业链其他环节传导。农产品价格的空间传递溢出效应或非对称性特征则主要指一地的农产品价格波动传递到其他区域产品市场产生的效应是不完全的或者是溢出的。在市场经济条件下，农产品市场价格波动溢出效应的产生将引发产业利益链条的重新分配，并改变市场价格的传导强度与传导路径。

农产品市场之间的价格溢出效应是一种可以被观测到的不同市场之间的"风险传染"现象（王振宇，2014；黄守坤，2015；柳松、唐婷斐，2015）。农产品市场之间的价格溢出效应主要是指某种商品的市场价格除了受到自身历史价格的影响，还受到同一市场相关产品或不同市场同种产品前期价格的影响，溢出效应涵盖均值溢出效应与波动溢出效应两类（吴海霞、王静，2013）。其中，均值溢出效应主要是指价格序列在一阶矩层面的关联性，可以通过 Granger 因果关系检验、VAR 模型以及 VEC 模型等方法进行评判；波动溢出效应主要是指价格序列在二阶矩层面的关联性，可以利用 BEKK - GARCH 类模型展开评估，并且效应类型可以进一步细分为 ARCH 型波动溢出效应和 GARCH 型波动溢出效应两类。ARCH 型波动溢出效应主要表现为方差的时变性，即大的市场价格波动之后往往跟随着大的波动、小的市场价格波动之后往往跟随着小的波动；而 GARCH 型波动溢出效应则表现为波动的持久性以及受到外界因素影响的显著性。大宗农产品市场之间的溢出效应作为价格波动关联的反映，可以从产业链视角、品种视角和空间视角三个不同的维度展开综合考察（肖小勇、李崇光等，2014）。

食糖作为中国乃至全球重要的大宗敏感农产品之一，符合农产品价格波动与传导的一般规律，对于食糖产业的研究也应遵循学术界大宗敏感农产品研究的一般逻辑。食糖市场价格波动受到价格系统的周期性波动规律、市场供需因素、市场结构因素以及外部冲击等多重因素的影响。食糖市场价格波动可以定义为：影响食糖市场价格波动的某一因素发生变化，带来食糖市场价格在方向或效果方面的变化，进而引发食糖市场价格系统改变原来的运行状态或者偏离其均衡状态的震荡行为。在以市场为主的资源配置方式下，食糖及其制品价格成为供求变化的集中反映，产业链相关市场和空间市场各种价格的波动相互联系构成一个价格体系，表现为食糖及其制品价格链条的有机衔接。

二 研究方法

（一）空间洛伦兹曲线的集中化指数（I）

对中国食糖产业而言，若选用指标 A 代表省域单元糖料作物实际分布比合计值，指标 M 代表中国糖料作物集中分布于某一省域时的累计分布比合计值，指标 R 代表中国糖料作物在省域单元均衡分布时的累计分布比合计数，则基于空间洛伦兹曲线的中国食糖生产集中化指数 I 可作为糖料作物实际分布状态与假定均匀分布状态两者的比值，用公式表示为式 (1-1) 的形式：

$$\begin{cases} I = (A-R)/(M-R) \times 100\% \\ A = \sum_{i=1}^{n} A_i = A_1 + A_2 + A_3 + \cdots + A_n \\ R = \sum_{i=1}^{n} R_i = R_1 + R_2 + R_3 + \cdots + R_n \\ M = \sum_{i=1}^{n} M_i = M_1 + M_2 + M_3 + \cdots + M_n \end{cases} \quad (1-1)$$

在式 (1-1) 中，$I \in [0, 100\%]$。其中，I 值越大，意味着中国食糖产业的生产集中化水平越高，中国糖料作物主产区分布越集中；I 值越小，意味着中国食糖产业的生产集中化水平越低，中国糖料作物主产区越趋于均衡分布；若 $I = 0$，则表明中国糖料作物生产均匀分布于各个省域；若 $I = 100\%$，则表明中国糖料作物的生产集中分布于某单一省域。

(二) 对数平均迪氏分解模型

对数平均迪氏分解方法 (Log-Mean Divisia Index Method，简称 LMDI 模型)，具备消除残差项、无余值、因素可逆、可采用加和与乘积两种分解方式并且最终分解结果一致等诸多优势，为揭示目标变量主导因素及其时空格局差异提供了有效的研究方法，尤其适用于经济体中开展不同产业、不同区域内部效应的对比研究。在本书后续章节的研究中，将利用对数平均迪氏分解 LMDI 模型展开中国糖料作物时空格局分异特征及驱动因素分解，该模型的具体操作步骤如下。

首先，依据中国糖料作物的统计数据特征，将糖料作物总产量分解为甜菜作物和甘蔗作物的产量之和，并继续将两者的产量各自分解为其单位产量与生产面积之乘积。用指标 T 代表国内糖料作物总产量，指标 T_{ij}、指标 Y_{ij} 和指标 S_{ij} 依次代表 i 省域 j 类糖料作物的产量、单位产量以及播种面积。指标 T^0 和指标 T^t 分别代表基期和 t 时刻的糖料作物总产量，指标 $\Delta T_{Y,ij}$ 和指标 $\Delta T_{S,ij}$ 分别代表 i 省域 j 类糖料作物因单位产量与播种面积变动带来的总产变化量。在本书后续研究过程拟选用的指标，主要涵盖中国 31 个糖料作物生产省域（除香港、澳门和台湾之外）。总体的糖

料作物生产变化量 ΔT 可用式(1-2) 表示如下：

$$\Delta T = T^t - T^0 = \sum_{j=1}^{2}\sum_{i=1}^{31}\Delta T_{Y,ij} + \sum_{j=1}^{2}\sum_{i=1}^{31}\Delta T_{S,ij} \quad (1-2)$$

其次，对式（1-2）进行加法分解，可以得到式（1-3）的形式：

$$\Delta T = \sum_{j=1}^{2}\sum_{i=1}^{31}\frac{T_{ij}^t - T_{ij}^0}{\ln T_{ij}^t - \ln T_{ij}^0}\ln\frac{Y_{ij}^t}{Y_{ij}^0} + \sum_{j=1}^{2}\sum_{i=1}^{31}\frac{T_{ij}^t - T_{ij}^0}{\ln T_{ij}^t - \ln T_{ij}^0}\ln\frac{S_{ij}^t}{S_{ij}^0} \quad (1-3)$$

在式（1-3）中，指标 T_{ij}^0 和指标 T_{ij}^t 分别代表 i 省域 j 类糖料作物于基期和 t 时刻的产量，$T_{ij}^0 \neq T_{ij}^t$ 且 Y_{ij}^0、$S_{ij}^0 \neq 0$。若某因素效应符号为正，代表该因素对糖料作物产量的变动起正向促进作用；反之，该因素的贡献效应则为负。历年统计资料表明，指标 T_{ij}^0 和指标 T_{ij}^t 并不存在等值现象；并且若某年 $Y_{ij}^0 = 0$ 或 $S_{ij}^0 = 0$，则对 i 省域 j 类糖料作物而言，相应的其他年份的产量也很低，为了简化起见，滤除对该省域该糖料作物产量变动的分析。

（三）外部综合价格指数（$\overline{p_{it}}$）

在本书后续章节的研究过程中，将分别利用地理距离变量引入之前的基本模型和引入之后的改进模型研究中国食糖产业的市场整合程度。外部综合价格指数（$\overline{p_{it}}$）为研究过程中涉及的重要指标。将地理距离变量引入之前的基本模型的构建过程如下。

首先，定义指标 s_{ij} 代表 j 省域糖料作物生产面积占总生产面积的比重，指标 p_{jt} 代表同期 j 省域产品价格，外部综合价格指数 $\overline{p_{it}}$ 的测算可以用式(1-4) 表示：

$$\overline{p_{it}} = \sum_{i \neq j, j=1}^{I} s_{ij} p_{jt} \quad (1-4)$$

其次，构建当地食糖产品市场价格 p_{it} 为内外部因素共同作用的实证模型，详见式（1-5）。

$$p_{it} = \beta_0 + \beta_1 \overline{p_{it}} + \beta_2 w_{it} + \beta_3 wv_{it} + \beta_4 h_{it} + \varepsilon_{it} \quad (1-5)$$

其中，内部因素涵盖了当地气候条件（w_{it}）、气候条件变异系数（wv_{it}）以及各个省域糖料作物丰收质量（h_{it}）；外部因素主要指外部供给冲击。系数 β_1、β_2、β_3 以及 β_4 分别代表外部综合价格指数 $\overline{p_{it}}$、i 省域的气候条件、气候变异系数以及糖料作物丰收质量对当地产品市场价格的影响，指标 ε_{it} 代表误差项。

在引入地理距离变量之后的改进模型中，添加了主产省域 i 和 j 省会城市之间地理距离变量 d_{ij}，得到了新的外部综合价格指数 $\overline{p_{it}}$，测算公式如式（1-6）所示：

$$\overline{p_{it}} = \sum_{i \neq j, j=1}^{I} s_{ij} p_{jt} \varphi(d_{ij}) \tag{1-6}$$

其中，指标 $\varphi(d_{ij})$ 为 d_{ij} 的二元虚拟变量，取值为 0 或 1，主要根据设定地理距离阈值 $\overline{d}$ 确定，当 $d_{ij} \geq \overline{d}$ 时，$\varphi(d_{ij}) = 0$；当 $d_{ij} < \overline{d}$ 时，$\varphi(d_{ij}) = 1$。此时，距离相对较近省域与相对较远省域的外部综合价格指数分别为 $\overline{p_{it}^n}$、$\overline{p_{it}^f}$，改进之后当地产品价格 p_{it} 的测算公式调整为：

$$p_{it} = \beta_0 + \beta_1 \overline{p_{it}^n} + \beta_2 \overline{p_{it}^f} + \beta_3 w_{it} + \beta_4 wv_{it} + \beta_5 h_{it} + \varepsilon_{it} \tag{1-7}$$

其中，系数 β_1 和 β_2 分别测度距离相对较近和相对较远省域的外部综合价格指数对 i 省域产品市场价格的影响，系数 β_3、β_4 和 β_5 则分别测度 i 省域气候条件、气候变异系数以及作物丰收质量对当地产品市场价格的影响，指标 ε_{it} 代表误差项。

（四）BEKK-GARCH 类模型

农产品价格之间的溢出效应是指某种商品的市场价格除了受到自身历史价格的影响，还受到同一市场相关产品或不同市场同种产品前期价格的影响，涵盖均值溢出效应与波动溢出效应两类。其中，前者主要指价格序列一阶矩层面的关联性，可以通过 Granger 因果关系检验、VAR 模型以及 VEC 模型等方法进行评判，由于该类方法相对较为常见，并且国内外学术界已有的相关研究成果较多，此处不予赘述；后者则是主要指二阶矩层面的关联性，可以利用 BEKK-GARCH 类模型展开评估，并且估计系数可以细分为 ARCH 型和 GARCH 型两类。BEKK-GARCH 类模型是一种相对较为有效、便捷地刻画两个及以上不同市场价格之间波动溢出效应的模型，它存在两个明显的优点：一是能够在较弱条件下假定协方差矩阵的正定性；二是该模型的估计参数相对较少。在本书后续章节中，拟用 BEKK-GARCH 类模型展开关于外部势力对中国食糖市场整合的冲击考察研究。其中，在国际化势力对中国食糖市场整合冲击研究的章节中，拟采用二元 BEKK-GARCH 模型展开分析；在金融化势力对中国食糖市场整合冲击研究的章节中，拟采用四元 BEKK-GARCH 模型展开研究；在能源化因素对中国食糖市场整合冲击的研究章节中，拟采用三元 BEKK-GARCH 模型展开分析。基于三元 BEKK-GARCH 模型和四元 BEKK – GARCH 模型的研究，遵循二元 BEKK – GARCH 模型的基本建模过程，并且在其基础上增添了市场数量，故而建模的过程相对要更加复杂，详见本书后续章节的建模过程。本部分内容仅以构建二元 BEKK – GARCH 模型为例，简要阐释建模的基本过程。

首先，假定研究对象为与食糖产业相关的任意两个市场价格序列，分别定义为市场甲和市场乙。构建式（1 – 8）的模型均值方程：

$$P_t = \varphi_0 P_{t-1} + \varepsilon_t, \quad \varepsilon_t \sim N(0, H_t) \tag{1-8}$$

将残差 ε_t 的条件方差矩阵 H_t 展开为式（1 – 9）的形式：

$$H_t = CC' + A(\varepsilon_{t-1}\varepsilon'_{t-1})A' + BH_{t-1}B' \tag{1-9}$$

在式（1 – 9）中，参数 C 为下三角矩阵，参数 A 和参数 B 依次代表 ARCH 项和 GARCH 项系数矩阵。各个元素用矩阵的形式依次表示为：

$$C = \begin{pmatrix} c_{11} & 0 \\ c_{21} & c_{22} \end{pmatrix}; \quad A = \begin{pmatrix} a_{11} & a_{12} \\ a_{21} & a_{22} \end{pmatrix}; \quad B = \begin{pmatrix} b_{11} & b_{12} \\ b_{21} & b_{22} \end{pmatrix}$$

其中，元素 a_{ij} 代表市场甲的价格序列 j 对另一市场乙的价格序列 i 的 ARCH 型波动溢出；b_{ij} 则是市场乙的价格序列 j 对市场甲的价格序列 i 的 GARCH 型波动溢出。

基于此，市场甲的价格序列在 t 时刻的条件方差 $h_{11,t}$ 表达形式如式（1 – 10）所示：

$$\begin{aligned} h_{11,t} = & c_{11}^2 + a_{11}^2 \varepsilon_{1,t-1}^2 + 2a_{11}a_{12}\varepsilon_{1,t-1}\varepsilon_{2,t-1} + a_{12}^2 \varepsilon_{2,t-1}^2 + \\ & b_{11}^2 h_{11,t-1} + 2b_{11}b_{12} h_{21,t-1} + b_{12}^2 h_{22,t-1} \end{aligned} \tag{1-10}$$

市场乙的价格序列在 t 时刻的条件方差 $h_{22,t}$ 可以用式（1 – 11）表示为：

$$\begin{aligned} h_{22,t} = & c_{21}^2 + c_{22}^2 + a_{21}^2 \varepsilon_{1,t-1}^2 + 2a_{21}a_{22}\varepsilon_{1,t-1}\varepsilon_{2,t-1} + a_{22}^2 \varepsilon_{2,t-1}^2 + \\ & b_{21}^2 h_{11,t-1} + 2b_{21}b_{22} h_{21,t-1} + b_{22}^2 h_{22,t-1} \end{aligned} \tag{1-11}$$

甲、乙两个市场的价格序列在 t 时刻的条件方差分别为 $h_{12,t}$ 和 $h_{21,t}$，可以表示如下：

$$\begin{aligned} h_{12,t} = h_{21,t} = & c_{11}c_{21} + a_{11}a_{21}\varepsilon_{1,t-1}^2 + (a_{11}a_{22} + a_{12}a_{21})\varepsilon_{1,t-1}\varepsilon_{2,t-1} + \\ & a_{11}a_{22}\varepsilon_{2,t-1}^2 + b_{11}b_{21}h_{11,t-1} + (b_{11}b_{22} + b_{12}b_{21})h_{12,t-1} + \\ & b_{12}b_{22}h_{22,t-1} \end{aligned} \tag{1-12}$$

BEKK – GARCH 模型中的各个参数基于极大似然法进行估计，定义待估参数为 θ，样本量是 T，序列数量为 N，则待估参数对数似然函数表达形式为：

$$I(\theta) = -\frac{1}{2}\left[TN\ln(2\pi) + \sum_{t=1}^{T}(\ln|H_{t-1}| + \varepsilon'_t H_t^{-1}\varepsilon_t)\right] \quad (1-13)$$

以食糖产业相关的任意一市场为例，影响其价格序列波动的因素可以归于两个部分：一是自身与对方历史价格序列绝对残差 $\varepsilon_{1,t-1}^2$、$\varepsilon_{2,t-1}^2$ 以及两者之间的相互影响 $\varepsilon_{1,t-1}\varepsilon_{2,t-1}$；二是自身与对方历史价格序列波动 $h_{11,t-1}$、$h_{22,t-1}$ 以及两者之间的协方差 $h_{21,t-1}$。影响食糖产业其他市场价格序列波动的因素类似。基于此，可以从三个维度对国内外食糖市场价格波动溢出效应进行检验，详见本书后续章节的研究。

（五）自回归分布滞后模型

自回归分布滞后模型，始于国外学者 Caremza 和 Deadman（1997）关于经济问题的研究，简称 ARDL 模型。ARDL 模型具备三大优点：一是无论回归项是 $I(0)$ 还是 $I(1)$，均可基于该模型实施检验和估计，即使各个回归项非平稳，也不会引致虚假回归问题；二是在 ARDL 模型估计过程中无须关注变量的内生性问题，即使存在回归项内生，仍然能够得到无偏并且有效的估计值；三是该模型对样本容量的要求不高，即使样本长度较低也无须担忧边界检验结果的稳健性。

在本书后续章节的研究过程中，将传统驱动因素与 21 世纪以来的能源化冲击势力、全球化冲击势力和金融化冲击势力纳入同一个分析框架，构建 ARDL 模型，展开多重外部势力对中国食糖市场的综合冲击效应研究。模型表达形式如式（1-14）所示：

$$\Delta SSP_t = \alpha_0 + \sum_{i=1}^{n}\alpha_{1i}\Delta SSP_{t-1} + \sum_{i=0}^{n}\alpha_{2i}\Delta SFP_{t-i} + \sum_{i=0}^{n}\alpha_{3i}\Delta SZI_{t-i} +$$
$$\sum_{i=0}^{n}\alpha_{4i}\Delta FSP_{t-i} + \sum_{i=0}^{n}\alpha_{5i}\Delta DCP_{t-i} + \sum_{i=0}^{n}\alpha_{6i}\Delta YCP_{t-i} +$$
$$\alpha_7 SSP_{t-1} + \alpha_8 SFP_{t-1} + \alpha_9 SZI_{t-1} + \alpha_{10} FSP_{t-1} +$$
$$\alpha_{11} DCP_{t-1} + \alpha_{12} YCP_{t-1} + \mu_t \quad (1-14)$$

在式（1-14）中，因变量 SSP 代表国内食糖现货市场价格；自变量中的 SFP 代表食糖期货市场价格、SZI 代表上证综合指数、FSP 代表国际市场食糖价格、DCP 代表国内玉米现货市场价格、YCP 代表燃料乙醇市场价格。Δ 代表上述各项指标的一阶差分值；元素 α_{1i}、α_{2i}、α_{3i}、α_{4i}、α_{5i}、α_{6i} 代表各个变量之间的短期动态关系；元素 α_7、α_8、α_9、α_{10}、α_{11}、α_{12} 代表着各个指标之间的长期协整关系；元素 μ_t 代表白噪声。

原假设 H_0：$\alpha_7 = \alpha_8 = \alpha_9 = \alpha_{10} = \alpha_{11} = \alpha_{12} = 0$，即各个变量之间不存在长期的协整关系。

备择假设 H_1：$\alpha_7 \neq 0$ 或 $\alpha_8 \neq 0$ 或 $\alpha_9 \neq 0$ 或 $\alpha_{10} \neq 0$ 或 $\alpha_{11} \neq 0$ 或 $\alpha_{12} \neq 0$，即各个变量之间存在一定的长期协整关系。

基于联合显著F统计量，可以对上述假设进行边界性检验。若F统计量高于临界值的上限，则拒绝原假设 H_0，接受备择假设 H_1，认为指标 α_7、α_8、α_9、α_{10}、α_{11}、α_{12} 中至少有1个不为0，各项指标之间存在长期的协整关系；若F统计量低于临界值的下限，则接受原假设 H_0，拒绝备择假设 H_1，认为各项指标之间并不存在长期的协整关系；若F统计量介于临界值的上限与下限之间，则无法进行评判。若确定各项指标之间的确存在协整关系，则可以进一步依据 AIC 准则和 SC 准则确定模型的滞后阶数，并基于 ARDL 模型估计各项指标之间的长期动态关系。可以用公示（1-15）表示为：

$$SSP_t = \beta_0 + \sum_{i=1}^{n}\beta_{1i}SSP_{t-i} + \sum_{i=0}^{n}\beta_{2i}SFP_{t-i} + \sum_{i=0}^{n}\beta_{3i}SZI_{t-i} +$$

$$\sum_{i=0}^{n}\beta_{4i}FSP_{t-i} + \sum_{i=0}^{n}\beta_{5i}DCP_{t-i} + \sum_{i=0}^{n}\beta_{6i}YCP_{t-i} + \varepsilon_i \quad (1-15)$$

（六）商品价格突变模型

商品价格突变模型（Product Partition Model，简称 PPM 模型），是一种有效用于识别和测算复杂时间序列突变节点的动态模型，1992年国外学者 Barry 和 Hartigan 率先将此模型引入变点问题研究领域。学术界关于大宗商品价格突变相关的研究则始于 Page（1954）对连续抽样检验问题的探讨。基于商品价格突变 PPM 模型展开大宗敏感商品变点问题分析的基本逻辑如下：

首先，定义符号 A_0 为大宗商品价格变动容忍阈值，产品市场价格为 P_k，$k = 1, 2, \cdots n$，突变概率为 F_k，$k = 1, 2, \cdots, n-1$，突变时点 t_k 对应的容忍阈值可表示为：

$$F_0 = \min\{F_k : |P_{t_{k+1}} - P_{t_k}| P_{t_k} \geq A_0\} \quad (1-16)$$

其次，假定 $x_1, x_2, \cdots, x_n$ 为一串已知的原始数据序列，指标集合 $I = \{1, 2, \cdots, n\}$ 的一个随机分划为 ρ，其区域个数为随机变量 B：

$$\rho = \{i_0, i_1, \cdots, i_b\}, \quad 0 = i_0 < i_1 < i_2 < \cdots < i_b = n \quad (1-17)$$

$$x_{[i_{r-1}, i]} = (x_{i_{r-1}}, \cdots, x_{i_r})^t, \quad r = 1, 2, \cdots, b \quad (1-18)$$

$c_{[ij]}$ 为相关区域 $[ij]$ 的先验紧度，代表若突变发生于 i 处，则下期突变发生于 j 处的概率。假定数据序列中任意点是变点的概率为 p，则先验紧度测算公式为：

$$c_{[ij]} = \begin{cases} (1-p)^{j-i-1}, & j = n \\ p(1-p)^{j-i-1}, & j < n \end{cases} \tag{1-19}$$

式（1-19）较好地揭示出突变节点发生时间序列是离散更新过程并且独立同分布于几何分布。相对而言，上述假设较为符合客观现实，即认为过去同未来的变点之间无直接关联关系。进一步，假定数据序列边际分布密度为 $f_1(x_1|\theta_1)$, $f_2(x_2|\theta_2)$, $\cdots$, $f_n(x_n|\theta_n)$，则对于任意的 $i_{r-1} < i \leq i_r$，参数 $\theta_i = \theta_{[i_{r-1}i_r]}$ 中的各项均独立，$\theta_{[ij]}$ 存在先验分布。此时，随机变量 $(x_1, x_2, \cdots, x_n; \rho)$ 服从商品价格突变 PPM 模型分布。对于 $k = 1, 2, \cdots, n$，在平方损失的条件下，θ_k 的条件数学期望和相关区间 $[ij]$ 的后验关联度分别可以用式（1-20）和式（1-21）表示，此时，ρ 和 B 的先验分布可以分别表示为式（1-22）和式（1-23）。

$$E(\theta_k | x_1, x_2, \cdots, x_n) = \sum_{i=0}^{k-1} \sum_{j=k}^{n} r_{ij}^* E(\theta_k | x_{ij}) \tag{1-20}$$

$$r_{ij}^* = P([ij] \in \rho | x_1, x_2, \cdots, x_n) \tag{1-21}$$

$$P(\rho = \{x_1, x_2, \cdots, x_n\} | p) = p^{b-1}(1-p)^{n-b}, \ b \in I \tag{1-22}$$

$$P(B = b | p) = C_{b-1}^{n-1} p^{b-1}(1-p)^{n-b}, \ b \in I \tag{1-23}$$

本书采用的主要研究方法汇总见表 1-4。

表 1-4　　　　　　　　本书拟采用的主要研究方法

研究主题		研究方法
中国食糖生产功能区时空格局分异特征研究		基于空间洛伦兹曲线的集中化指数 I
中国食糖产业地理集聚的作物贡献要素分解		对数平均迪氏分解 LMDI 模型
地理距离变量抽离前后中国食糖市场整合研究		外部综合价格指数 $\overline{p_u}$
多重属性对中国食糖市场整合的冲击效应	国际化属性冲击	二元 BEKK-GARCH 模型
	金融化属性冲击	四元 BEKK-GARCH 模型
	能源化属性冲击	三元 BEKK-GARCH 模型
	混合冲击	自回归分布滞后 ARDL 模型
中国食糖市场价格系统内的结构性突变诊断		商品价格突变 PPM 模型

三 技术路线和研究框架

（一）技术路线

从生产稳定与市场安全视角展开中国食糖产业安全的研究是一项十分复杂的系统性工程。为了进一步明确研究目的、掌握研究方法、明晰研究内容、把握研究方向，本书在查阅国内外文献资料、收集食糖产业生产与市场相关数据的基础上，遵循"中国食糖产业生产功能区时空格局分异特征是什么？"→"中国食糖产业生产功能区时空集聚是如何形成的？"→"地理距离变量抽离前后中国食糖产业市场的整合程度如何？"→"不同外部市场势力会给中国食糖市场带来怎样的冲击效应？"→"中国食糖价格系统内是否存在非周期性、非规律性的结构性突变"的逻辑思路展开研究，详见图1-2。

（二）研究框架

本书旨在从稳定糖料作物生产和市场安全的双重视角展开中国食糖产业安全问题的研究，全书共包括十个章节。

第一章为导论。主要涵盖研究问题的由来、研究背景、文献综述、研究意义、研究内容、研究目标、拟解决的关键问题、研究方法、技术路线以及可能的特色和创新等。

第二章为中国食糖产业功能区时空格局分异研究。基于空间洛伦兹曲线的生产集中化指数，从食糖产业整体视角和品种细分视角分别研究中国糖料作物时空格局分异特征以及主产区生产集中化趋势演进规律。

第三章为中国食糖产业时空集聚特征的要素贡献分解研究。在分析中国食糖产业时空集聚特征的基础上，基于对数平均迪氏分解LMDI模型，从产业整体视角、品种细分视角以及区域布局视角三个维度分别展开中国食糖产业时空集聚影响因子及其贡献程度研究。

第四章为中国食糖产业市场整合研究。选取甘蔗作物和甜菜作物分别作为中国南方地区和北方地区两种主要的糖料作物代表，基于外部综合价格指数指标，在一价定律的框架内展开地理距离变量抽离前后中国南方地区和北方地区食糖市场整合程度的研究。

第五章为国际化属性对中国食糖市场的冲击效应研究。基于食糖产品具备的全球化属性，综合利用VEC模型和二元BEKK-GARCH模型，展开中外食糖市场相互之间的动态关联和溢出效应研究。

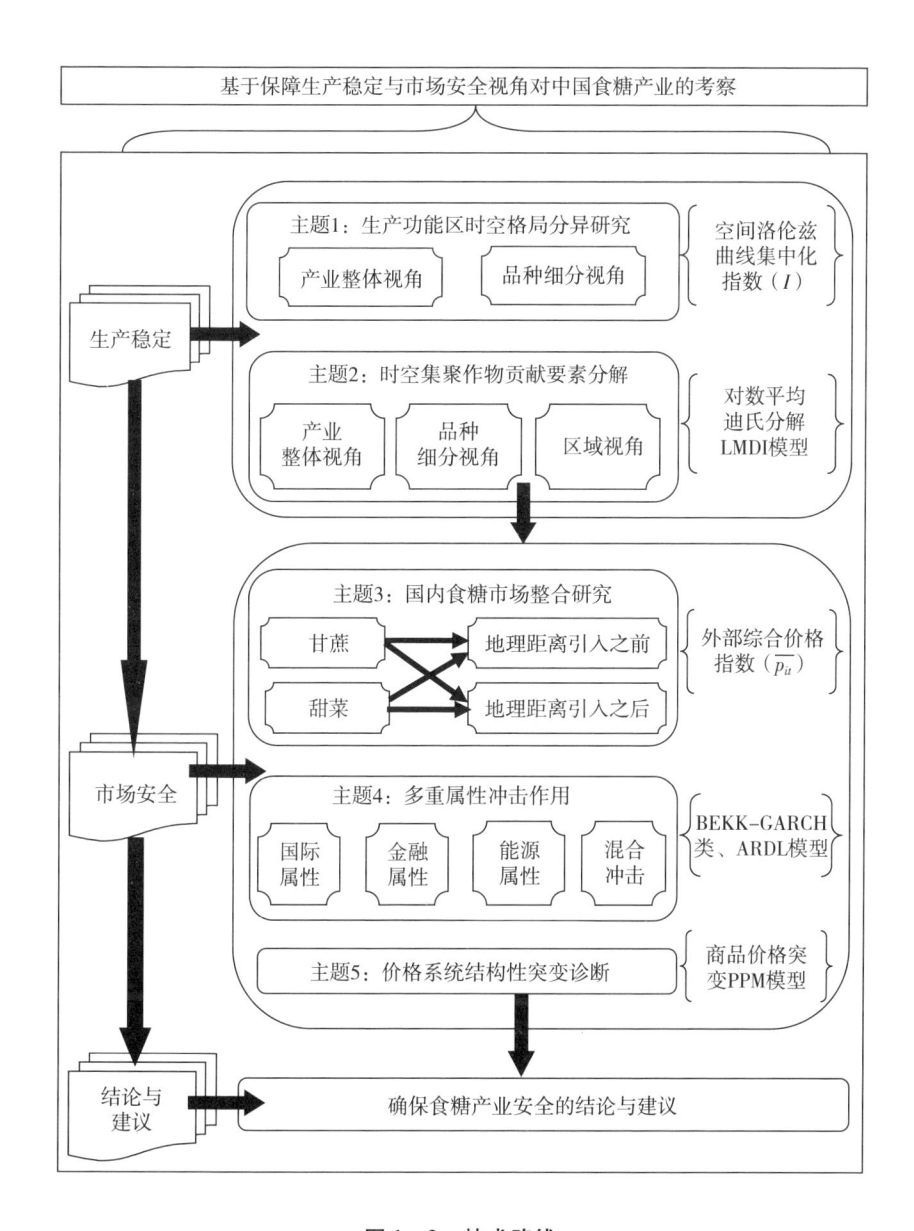

图 1-2 技术路线

第六章为金融化属性对中国食糖市场的冲击效应研究。基于食糖产品具备的金融化属性，利用四元 BEKK-GARCH 模型，展开中外食糖期货市场和现货市场相互之间的关联和溢出效应研究，并进一步展开食糖期现货市场发育程度以及价格信号传递类型的中外对比分析。

第七章为能源化属性对中国食糖市场的冲击效应研究。基于食糖产品具备的能源化属性，利用三元 BEKK – GARCH 模型，展开能源市场与食糖市场相互之间的关联和溢出效应研究。

第八章为多重属性对中国食糖市场的混合冲击效应研究。基于食糖产品具备的食用性、战略性、国际化、金融化、能源化等多重属性，将传统驱动因素、国际化因素、金融化因素以及能源化因素纳入同一分析框架，基于 ARDL 模型开展新形势下多重市场势力对中国食糖市场的混合效应研究。

第九章为中国食糖市场价格系统内的结构性突变诊断。基于商品价格突变 PPM 模型，展开中国食糖市场价格系统内的非周期性、非规律性的结构性突变检验，以期科学识别食糖价格突变的发生节点、呈现方向、作用程度，并深入剖析市场价格突变形成的诱发机理。

第十章为研究结论和建议。综合上述章节的研究得出结论，并提出确保中国食糖生产稳定与产业安全的政策建议。

第六节　可能的特色与创新

第一，本选题关乎种植业结构调整，为新时代农业供给侧结构性改革的核心内容。在中央大力倡导"农业供给侧结构性改革"的背景下，农业产业集聚与功能区优化调整研究具有很强的政策含义。农业结构调整是农业供给侧结构性改革的核心内容之一，而农业结构调整离不开生产结构调整，符合农业供给侧结构性改革时代的政策要求。食糖产业作为中国种植业第四大重要组成部分，对中国农业经济领域做出了突出贡献。与此同时，食糖是全球重要的大宗农产品、中国重要的战略物资，也是为数不多的兼具食用性、战略性、金融化属性、能源化属性以及全球化属性的大宗敏感农产品。食糖市场生产供给、价格波动与传导方式独特，对人民生活、经济发展以及农业稳定等诸多方面影响显著。近年来，尤其是伴随国内食糖产业进口份额的逐年加大，加之产品金融化属性、能源化属性的加深以及国际食糖市场的冲击，如何稳定市场价格、确保产品自给率成为新时代的难题。产业布局调整与功能分区、市场风险可控是确保食糖产业生产供给质量与效率的重要手段，也是农业供给侧结构性改革的重要手段与方式。

第二，本书从品种细分视角出发，区别于以往关于种植业整体空间集聚和农产品市场安全问题的研究。以往国内外学者有关农业产业时空转移和农产品市场安全的研究主要集中于农业整体、种植业整体或者以粮食作物为代表的大宗农产品，本书分别选取甘蔗和甜菜作为中国南方和北方两种主要的糖料作物代表，在后续研究中，将糖料作物总产分解为甘蔗作物产量和甜菜作物产量之和，每种作物产量又进一步分解为单产水平与播种面积的乘积，依次从品种视角分析单产水平和播种面积对糖料作物总产量的贡献率及其时序特征，以期深入探讨中国食糖产业功能区布局变动趋势和产业集中度情况；随后，在一价定律框架内选取北方地区5个甜菜作物主产省域和南方地区6个甘蔗作物主产省域的面板数据研究中国南北方食糖市场的整合程度，分别构建当地市场价格受外部综合价格指数与当地条件共同作用的实证模型，并将地理距离变量从外部综合价格指数中抽离出来，按照其存在与否分品种分别构建糖料作物市场整合程度的市场模型，比较各个因素对南北地区糖料作物市场整合程度的影响。本书从产业细分视角丰富了对包括糖料作物在内的特色经济作物时空分异格局和市场安全领域研究的理论体系。

第三，本书试图构建一个系统的、完整的关于中国食糖生产稳定与市场安全问题研究的分析框架。本书主要的研究内容可以概括为两个方面：其一，从生产稳定视角展开中国食糖产业功能区时空格局分异特征、动态演进趋势以及驱动因素分解研究；其二，从市场安全视角解析中国食糖产业外部市场势力的冲击效应、关联与溢出效应以及中国食糖市场价格系统内的结构性突变问题。在此框架之下，本书涵盖了中国食糖产业生产功能区集聚与扩散特征、时空集聚形成驱动机理与影响效应、中国食糖产业市场整合、空间溢出效应、外部市场势力对中国食糖市场的冲击效应、食糖市场价格系统内的结构性突变识别与测算、食糖产业优化调整路径等全方位内容。当前，国内外与包括食糖产业在内的中国经济作物时空格局分异和产业市场安全相关的研究相对较为零散，本书打破了以往学者侧重于从单一层面进行农业产业集聚效应、驱动机理、市场安全分析的逻辑，试图从多重视角、多重维度进行中国食糖产业时空集聚和市场安全综合研究，并给出了供给侧结构性改革背景下中国食糖产业种植结构调整的转型思路与具体路径。

第四，本书在定量方法的综合运用上，具有一定的新意。已有关于种植业产业集聚形成机理的研究以定性研究为主，定量的实证研究有待进一步深化。本书拟采用基于空间洛伦兹曲线的生产集中化指数，从产业整体和品种细分双重视角展开中国食糖生产集中化趋势演进研究；基于对数平均迪氏分解 LMDI 模型，从产业整体、品种细分以及区域布局三个不同维度分别展开中国食糖产业时空格局分异以及贡献要素分解研究；基于外部综合价格指数指标，在一价定律的框架内展开地理距离变量抽离前后中国南北方食糖市场整合程度的研究；基于 BEKK – GARCH 类模型分别开展国际化势力、金融化势力和能源化势力对中国食糖市场的冲击效应研究，并探讨不同市场与中国食糖市场之间的动态关联与溢出效应；基于 ARDL 模型展开新形势下多重市场势力对中国食糖市场的混合效应研究；基于商品价格突变 PPM 模型，科学诊断中国食糖市场价格系统内的非周期性、非规律性的结构性突变现象，识别突变的发生节点、呈现方向、作用程度及诱发机理。总的来看，本书给出了一种新的综合评定包括食糖产业在内的经济作物功能区集聚和产业市场安全的方法与思路，在研究方法的选用上具有一定的新意。

第二章　中国糖料作物生产功能区时空格局分异研究

第一节　问题的提出与文献回顾

糖料作物是继蔬菜、棉花和油料作物之后的重要大宗经济作物；与此同时，中国也是全球为数不多的兼具甘蔗作物和甜菜作物生产优势的国家，也在全球食糖市场占据着重要角色（韩俊、伍振军，2011；叶永刚、杨佳琪，2013；黄春全、司伟，2014），是世界上第四大糖料作物生产国、第一大食糖产品进口国以及第三大食糖产品消费国（国家统计局网站）。然而，《中国农业展望报告（2016—2025）》却指出，当前以及未来十年国内食糖及其制品供给情况不容乐观，2016年中国糖料作物产需缺口为3120万吨，并且伴随生产技术水平的提升带动糖料作物单位产量提升，预计未来十年中国食糖产业将呈现出产量稳中略增、消费量持续增进、种植面积逐步缩减、生产区域日趋集中、产需缺口持续扩大、进口规模不断扩大之势。在食糖及其制品进口数量激增并且持久的背景下，如何从源头上稳定糖料作物生产、确保产品供给稳定、保障食糖产业安全引发了社会各界的广泛关注（Manish，2011；韦佳培、梁戈夫，2013）。

在实践中，时空格局分异与功能区构建既是确保食糖产业生产供给稳定的重要手段，也是农业供给侧结构性改革的一种手段与方式（高群等，2016）。2016年中央一号文件首次提出"农业供给侧结构性改革"，要求用发展的新理念来解决农业供给领域库存、成本、产能以及"短板"和投入等方面的难题。孔祥智（2016）进一步指出，生产结构调整是农业结构调整的两大主体内容之一，若要显著提高农业供给体系质量和效率，势必离不开产业合理布局。这进一步凸显了从空间地理学视角出发解释食糖产业时空格局分异特征对产品市场供求关系影响的重要性。

从国内外学者已有的研究来看，从空间地理学视角展开农业生产时空格局变迁及动态演变趋势的研究大多以粮食产业和畜禽产业为主。食糖产业作为中国种植业第四大重要组成，对国内农业经济领域做出了突出贡献，然而，学术界对食糖产业生产格局与功能区构建方面的关注度却并不高。综观国内外已有的文献研究，有关农业领域时空格局特征以及演变趋势相关的研究主要集中于以下三个方面：一是测算农业产业集聚的程度、集聚与扩散特征以及动态演化路径。例如，肖卫东（2012）选取了1980—2010年中国29个省域种植业总播种面积和6种主要农作物播种面积数据，基于区位基尼系数、产业集中率和地区产业平均集聚率指标，测算了中国种植业地理集聚的时空特征及其影响因素，研究证实：从整体视角来看，中国种植业具有显著的地理集聚特征；从产业视角和区域视角来看，中国种植业地理集聚特征表现出较大的产品差异性和明显的地域梯度，主要省域呈现明显的中度地理集聚特征。李二玲等（2012）、Li等（2017）选取了1981—2008年31个省域12类农作物数据资料，基于重心法、基尼系数、空间自相关指数以及区位商等指标综合考察中国种植业地理集聚程度的演化情况，研究结果表明：在样本考察区间内，中国种植业呈现自东部省域逐步向中西部省域集聚的态势，与此同时，东北地区的松嫩平原与三江平原也是全国重要的种植业集聚地；进一步的分析表明国内种植业时空集聚与扩散的驱动因素中自然条件的贡献值逐渐降低，而社会集聚效应日益提升。二是解析农业产业集聚格局的形成机理。例如，王艳荣、刘业政（2011）在500份问卷调查的基础上，尝试选用结构方程SEM模型考察资源禀赋、竞合互动、外部环境以及产业环境四个因子对中国农业产业集聚形成的贡献效应，研究结果显示：在四个作用因子中，产业环境因子的贡献效应最大，其次是竞合互动因子和外部环境因子，而资源禀赋因子的贡献效应为间接效应。杨春、王明利（2013）选用2000—2011年中国各个省域牛肉产量相关数据，基于空间计量经济模型测算了中国肉牛产业生产区域时空集聚的驱动机理，研究证实了在中国肉牛生产区域集聚的诸多驱动因子中，农业劳动力数量、粮食产量、空间误差自相关性、草地面积以及技术因素等指标的正向驱动作用十分显著，而非农就业机会则表现出一定程度的负向作用。三是研究农业产业集聚与扩散可能引致的各方效应，涵盖技术进步效应、经济效应、社会效应以及环境效应等。例如，宋燕平、王艳荣（2009）选取1990—2007年安徽省砀山县酥梨产业数据资料，基于协整检验和向量自回归VAR模型检验考察了技术进步效应与农业产业集聚之间的关系，研究证实了技术进步效应与农业产业集聚之间存在显著的正向相关，两者紧密联系、互为因果。吕超、周应恒（2011）以区域化、专业化程度较高的蔬菜产业为例，选取1995—2008年17个蔬菜主产区的238个混合数据资料，证实了农业产业集聚与扩散对农业经济增长存在显著的正向影响，并建议为了充分发挥农业产业集聚的外部经济效应，各个省域应当充分发挥本地农业比较优势，形成专业化和区域化的生产专业带。陈利、朱喜钢（2015）基于空间自相关、核密度估计以及面板空间杜宾模型，探讨了云南省农业产业集聚对农民收入的影响效应，研究证实：在控制资本密集程度、工业化水平以及农业人均产值等其他变量不变的情况下，农业产业集聚对农民收入具有显著的正向效应，前者强度每增加1%，后者收入可增加约0.105%；进一步的分析表明，农业产业集聚对农民收入的正向影响主要基于本土效应传导，而空间溢出效应不甚明显。胡中应、胡浩（2016）基于1998—2012年中国31个省域面板数据回归计量模型，测算了农业产业集聚与扩散对碳排放总量和强度的影响效应，研究表明：农业产业集聚对碳排放总量的影响表现为倒"U"形特征，即伴随农业产业集聚程度的提升，碳排放总量呈现出先增后减的特征；而农业产业集聚对碳排放强度的影响表现为正"N"形特征，即伴随农业产业集聚程度的提升，碳排放强度表现出先增后减再增的特征。Hailu和Deaton（2016）基于具有异方差低效效应的随机输入远距函数，探讨了畜牧业产业集聚与扩散对生产效率的影响，研究证实了安大略奶牛场密度对生产效率存在显著的正向经济影响。

从研究对象来看，学者以往的研究主要聚焦于两个主体：一是农业产业整体或种植业整体；二是分品种视域下以粮食作物为代表的大宗农产品。综合而言，国内外学术界已有的研究选取了不同的研究节点，基于不同的研究方法，基本上都证实了农业产业集聚对农产品供给稳定与确保产业安全具有重要意义，为本书顺利开展研究奠定了坚实的基础。食糖产业作为国内种植业中的一个重要组成部分，其产业功能区时空集聚与扩散特征识别、产业时空集聚形成机理、产业时空集聚效应评估以及种植结构优化转型是一项十分复杂的系统性工程。其中,中国食糖产业功能区究竟存在怎样的时空集聚与扩散特征?它的动态演进趋势如何?这些均是新时期值得关注和解决的现实问题与学术问题,但是国内外现有的文献研究未能就此问题展开深入挖掘。在供给侧结构性改革形势之下,如何从源头上确保中国食糖及其制品供给稳定与区域供需平衡、及时调整国内食糖产业政策与区域布局策略具有重要的理论意义和现实意义。鉴于此,本书拟在查阅国内外文献资料的基础上,收集1978—2015年中国省域层面糖料作物(涵盖甘蔗作物和甜菜作物)相关的基础数据,从产业整体视角和品种细分视角两个维度分别展开中国糖料作物生产时空格局的动态演进趋势研究,以期为优化调整中国食糖产业功能区构建与制度安排、稳定与提升国内食糖作物生产水平提供科学依据。

第二节 方法介绍与数据说明

一 基于空间洛伦兹曲线的集中化指数

本书拟运用集中化指数定量解析改革开放以来中国糖料作物生产区域格局的时空演进特征以及发展态势,该指数源自空间洛伦兹曲线的理论推演。空间洛伦兹曲线(Lorenz Curve)始于1907年国际著名统计学家M. O. Lorenz对国民财富分配问题的研究。柴玲欢、朱会义(2016)指出,基于空间洛伦兹曲线的集中化指数(I)是衡量农业产业集中化水平的一项重要统计指标,可以表示为:

$$\begin{cases} I = (A - R)/(M - R) \times 100\% \\ A = \sum_{i=1}^{n} A_i = A_1 + A_2 + A_3 + \cdots + A_n \\ R = \sum_{i=1}^{n} R_i = R_1 + R_2 + R_3 + \cdots + R_n \\ M = \sum_{i=1}^{n} M_i = M_1 + M_2 + M_3 + \cdots + M_n \end{cases} \quad (2-1)$$

对中国食糖产业而言,式(2-1)中生产集中化指数 I 代表糖料作物实际分布状态与假定均匀分布状态两者的比值,$I \in [0, 100\%]$。I 值越大,则意味着中国食糖产业的生产集中化水平越高,糖料作物分布越集中;I 值越小,则意味着中国食糖产业的生产集中化水平越低,糖料作物越趋于均衡分布;I 等于 0,则表明中国糖料作物均匀地分布于各省域;I 等于 100%,意味着中国糖料作物集中分布于某个单一省域。指标 A 代表省域单元糖料作物实际分布比合计值;指标 M 代表糖料作物集中分布于某一省域时的累计分布比合计值;指标 R 代表糖料作物在省域单元均衡分布时的累计分布比合计数。若假定空间洛伦兹曲线表达式为 $F = f(x)$,$x = 0,1,2,\cdots,n$,则指标 A 应为空间洛伦兹曲线的下方区域面积 $\int_0^n f(x)dx$;指标 R 为对角线以下的三角形区域面积;指标 M 则为整个正方形区域面积。

二 数据说明

本章节的研究主要涉及中国的 28 个食糖主产省域(不含港澳台,以及北京市、天津市和西藏自治区[①]),选取糖料作物整体与分品种的播种面积数据与产量数据作为研究的主要指标,数据资料来源于国家统计局网站(http://www.stats.gov.cn/),研究覆盖区间为 1978—2015 年。其中,甜菜作物的相关数据主要源自河北省、山西省、内蒙古自治区、辽宁省、吉林省、黑龙江省、江苏省、山东省、四川省、贵州省、云南省、陕西省、甘肃省、青海省、宁夏回族自治区以及新疆维吾尔自治区合计 16 个省域;甘蔗作物的相关数据则主要源自上海市、江苏省、浙江省、安徽省、福建省、江西省、河南省、湖南省、湖北省、广东省、广西壮族自治区、海南省、重庆市、四川省、云南省、陕西省以及贵州省合计 17 个省域。为了有效确保数据指标选取的一致性和完整性,在分析过程中将成立较晚的海南省与重庆市分别纳入广东省与四川省,之后再统一展开基于空间洛伦兹曲线生产集中化指数(I)的核算。

经过数据处理之后,从产业整体视角来看,国内糖料作物生产合计涉及 26 个单元;分品种视角而言,甜菜作物和甘蔗作物的生产分别涉及 16 个单元和 15 个单元。因此,在中国食糖产业整体的生产集中化指数测算过程中,均衡分布和集中分布时的累计分布比合计值分别为:

---

① 北京市、天津市和西藏自治区,既非甜菜作物主产地,又非甘蔗作物主产地,糖料作物在全国糖料生产中占比几乎为 0。

$$\begin{cases} R^1 = \sum R_i = (1/26 + 2/26 + \cdots + 26/26) \times 100\% = 1350\% \\ M^1 = \sum M_i = (1 + 1 + \cdots + 1) \times 100\% = 2600\% \end{cases}$$

其中，对于甜菜作物而言，生产区间共涉及 16 个区域，其生产均衡分布和集中分布时的累计分布比合计值分别为：

$$\begin{cases} R^2 = \sum R_i = (1/16 + 2/16 + \cdots + 16/16) \times 100\% = 850\% \\ M^2 = \sum M_i = (1 + 1 + \cdots + 1) \times 100\% = 1600\% \end{cases}$$

对于甘蔗作物而言，生产均衡分布和集中分布时的累计分布比合计值分别为：

$$\begin{cases} R^3 = \sum R_i = (1/15 + 2/15 + \cdots + 15/15) \times 100\% = 800\% \\ M^3 = \sum M_i = (1 + 1 + \cdots + 1) \times 100\% = 1500\% \end{cases}$$

第三节　食糖主产区集中化趋势演进分析结果

一　基于产业整体视角的食糖主产区集中化趋势演进

如图 2-1 所示，1978—2015 年国内糖料作物整体的生产集中化指数呈现出明显的波动性上升态势，我们可以将其进一步细分为两大发展阶段：（1）1978—2006 年，糖料作物生产集中化程度处于持续上升阶段。在此时期内，无论是基于产量还是基于播种面积的糖料作物生产集中化指数均表现出较为强劲的增长势头。（2）2006—2015 年，糖料作物生产集中化程度处于相对稳定阶段。这一阶段糖料作物整体生产集中化指数相对较为稳定，基于产量和基于播种面积的糖料作物生产集中化水平始终分别保持在 90% 和 88% 左右。这也就意味着，自改革开放以来，在市场力量的推动作用下，中国食糖产业曾经出现了较大幅度的空间格局调整，糖料作物生产区域逐步向优势产区偏移，国内食糖产业布局日趋优化；进入 21 世纪以来，尤其是在 2006 年以后，已经基本上形成并明确了中国食糖生产的专业化地域分工。

在不同省域单元内，糖料作物生产面积的相对变化和因生产主体种

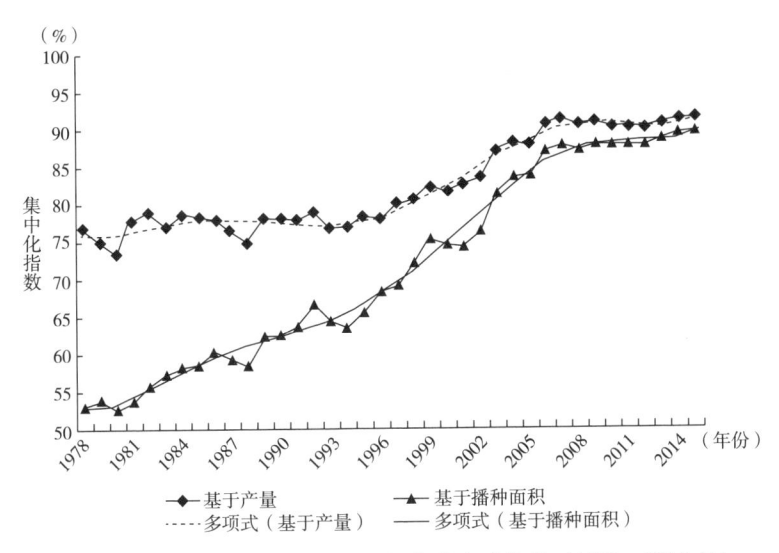

图 2-1 糖料作物整体生产集中化指数变动趋势（1978—2015 年）

植积极性变动带来的产量变动可能会共同促使糖料作物生产水平发生相对变化，并进一步导致中国食糖产业整体生产格局变迁。在样本考察区间之内，糖料作物生产面积的相对变化是导致中国食糖产业整体生产格局变迁的主要原因；糖料作物收购价格下降和拖欠糖料作物款等因素也在一定程度上弱化了生产主体种植糖料作物的积极性，从而降低了糖料作物的产量。例如，在 1991 年《关于调整食糖经营管理有关政策的通知》（国发〔1991〕61 号）发布后的几年里，食糖市场曾出现供过于求的局面。随后，各个糖料作物产区纷纷调低产品收购价格，在生产资料依旧随行就市的情况下农户种植糖料作物的经济效益不高，加之拖欠糖料作物款的"白条子"现象在各地纷纷涌现，进一步挫伤了农户种植的积极性，从而降低了食糖产量。这一阶段内，中国糖料作物生产面积减少，农民生产资料投入减少，并且在不同省域和不同品种之间均存在趋同性；与此同时，广东省（甘蔗作物主产区）和新疆维吾尔自治区（甜菜作物主产区）等个别糖料作物高产省域在比较利益的驱动下发生了产业转移现象，糖料作物播种面积减少相对更多、受到的冲击相对要更大。

为了进一步揭示改革开放以来中国糖料作物主产区时空迁移的轨迹，本书将 1980—1985 年、1990—1995 年、2000—2005 年以及 2010—2015 年四个时段分别选作研究截面，对糖料作物生产占全国总产量的比重相对较高的省域进行排序，测算结果如表 2-1 所示。在 1980—1985 年和

表2-1 不同省域、不同时间段糖料作物整体生产在全国总产中占比排序

时间段(年)	排序	1	2	3	4	5	6	7	8	9	10	11	12
2010—2015	省域	桂	云	粤	新	蒙	黑	—	—	—	—	—	—
	产量占比(%)	58.99 (58.99)	15.29 (74.28)	14.15 (88.43)	3.84 (92.27)	1.37 (93.64)	1.16 (94.80)	—	—	—	—	—	—
	播种面积占比(%)	56.17 (56.17)	16.76 (72.93)	11.64 (84.57)	3.67 (88.24)	2.41 (90.65)	2.22 (92.87)	—	—	—	—	—	—
2000—2005	省域	桂	云	粤	新	黑	川	湘	蒙	赣	浙	闽	—
	产量占比(%)	47.09 (47.09)	17.13 (64.22)	16.94 (81.16)	4.21 (85.37)	2.46 (87.83)	1.85 (89.68)	1.48 (91.16)	1.46 (92.62)	1.24 (93.86)	1.16 (95.02)	1.10 (96.12)	—
	播种面积占比(%)	40.32 (40.32)	16.95 (57.27)	13.90 (71.17)	4.32 (75.49)	8.12 (83.61)	2.02 (85.63)	1.60 (87.23)	3.04 (90.27)	1.44 (91.71)	1.08 (92.79)	1.00 (93.79)	—
1990—1995	省域	粤	桂	云	黑	闽	新	蒙	赣	川	湘	吉	甘
	产量占比(%)	29.46 (29.46)	27.54 (57.00)	11.16 (68.16)	6.15 (74.31)	4.00 (78.31)	3.45 (81.76)	3.33 (85.09)	2.78 (87.87)	2.67 (90.54)	1.96 (92.50)	1.27 (93.77)	1.26 (95.03)
	播种面积占比(%)	19.98 (19.98)	22.41 (42.39)	8.29 (50.68)	19.10 (69.78)	2.52 (72.30)	4.01 (76.31)	6.39 (82.70)	2.31 (85.01)	2.42 (87.43)	1.61 (89.04)	2.68 (91.72)	1.36 (93.08)
1980—1985	省域	粤	桂	闽	黑	云	川	蒙	赣	湘	吉	浙	新
	产量占比(%)	38.78 (38.78)	14.85 (53.63)	9.45 (63.08)	8.60 (71.68)	7.04 (78.72)	4.77 (83.49)	2.90 (86.39)	2.85 (89.24)	2.30 (91.54)	2.14 (93.68)	1.55 (95.23)	1.07 (96.30)
	播种面积占比(%)	23.95 (23.95)	13.13 (37.08)	4.82 (41.90)	24.02 (65.92)	5.11 (71.03)	4.41 (75.44)	5.67 (81.11)	2.22 (83.33)	1.66 (84.99)	5.20 (90.19)	1.01 (91.20)	1.92 (93.12)

注：括号中的数值为累计百分比，未加括号的数值代表真实百分比。符号"—"代表缺失值。为简便起见，表中省域为简称，下同。

1990—1995 年，糖料作物产量与播种面积在全国糖料作物总产量与总播种面积中占比均超过 1% 的省域高达 12 个；2000—2005 年缩减为 11 个；2010—2015 年进一步缩减为 6 个。1980—1985 年，糖料作物生产占比排名前 6 位的省域糖料作物产量和播种面积合计百分比分别为 83.49% 和 75.44%；1990—1995 年，分别为 81.76% 和 76.31%；2000—2005 年，分别增至 89.68% 和 85.63%；2010—2015 年进一步增至 94.80% 和 92.87%。由此可见，自 1978 年以来，中国食糖生产在空间层面不断地集聚，主产省域糖料作物产量与播种面积在全国总产量与播种面积中的占比持续攀升，直接带来了生产集中化程度的不断提升。

表 2-2 从糖料作物整体视角进一步揭示了 1978—2015 年省域层面糖料作物生产占比的变动情况。不难发现，与改革开放之初相比，糖料作物产量和播种面积占比提升均超出 1 个百分点的省域有 3 个，分别为广西壮族自治区、云南省和新疆维吾尔自治区。其中，甘蔗作物主产地之一——广西壮族自治区糖料作物生产占全国总产量的比重提升幅度最为明显，其产量与播种面积占比分别提升了 44.61 个百分点与 39.60 个百分点；其次为国内另一大甘蔗作物主产地——云南省，其糖料作物产量与播种面积占比分别提升了 8.89 个百分点和 13.01 个百分点；对比之下，甜菜作物主产地中唯一上榜的新疆维吾尔自治区，其甜菜产量和播种面积占比仅各自提升了 2.92 个百分点和 1.52 个百分点。糖料作物整体产量和播种面积占比下降均超出 1 个百分点的省域有 6 个，分别为广东省、

表 2-2 糖料作物整体生产占比变动情况（2015 年与 1978 年的差值）

	上升			下降		
排序	省域	产量占比变动（%）	播种面积占比变动（%）	排序	省域	产量占比变动（%）	播种面积占比变动（%）
1	桂	+44.61	+39.60	1	粤	-25.36	-11.28
2	云	+8.89	+13.01	2	闽	-10.59	-4.43
3	新	+2.92	+1.52	3	川	-7.08	-5.59
—	—	—	—	4	黑	-4.97	-16.38
—	—	—	—	5	赣	-2.27	-1.38
—	—	—	—	6	吉	-2.03	-6.95

注：表中仅保留了糖料作物产量和播种面积变动比率绝对值超过 1% 的省域。其中，符号"+"代表生产占比提升，符号"-"代表生产占比下降。

福建省、四川省、黑龙江省、江西省和吉林省。其中，糖料作物生产占比下降最显著的省域，同样也是甘蔗作物主产区——广东省和福建省，两省糖料作物产量占比降幅均超出了10个百分点。

二 基于品种细分视角的食糖主产区集中化趋势演进

（一）甜菜作物主产区集中化趋势演进

从甜菜作物的生产集中化演进趋势来看，1978—2015年国内甜菜作物生产集中化指数呈现出显著的波动性上升态势，基于作物产量和播种面积的生产集中化指数分别自1978年的75.91%和72.66%增至2015年的90.78%和88.03%，甜菜作物的生产集中化程度历经了一个"上升—下降—上升—下降—上升"的类"M"形波浪式演变进程，即样本研究区间内甜菜作物生产集中化水平共历经两个完整的起伏周期（见图2-2）。具体来看：（1）1978—1993年为中国甜菜作物生产集中化水平起伏第一个周期。在此时段，国内市场正处于计划经济阶段，甜菜作物生产出现了一次较小规模的空间重组。（2）1993—2013年为新一轮的起伏周期。在向市场化经济转型的进程中，中国甜菜作物的生产格局再一次出现了空间重组，并且此次重组规模要明显大于计划经济时代。（3）2013年以后，中国甜菜作物生产集中化指数呈现出上扬态势，作物生产区域进一步向优势产区集中。

从分品种视角来看，中国甜菜作物主产省域的变动轨迹如表2-3所示。从不同省域、不同时段甜菜作物生产在全国总产中的占比排序来

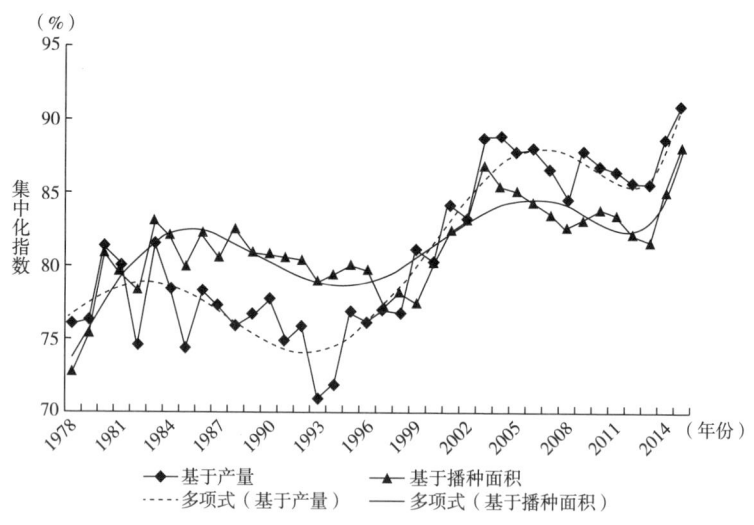

图2-2 甜菜作物生产集中化指数变动趋势（1978—2015年）

表2-3 不同省域、不同时间段甜菜生产在全国总产中占比排序

时间段（年）	排序	省域	1	2	3	4	5	6	7	8	9	10
2010—2015	产量占比(%)	省域	新 52.70 (52.70)	蒙 19.10 (71.80)	黑 14.51 (86.31)	冀 7.21 (93.52)	甘 2.35 (95.87)	晋 2.17 (98.04)	—	—	—	—
	播种面积占比(%)	省域	新 38.18 (38.18)	蒙 23.80 (61.98)	黑 22.14 (84.12)	冀 8.40 (92.52)	甘 2.50 (95.02)	晋 2.17 (97.19)	—	—	—	—
2000—2005	产量占比(%)	省域	新 47.45 (47.45)	黑 23.93 (71.38)	蒙 15.84 (87.22)	吉 3.42 (90.64)	甘 3.15 (93.79)	冀 2.67 (96.46)	辽 1.96 (98.42)	晋 1.34 (99.76)	—	—
	播种面积占比(%)	省域	新 25.01 (25.01)	蒙 43.66 (68.67)	黑 16.84 (85.51)	甘 4.20 (89.71)	吉 2.38 (92.09)	冀 3.70 (95.79)	辽 2.47 (98.26)	晋 1.31 (99.57)	—	—
1990—1995	产量占比(%)	省域	黑 33.96 (33.96)	新 19.54 (53.50)	蒙 18.79 (72.29)	甘 7.16 (79.45)	吉 7.11 (86.56)	晋 4.19 (90.75)	宁 3.65 (94.40)	辽 3.62 (98.02)	—	—
	播种面积占比(%)	省域	黑 50.14 (50.14)	蒙 10.58 (60.72)	新 16.84 (77.56)	甘 3.58 (81.14)	吉 7.02 (88.16)	晋 3.38 (91.54)	宁 2.16 (93.70)	辽 3.68 (97.38)	—	—
1980—1985	产量占比(%)	省域	黑 48.33 (48.33)	蒙 17.20 (65.53)	吉 11.89 (77.42)	新 6.18 (83.60)	辽 3.09 (86.69)	甘 2.82 (89.51)	晋 2.74 (92.25)	宁 2.37 (94.62)	鲁 2.10 (96.72)	冀 1.51 (98.23)
	播种面积占比(%)	省域	黑 56.07 (56.07)	蒙 13.39 (69.46)	吉 12.11 (81.57)	新 4.43 (86.00)	辽 2.77 (88.77)	甘 1.68 (90.45)	晋 2.36 (92.81)	宁 1.25 (94.06)	鲁 1.61 (95.67)	冀 1.99 (97.66)

注：括号中的数值为累计百分比，未加括号的数值代表真实百分比。符号"—"代表缺失值。

看：1980—1985 年，甜菜作物的产量与播种面积在全国甜菜作物总产量与总生产面积中占比均超过 1% 的省域高达 10 个；1990—1995 年和 2000—2005 年这一数量缩减为 8 个；2010—2015 年，进一步缩减为 6 个。1980—1985 年，甜菜作物生产占比排名前 6 位的省域产量和播种面积累计百分比分别为 89.51% 和 90.45%；1990—1995 年，分别小幅上涨至 90.75% 和 91.54%；2000—2005 年，分别进一步增至 96.46% 和 95.79%；2010—2015 年，分别上涨至 98.04% 和 97.19%。综合来看，1978—2015 年中国甜菜作物主产省域日趋集中，并且在全国甜菜作物总产量中的占比不断提升。

表 2-4 进一步比较了不同省域 1978 年与 2015 年甜菜作物生产占比变动情况并排序。排序结果显示，与改革开放之初相比，样本研究区间内中国甜菜作物主产区出现了较大幅度的位置迁移。1978—2015 年，全国甜菜作物产量和播种面积占比提升均超出 1 个百分点的省域有 3 个，分别为新疆维吾尔自治区、内蒙古自治区和河北省。其中，新疆维吾尔自治区的甜菜作物生产占比涨幅最为剧烈，甜菜作物产量和播种面积占比变动比例分别高达 49.76 个百分点和 39.39 个百分点；其次是内蒙古自治区，甜菜作物产量和播种面积占比分别提升了 17.14 个百分点和 26.08 个百分点。相比之下，在样本研究区间内，黑龙江省、吉林省、辽宁省、山东省、江苏省以及江西省等省域甜菜作物生产则出现了滑坡现象，尤其是甜菜作物的东北传统产区即黑龙江和吉林两省，在全国甜菜作物主产省域中的占比降幅十分显著，其中，黑龙江省甜菜作物产量和播种面积占比分别下跌了 44.56 个百分点和 42.35 个百分点；吉林省甜菜作物产量和播种面积也分别下跌了 18.32 个百分点和 18.12 个百分点。

表 2-4　甜菜作物生产占比变动情况（2015 年与 1978 年的差值）

排序	上升 省域	产量占比变动（%）	播种面积占比变动（%）	排序	下降 省域	产量占比变动（%）	播种面积占比变动（%）
1	新	+49.76	+39.39	1	黑	-44.56	-42.35
2	蒙	+17.14	+26.08	2	吉	-18.32	-18.12
3	冀	+8.03	+7.93	3	辽	-4.25	-2.98
—	—	—	—	4	鲁	-2.83	-2.70
—	—	—	—	5	苏	-1.43	-2.07
—	—	—	—	6	赣	-1.34	-1.86

注：表中仅保留了甜菜作物产量和播种面积变动比率绝对值超过 1% 的省域。其中，符号"+"代表生产占比提升，符号"-"代表生产占比下降。

(二) 甘蔗作物主产区集中化趋势演进

从甘蔗作物生产集中化指数变动趋势来看，自1978年以来生产集中化程度整体表现出类"U"形增长态势（见图2-3）。具体而言，(1) 1978—1988年，甘蔗作物生产集中化水平处于波动性下降阶段。在此区间内，甘蔗作物生产的集中化水平历经3次起落，基于产量和基于播种面积的生产集中化程度分别自1978年的78.82%和78.84%降至历史最低点的75.70%和73.81%。(2) 1988—2007年，甘蔗作物的生产集中化水平处于稳步增进阶段。在此时段内，政府取消了统购统销制度，逐步放开了对食糖市场的价格管制，在市场势力作用下国内甘蔗作物生产逐步向专业化产业和优势化产区推进，甘蔗作物生产布局出现了较大幅度的调整。基于产量和基于播种面积的甘蔗作物生产集中化程度，以年均0.95%和0.97%的提速分别增至2007年的90.65%和88.69%。(3) 2007—2015年，甘蔗作物的生产集中化水平处于相对稳定阶段。在这一阶段，甘蔗作物生产集中化指数相对较为稳定，基于产量和基于播种面积的甘蔗作物生产集中化水平始终分别保持在90%和88%左右。在此区间内，甘蔗作物生产与全国糖料作物生产的整体格局调整与完善节点基本吻合，这也从侧面印证了甘蔗作物在中国食糖产业中的重要地位。

为了深入剖析甘蔗产业生产格局演变原因，仍然选取1980—1985年、1990—1995年、2000—2005年以及2010—2015年作为研究截面，将不同省域、不同时段甘蔗作物生产在全国总产中的占比进行排序。如表2-5所示，

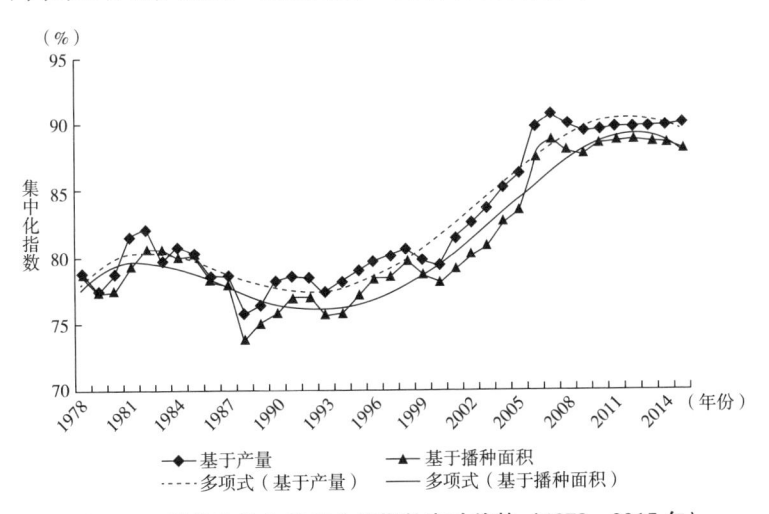

图2-3 甘蔗作物生产集中化指数变动趋势（1978—2015年）

表 2-5　不同省域、不同时间段甘蔗作物生产在全国总产中占比排序

时间段（年）	排序	1	2	3	4	5	6	7	8
2010—2015	省域	桂	云	粤+琼	—	—	—	—	—
	产量占比（%）	63.68 (63.68)	16.51 (80.19)	15.28 (95.47)	—	—	—	—	—
	播种面积占比（%）	62.32 (62.32)	18.57 (80.89)	12.90 (93.79)	—	—	—	—	—
2000—2005	省域	桂	云	粤+琼	川+渝	湘	赣	浙	闽
	产量占比（%）	51.89 (51.89)	18.92 (70.81)	18.74 (89.55)	2.04 (91.59)	1.64 (93.23)	1.38 (94.61)	1.28 (95.89)	1.22 (97.11)
	播种面积占比（%）	49.18 (49.18)	20.79 (69.97)	17.09 (87.06)	2.48 (89.54)	1.98 (91.52)	1.79 (93.31)	1.32 (94.63)	1.22 (95.85)
1990—1995	省域	粤+琼	桂	云	闽	赣	川+渝	湘	浙
	产量占比（%）	35.94 (35.94)	33.45 (69.39)	13.56 (82.95)	4.88 (87.83)	3.38 (91.21)	3.25 (94.46)	2.38 (96.84)	1.09 (97.93)
	播种面积占比（%）	32.26 (32.26)	36.14 (68.40)	13.36 (81.76)	4.07 (85.83)	3.73 (89.56)	3.81 (93.37)	2.59 (95.96)	1.17 (97.13)
1980—1985	省域	粤+琼	桂	闽	云	川+渝	赣	湘	浙
	产量占比（%）	43.92 (43.92)	19.03 (62.95)	12.10 (75.05)	9.03 (84.08)	6.09 (90.17)	3.64 (93.81)	2.94 (96.75)	1.98 (98.73)
	播种面积占比（%）	41.70 (41.70)	22.93 (64.63)	8.46 (73.09)	8.92 (82.01)	7.64 (89.65)	3.88 (93.53)	2.91 (96.44)	1.77 (98.21)

注：括号中的数值为累计百分比，未加括号的数值代表真实百分比。符号"—"代表缺失值。

在1980—1985年、1990—1995年以及2000—2005年，甘蔗作物产量与播种面积在全国甘蔗作物总产量与总生产面积中占比均超过1%的省域均为8个；而在2010—2015年仅剩下3个。在1980—1985年，甘蔗作物生产占比排名前3位的省域产量和播种面积累计百分比分别为75.05%和73.09%；在1990—1995年，分别小幅上涨至82.95%和91.76%；在2000—2005年，分别进一步增至89.55%和87.06%；在2010—2015年，分别高达95.47%和93.79%。综合而言，1978—2015年甘蔗作物主产省域在全国甘蔗作物总产量中的占比不断提升，并且自2010年以来甘蔗作物生产集中化程度有了进一步的提升。

表2-6研究结果进一步显示，在品种细分视角下，1978—2015年国内甘蔗作物主产区也出现了较大幅度的位置迁移。与改革开放之初相比，国内甘蔗作物产量和播种面积占比提升均超过1个百分点的省域有且仅有2个，并且两个省域的生产占比提升幅度相当明显。其中，广西壮族自治区的甘蔗作物产量与播种面积占比提升率分别高达46.32个百分点和34.47个百分点；云南省甘蔗作物产量和播种面积的占比分别提升8.92个百分点和11.58个百分点；与此同时，广东省、海南省、福建省、四川省以及重庆市等省域甘蔗作物的生产占比则呈现出明显下跌态势，尤其是东南沿海经济发达地区如广东省和海南省两省，合计产量和播种面积

表2-6　甘蔗作物生产占比变动情况（2015年与1978年的差值）

排序	上升			排序	下降		
	省域	产量占比变动（%）	播种面积占比变动（%）		省域	产量占比变动（%）	播种面积占比变动（%）
1	桂	+46.32	+34.47	1	粤+琼	-27.71	-24.27
2	云	+8.92	+11.58	2	闽	-12.28	-7.31
—	—	—	—	3	川+渝	-8.23	-9.35
—	—	—	—	4	赣	-2.67	-2.66
—	—	—	—	5	浙	-2.51	-1.29
—	—	—	—	6	湘	-2.29	-1.78

注：表中仅保留了甘蔗作物产量和播种面积变动比率绝对值超过1%的省域。其中，符号"+"代表生产占比提升，符号"-"代表生产占比下降。

占比下跌幅度分别高达 27.71 个百分点和 24.27 个百分点，这与改革开放以来广东省作为国内改革先锋，着重发展外向型经济和工业生产的角色是分不开的。与此同时，这也直接促成了 21 世纪以来，广西壮族自治区和云南省甘蔗作物生产击败广东省、海南省两省，在全国排名迅速提升并且稳居第一、第二位，广东省和海南省两省的甘蔗作物生产则退居第三位的局势。

第四节　研究结论与讨论

一　研究结论

基于空间洛伦兹曲线的生产集中化指数，依托省域层面的糖料作物产量、播种面积等统计指标，本章分别从中国食糖产业整体视角和品种细分视角两个维度，定量解析了 1978—2015 年国内食糖产业生产集中化时空演进趋势，研究结论主要有以下两个方面。

（一）从整体视角的食糖产业生产集中化指数变动趋势来看

（1）自 1978 年以来，中国糖料作物生产集中化水平呈现逐渐提升的态势；在 2006 年以后糖料作物生产集中化趋于稳定。中国糖料作物生产布局的动态演进历程表明：自改革开放以来，中国食糖产业生产出现了较大的空间格局调整，生产区域逐步向优势产区偏移；并且进入 21 世纪以来，中国食糖产业已经基本上实现了生产专业化的地域分工。

（2）在糖料作物生产集中化演进过程中，不同作物和不同省域的要素贡献程度不尽相同。从品种要素层面来看，甘蔗作物的生产集中化贡献程度要明显优于甜菜作物；从不同省域层面来看，广西壮族自治区、云南省以及新疆维吾尔自治区在中国食糖产业时空集聚过程中发挥了主导作用。

（二）从品种细分视角的中国食糖产业集中化指数变动趋势来看

（1）在样本研究区间内，虽然甘蔗作物和甜菜作物的生产集中化水平均呈现增进态势，但是甘蔗作物的生产集中化指数变动趋势与中国食糖产业整体的变动路径更为接近，尤其是在计划经济向市场经济转轨过程中，甘蔗作物的生产专业化程度和集中化程度均实现了质的飞跃，其生产集中化程度历经了"U"形变动轨迹：1988年之前甘蔗作物生产集中化水平呈现出波动性下降态势，1988年之后甘蔗作物生产集中化水平稳步增进，自2007年以来甘蔗作物的生产集中化指数相对稳定。而甜菜作物的生产则在1978—1993年和1993—2013年生产集中化水平分别历经两大完整的起伏周期，自2013年以来，甜菜作物的生产进一步向优势产区集中，历经了"上升—下降—上升—下降—上升"的类"M"形波浪式演进。

（2）在食糖生产集中化演进过程中，甘蔗作物和甜菜作物的生产布局均出现了较大幅度的位置迁移。其中，甘蔗作物的生产逐步向广西壮族自治区和云南省集中，2个省域的甘蔗作物产能在全国甘蔗作物总产能中占比超过80%，而包括广东省、海南省、福建省、四川省以及重庆市在内的传统甘蔗作物产区地位明显下降；相对而言，在甜菜作物的生产过程中包括黑龙江省和吉林省在内的东北传统产区的地位正在下降，甜菜作物主产区正在向包括新疆维吾尔自治区和内蒙古自治区等省域在内的西北省域迁移，并且甜菜作物的生产集中化水平仍然存在较大的提升空间。

二 讨论

及时掌握与更新中国食糖产业生产集中化水平演进脉络，做好省域层面的土地利用分化，科学优化中国食糖产业生产功能区源头，有利于稳步推进产业专业化分工进程并有效确保产品的稳定供给。尤其是在供给侧结构性改革背景下，为了确保中国食糖产业稳步发展，建议做好以下两个方面的工作：第一，从产业整体视角来看，稳定原材料供给是确保中国食糖产业安全的关键；而确保原材料的供给，需要进一步优化调整糖料作物生产格局，紧抓广西壮族自治区、云南省、新疆维吾尔自治区等原材料优势产区。第二，从品种细分视角来看，甘蔗作物是中国食糖产业的主导要素与关键命脉，确保中国食糖产业安全离不开甘蔗作物的稳定生产，未来务必要稳抓广西壮族自治区和云南省两省区甘蔗作物的生产工作；对甜菜市场而言，则需要进一步优化优势区域布局，巩固与提升包括新疆维吾尔自治区和内蒙古自治区等在内的土地资源相对充裕的西北产区优势，与此同时，稳住东北传统甜菜产区。

第五节　本章小结

食糖产业作为国内种植业中的一个重要组成部分，其产业功能区时空集聚与扩散特征识别、产业时空集聚形成机理、产业时空集聚效应评估以及种植结构优化转型是一项十分复杂的系统性工程。中国食糖产业功能区究竟存在怎样的时空集聚与扩散特征？它的产业集聚动态演进趋势如何？这些均是新时期值得关注和解决的现实问题与学术问题。但是，国内外已有的文献研究未能就此问题展开深入挖掘。在供给侧结构性改革形势下，如何从源头上确保中国食糖产品供给稳定与区域供需平衡、及时调整产业政策与区域布局策略具备重要的理论意义和现实意义。基于此，本章基于1978—2015年中国28个糖料作物主产省域糖料作物整体与分品种的播种面积数据与产量数据，采用空间洛伦兹曲线的生产集中化指数（I），从产业整体视角和品种细分视角双重维度分别展开中国食糖生产布局动态演进趋势的定量化分析，以期为优化调整中国糖料作物生产功能区、稳定与提升食糖生产水平提供科学依据。其中，甜菜作物的相关数据合计涉及16个省域，甘蔗作物的相关数据合计涉及17个省域，为了有效地确保数据指标选取的一致性和完整性，在分析过程中将成立较晚的海南省与重庆市分别纳入广东省与四川省，之后再统一展开核算。经过数据处理，从整体视角来看，国内糖料作物生产合计涉及26个单元；从分品种视角而言，甜菜作物和甘蔗作物生产分别涉及16个单元和15个单元。

研究结果表明：从产业整体视角来看，自改革开放以来，在市场力量的推动作用下，中国食糖产业曾经出现了较大幅度的空间格局调整。1978—2015年，国内糖料作物整体的生产集中化指数呈现明显的波动性上升态势，可以将其进一步细分为两大发展阶段：（1）1978—2006年，糖料作物生产集中化程度持续上升，生产区域逐步向优势产区偏移，国内食糖产业布局日趋优化。（2）2006年之后，糖料作物生产相对稳定，中国食糖生产已基本上形成了明确的专业化地域分工。从品种细分视角来看，甘蔗作物和甜菜作物的生产均出现了较大幅度的位置迁移。其中，甘蔗作物的生产集中化指数变动路径与中国食糖产业整体的生产集中化指数变动路径更为接近,其生产集中化贡献程度要明显优于甜菜作物,呈现出"U"形变动轨迹,且甘蔗作物生产逐步向广西壮族自治区和云南省等地集中;而样本研究区间内,甜菜作物的生产则表现出"上升—下降—上升—下降—上升"的类"M"形波浪式演进的态势,其中,东北甜菜作物传统产区的地位正在下降,甜菜作物主产区正在向西北省域迁移,并且甜菜作物的生产集中化水平仍然存在较大的提升空间。综上所述,甘蔗作物才是中国食糖产业发展之关键,确保中国食糖产业安全首要任务是稳抓广西壮族自治区和云南省两省的甘蔗作物生产;此外,还应进一步优化甜菜作物生产优势区域布局,在提升新疆维吾尔自治区、内蒙古自治区等西北甜菜作物产区优势的同时稳住东北甜菜作物传统产区。

第三章 中国糖料作物生产时空集聚的作物贡献要素分解

第一节 引言与文献回顾

中国是世界上为数不多的兼具甘蔗作物与甜菜作物生产优势的国家，是全球第三大糖料作物主产国、第二大食糖产品消费国。糖料作物既是食品工业及下游产业的重要原材料，也是继棉花、油料作物之后涉及国计民生的大宗经济作物，在农业生产中具有举足轻重的地位，其商品化程度要远高于粮食。然而，近年来国内糖料作物产需缺口持续增加，受到低成本生产国与扭曲的国际食糖市场的冲击越发明显，食糖类产品的进口不断增加，2010年中国糖料自给率降至21世纪以来最低水平（87.2%）。目前，中国政府针对食糖产业主要采取"国产为主、进口适当补充"的方针，力争将国内食糖产品自给率控制在85%以上。新时期，破除中国食糖产业困境、降低产品进口冲击、提升食糖产业竞争力，稳定原材料——甘蔗作物和甜菜作物的生产是关键。

生产时空动态格局是制约糖料作物生产、引发产品区域性供需失衡的重要因素之一，深入分析甘蔗作物和甜菜作物生产时空动态格局及其成因是指导国内糖料作物生产合理布局与制定区域生产政策的关键，正受到学术界、政府部门及社会大众的广泛关注。事实上，目前学术界有关种植业综合生产能力、区域供需格局情况的研究可以归纳为三类：一是对种植业生产时空格局特征及其贡献因素的整体研究。如周宏（2008）基于结构贡献因素分解模型展开国内种植业总产增长贡献因素研究，得出市场价格效应的贡献值相对较大，其次为生产面积、区域结构与内部结构效应，而作物单产效应则呈现出降低的趋势；肖卫东（2012）提出中国种植业存在显著的"小幅增强、显著增强、趋于减弱"阶段性时空集聚特征，种植业集聚区域主要为中部地区，主产省域呈现明显的中度地理集聚现象。二是将研究视角转向分品种、分省域的粮食作物生产时空格局特征以及贡献因素分解。如刘忠、黄勇等（2013）认为，我国粮食产业正在以播种面积扩大主导的外延式方式增产，并且产量的增加主要源于三大主粮作物，与此同时，粮食作物的播种面积效应与单产效应正呈现出此消彼长的态势；何蒲明等（2010）运用比重指标、边际贡献率、Cox-Stuart趋势检验等方法考察不同品种对粮食总产变动的贡献情况，得出水稻与小麦产量的提升促成了粮食总产波动、玉米与大豆延缓了波动速度的结论；邓宗兵等（2014）证实了国内稻谷产业空间集聚效应正在弱化，而小麦和玉米的空间集聚效应均呈现进一步强化的趋势，其中，水稻生产区域中东北地区的地位日益上升，小麦主产区有向北部与中部转移的趋势，玉米主产区逐步移至华北地区、华中地区及东北地区；张红富（2011）、周立青（2015）等学者运用数理统计与GIS分析等方法，从省域角度考察了江苏省和黑龙江省两省粮食生产时空格局差异及其驱动因素。三是展开果蔬、油料等经济作物生产布局变动问题的研究。如程琳琳、李艳梅（2015）等学者借助于产地集中度、规模比较优势、洛伦兹曲线以及基尼系数等一系列指数解析了中国蔬菜产业和食用菌产业的生产格局时空分异特征；张怡（2014）同样运用上述指数分析了国内花生生产的时空格局变动情况及形成原因。

综上所述，学术界目前有关种植业生产时空格局差异的研究大多集中于粮食等大宗农产品，对包括糖料作物在内的特色经济作物生产格局空间集聚模式、生产影响因素以及作用机理进行综合研究的文献相对较少。专门针对糖料作物生产格局变动以及贡献因素的研究以定性描述居多，定量研究还略显不足，仅有的一篇文献是司伟利用概率优势模型，探讨了国内糖料作物生产的地区优势及其成因。然而，该研究主要从宏观角度上展开糖料作物产地区域布局、比较优势以及经济学原因阐释，分省域视角、分品种视角的研究相对薄弱，也并未从本质上揭示甘蔗作物与甜菜作物生产的异质性，致使其研究结果难以在中观尺度上对合理化国内糖料作物生产布局提供有效的辅助支持。事实上，中国在全球食糖市场上扮演着重要角色，食糖产业也在中国农业经济领域中占据着重要的战略地位，然而，相对粮食、棉花、油料等大宗农作物产品，政府对四类主产作物的生产扶持中以糖料作物最低。对国内食糖产业而言，2014年产需缺口高达148万吨，《中国农业展望报告（2015—2024）》进一步显示，未来十年内中国食糖产需缺口有持续扩大的趋势。在经济新常态背景下，食糖产业能否健康稳定发展备受社会各界的广泛关注，而稳定食糖产业源头即糖料作物的供给，始终是确保中国食糖产业安全的重要抓手。

那么，考察糖料作物产量变动的时空驱动因素时，不同节点内单产水平和播种面积哪个因素对糖料总产量的贡献程度更大？纳入品种因素之后是否会改变单产水平因素与播种面积因素对总产量的贡献效应，其改变程度如何？省域层面的因素效应是否存在显著的差异？这些均是现有文献未能够深入挖掘的问题。在供给侧改革新形势下，对影响中国糖料作物总产量的贡献因素展开深入分析，明确食糖总产量变动的影响因子及其要素贡献程度，提出扶持国内糖料作物生产的政策建议，对于及时调整中国食糖产业政策、稳定糖料作物良性生产与产品市场供给具有重要的现实意义。鉴于此，本章将在归纳中国食糖产业时序演变特征的基础上，试图运用对数平均迪氏分解LMDI模型刻画改革开放以来中国糖料作物生产格局变化与分解因素效应的时空特征；并进一步分品种、分时段、分省域对糖料作物产量的贡献因素效应进行综合分析，以期客观真实地反映糖料作物产量变动影响因子的贡献程度，从而为及时调整中国食糖产业政策、稳定糖料作物生产供给提供指导建议。

第二节　理论分析与LMDI模型构建

一　理论分析

食糖作为关乎糖农生计与国家物价总水平的基础性农副产品，其产业安全问题受到社会各界的广泛关注。尽管在市场化背景下，确保中国食糖产业安全可以通过国内外贸易渠道来实现，黄勇等（2014）进一步指出，提高产品产量也是维护大宗农产品产业安全的重要手段。在新时期，为了有效地维护中国食糖产业安全，提高糖料作物产量，需要深入探究影响糖料作物总产量的因素以及这些因素与总产量之间的作用机理。时间与空间分布均衡与否是衡量糖料作物生产状态的重要"指示器",可以从产业整体视角、品种效应视角以及区域布局视角三个维度进行综合考量。

第一,从产业整体视角分析引起国内糖料作物总产量变动的原因与内在机理。糖料作物产量的提升总体上主要依靠单产水平与播种面积的提高。运用对数平均迪氏分解 LMDI 模型,可以将糖料作物总产量分解为作物单产水平与播种面积乘积,从整体上分析单产水平和播种面积分别对糖料作物总产量的贡献率及其时序特征,这有助于更好地理解中国糖料作物总产量变动的驱动因素,以便更有针对性地指出提升中国糖料作物产量、确保食糖产业安全的宏观调控政策措施。

第二,从品种效应层面解析引起国内糖料作物总产量变动的机理。甘蔗作物和甜菜作物是糖料作物的主要组成成分,其中南方地区是中国甘蔗作物的优势产区,北方地区则是中国甜菜作物的优势产区。根据中国食糖产业统计数据,在本章后续研究中将糖料作物总产量分解为甘蔗作物产量和甜菜作物产量之和,每种作物产量又进一步分解为作物单产水平与播种面积的乘积,从品种视角分析单产水平和播种面积对糖料作物总产量的贡献效应及其时序特征,以期提出稳定中国糖料作物生产的指导建议。

第三,从区域布局层面考察糖料作物分解效应。中国各个省域差异化的自然资源条件与各种生产条件的匹配程度,叠加交通运输条件、市场优势、技术进步、知识溢出、集聚效应以及政府宏观政策等社会因素,助推了糖料作物生产差异化的空间格局。区域比较法是识别区域优势的常用方法,在本章后续研究过程中将沿用这一方法,从糖料作物整体因素分解效应和分品种因素分解效应两个维度出发,旨在重点揭示糖料作物生产时空格局变动趋势、产业生产集中度情况,并对省域糖料作物生产时空格局变动的原因进行深层挖掘,这有助于深入理解并积极应对中国食糖生产布局变幻莫测的新形势,有效确保中国食糖产业安全。

二 对数平均迪氏分解模型(LMDI)构建

依据中国糖料作物的统计数据特征,本节将糖料作物总产量分解为甜菜和甘蔗两种作物产量之和,继续将两者产量各自分解为其单位产量与播种面积之乘积。用符号 T 代表国内糖料作物的总产量,符号 T_{ij}、Y_{ij} 和 S_{ij} 依次代表 i 省域 j 类糖料作物的产量、单产水平和播种面积,则存在式（3-1）：

$$T = \sum_{j=1}^{2}\sum_{i=1}^{31} T_{ij} = \sum_{j=1}^{2}\sum_{i=1}^{31} Y_{ij} \times S_{ij} \qquad (3-1)$$

假定用符号 T^0 来表示基期糖料作物的总产量，用 T^t 表示 t 时刻糖料作物的总产量，$\Delta T_{Y,ij}$ 和 $\Delta T_{S,ij}$ 分别代表 i 省域 j 类糖料作物因单产水平与播种面积变动带来的总产变化量，则全国总体的糖料作物生产变化量 ΔT 可以用式（3-2）表示如下：

$$\Delta T = T^t - T^0 = \sum_{j=1}^{2}\sum_{i=1}^{31} \Delta T_{Y,ij} + \sum_{j=1}^{2}\sum_{i=1}^{31} \Delta T_{S,ij} \qquad (3-2)$$

由新加坡学者 Ang 提出的对数平均迪氏分解方法（Log-Mean Divisia Index Method，简称 LMDI 模型），具备消除残差项、无余值、因素可逆、可以采用加和与乘积两种分解方式并且最终分解结果一致等诸多优势，为揭示目标变量主导因素及其时空差异提供了有效方法，尤其适用于经济体中不同产业、不同区域内部效应开展对比研究。本章利用对数平均迪氏分解 LMDI 模型对式（3-2）进行加法分解，得到式（3-3）：

$$\Delta T = \sum_{j=1}^{2}\sum_{i=1}^{31} \frac{T_{ij}^t - T_{ij}^0}{\ln T_{ij}^t - \ln T_{ij}^0} \ln \frac{Y_{ij}^t}{Y_{ij}^0} + \sum_{j=1}^{2}\sum_{i=1}^{31} \frac{T_{ij}^t - T_{ij}^0}{\ln T_{ij}^t - \ln T_{ij}^0} \ln \frac{S_{ij}^t}{S_{ij}^0} \qquad (3-3)$$

其中，指标 T_{ij}^0 和 T_{ij}^t 分别代表 i 省域 j 类糖料作物在基期和 t 时刻的产量（$T_{ij}^0 \neq T_{ij}^t$，且 Y_{ij}^0、$S_{ij}^0 \neq 0$）。若某因素效应符号为正，代表该因素对糖料作物总产量变动起着正向的促进作用；反之，则为负作用。历年统计数据表明，指标 T_{ij}^0 和 T_{ij}^t 不存在等值现象；并且，若某年 $Y_{ij}^0 = 0$ 或 $S_{ij}^0 = 0$，则对 i 省域 j 类糖料作物而言，其他年份产量也很低，为了简化起见，滤除对该省域该糖料作物产量变动的分析。

三　指标选取

本章选用的研究指标主要涵盖中国各个糖料作物生产省域甜菜作物与甘蔗作物的播种面积、单产水平、产量资料以及全国总体资料（除香港、澳门和台湾之外），样本研究区间为1978—2013年。为了有效确保数据资料的统一性与完整性，成立较晚的海南省与重庆市前期的数据资料按照最初设立年份分别与广东省和四川省按照比例分割获取。上述数据资料均来源于国家统计局网站。

第三节　全国糖料作物产业总体时序特征

一　糖料作物生产结构的时序特征

从作物的播种面积变动情况来看，改革开放以来中国糖料作物总播种面积呈现波动性上涨态势，自1978年的87.95万公顷扩增至2013年的199.83万公顷；其中，22个年份在扩大生产，样本考察区间内糖料作物播种面积合计增长259.25万公顷，另外14个年份播种面积在缩减，合计降幅约147.36万公顷。其中，甘蔗作物的生产明显扩大，播种面积增量高达126.80万公顷（增幅231.16%）；甜菜作物的播种面积降至2013年的18.18万公顷，降幅为45.05%。两者播种面积结构由1978年的62.37∶37.63调整至2013年的90.90∶9.10（详见图3-1，资料来源于国家统计局网站）。

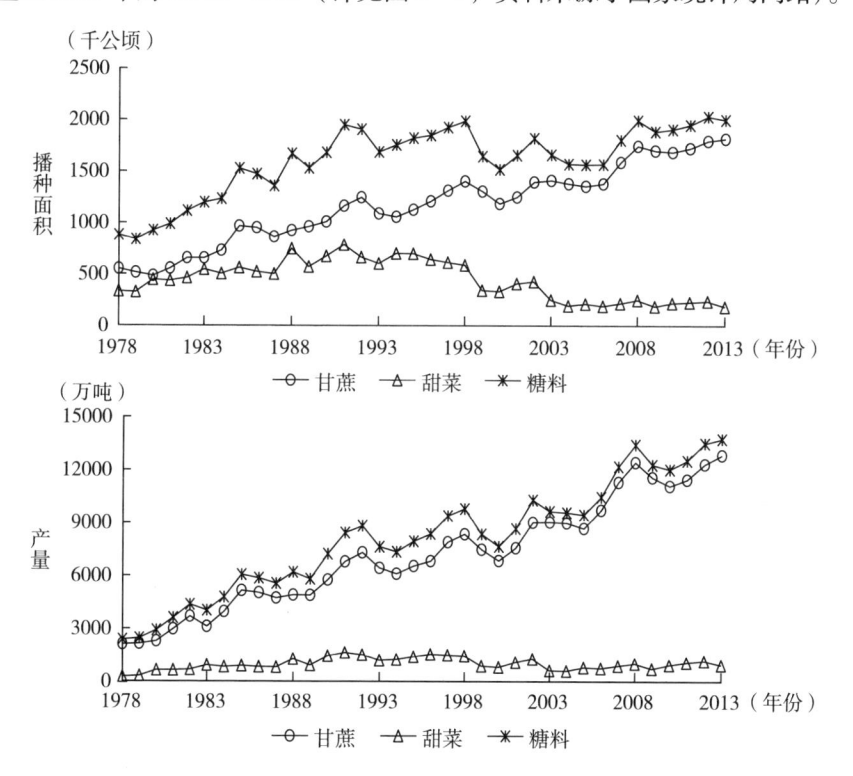

图3-1　中国糖料作物生产基本情况（1978—2013年）

从作物产量的变动情况来看，糖料作物总产量由 1978 年的 2381.87 万吨增加至 2013 年的 13746.07 万吨，上涨幅度高达 477.11%，其中，甘蔗作物产量的波动趋势与糖料作物波动总趋势基本上保持一致，是样本考察区间内中国糖料作物总产量增加的主导因素；相对而言，同期甜菜作物的产量增幅并不显著，两者产量结构由 1978 年的 88.65∶11.35 调整至 2013 年的 93.26∶6.74。在此研究区间内，中国糖料作物的整体单产水平同样呈现波动性上涨态势，每公顷产量从 1978 年的 2.71 万公斤提升至 2013 年的 6.87 万公斤，涨幅高达 153.99%。从品种细分视角来看，甜菜作物单位产量增幅剧烈（高达 523.61%），而甘蔗作物单位产量增幅则相对平缓（增幅约 83.33%），两者增量依次为 4.28 万公斤/公顷和 3.21 万公斤/公顷。

二 糖料作物产量变化与分解因素效应的时空特征

本节基于 1978—2013 年的数据资料，运用对数平均迪氏分解 LMDI 模型分析播种面积与单产水平两大因素对糖料作物总产量的贡献作用，从图 3-2 和图 3-3 不难看出，两大因素对糖料作物总产量的作用方向以及作用强度存在显著的差异性与波动性，具体表现为：

从糖料作物整体来看：（1）自改革开放以来，在样本考察区间内糖料作物播种面积以正向效应为主，其中 13 个年份存在负向效应，合计效应值约为 -7046.94 万吨，22 个年份存在正向效应，合计效应值约为 12300.13 万吨。（2）糖料作物单产水平对总产量贡献曲线表明，9 个年份存在负向效应，合计效应值约为 -2986.91 万吨；26 个年份存在正向效应，合计效应值约为 8837.266 万吨。糖料作物单产水平对产量的总效应为正值（约为 5850.36 万吨），略大于播种面积的总效应，这意味着在样本考察区间内，由科技进步等因素引致的糖料作物单产水平提升是促成糖料作物总产量增长的根本原因。

分品种情况来看：（1）甘蔗作物的播种面积效应，与糖料作物播种面积总效应作用方向一致，其正向效益极为显著，高达糖料作物总增量的 69%，即甘蔗作物播种面积增加是样本考察区间内中国糖料作物总产量显著提升的首要因素；而甜菜作物的播种面积效应为负值，合计效应值约为 -549.99 万吨（占糖料作物总增量的 4.59%），表明改革开放以来甜菜作物的播种面积对糖料作物总产量的提升具有较低程度的负向消减作用。（2）甘蔗作物和甜菜作物的单产效益均为正值，并且甘蔗作物的正向效益更为显著,效应值约为2538.42万吨(占比约为22.86%);而后者相对较低,合计效应值仅为1453.78万吨(占比约为13.09%),意味着甘蔗作物与甜菜作物单产水平提升是仅次于甘蔗作物播种面积提升的促成糖料作物总产量显著提升的另外两大推手。

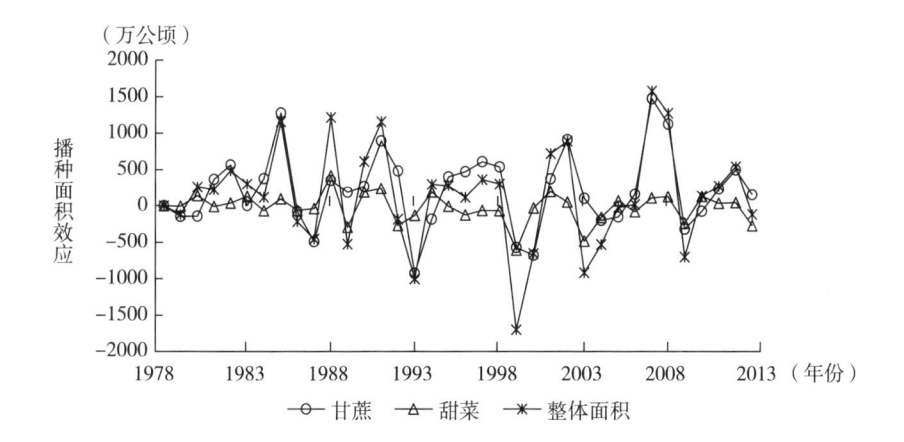

图 3-2 播种面积对糖料作物总产累积贡献(1978—2013 年)

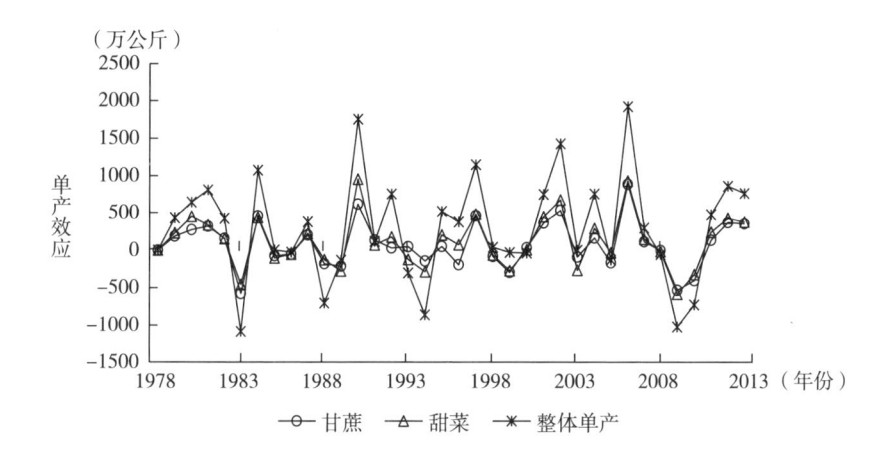

图 3-3 单产水平对糖料作物总产累积贡献(1978—2013 年)

以1978年为基期,将之后的35年平均以五年为节点划分为1978—1982年、1983—1987年、1988—1992年、1993—1997年、1998—2002

年、2003—2007年以及2008—2013年七个区间，分别测算各个时期糖料作物产量的变化情况以及各个因素的贡献程度，详见表3-1。总体而言，播种面积因素对糖料作物产量在各个时期均具有显著的正向促进作用；而糖料作物单产水平的贡献效应正负值交替出现，其中，1993—1997年、1998—2002年及2003—2007年这三个区间内作物单产水平对糖料作物总产量存在显著的负向作用，作用路径及作用强度与甘蔗作物几乎一致，这意味着在这三个区间内由作物单产水平变化引起的总产量变化主要是由甘蔗作物主导的。

分品种来看，甜菜作物和甘蔗作物播种面积的扩大分别是1978—1982年中国糖料作物的增产的两大主要贡献因素；在1983—1987年，国内糖料作物的增产主要取决于甘蔗作物播种面积的扩大；在1988—1992年，国内糖料作物的增产依旧源于甘蔗作物播种面积的扩大，但是在此区间内甜菜作物单产水平及播种面积增加对糖料作物总产量的贡献开始显现；在1993—1997年，国内糖料作物增产的主导因素仍然为甘蔗作物播种面积的扩大，但是，在此区间内甘蔗作物单产水平的负向消减作用开始呈现，并且甜菜作物的播种面积和单产水平对糖料作物总产量的贡献越来越大；在1998—2002年，国内糖料作物的增产由甘蔗作物播种面积单一因素主导逐步转变为甘蔗作物播种面积与甜菜作物播种面积提升双重因素齐头并进，并且鉴于甘蔗作物单产水平的明显下降，其负向消减强度越来越大（-50.54%），以至于在此区间内国内糖料作物增产毫无疑问地取决于甜菜作物的生产（149.54%）；甘蔗作物和甜菜作物播种面积的增加是2003—2007年中国糖料作物增产的主导因素，因甘蔗作物单产水平明显降低，对糖料作物总产量的负向作用依旧突出，其作用强度有所降低（-29.05%），在此区间内，中国糖料作物的增产几乎完全取决于甜菜作物的生产（93.67%）；在2008—2013年，国内糖料作物的增产完全取决于甘蔗作物的生产，其中，甘蔗作物播种面积的扩大是糖料作物增产主导因素，此时甜菜作物播种面积明显缩减，对糖料作物增产起到了负向消减作用。

表 3-1　不同时期糖料作物增产的作物贡献（1978—2013 年）

时期 （年）	甘蔗作物 播种面积	甘蔗作物 单产	甘蔗作物 合计	甜菜作物 播种面积	甜菜作物 单产	甜菜作物 合计	糖料作物 播种面积	糖料作物 单产	糖料作物 合计
1978—1982	633.95 (32.06%)	163.37 (8.26%)	846.35 (42.80%)	942.64 (47.67%)	237.56 (12.01%)	1131.17 (57.20%)	1576.59 (79.73%)	400.93 (20.27%)	1977.52 (100.00%)
1983—1987	1085.28 (91.12%)	52.51 (4.41%)	897.66 (75.37%)	-37.17 (-3.12%)	90.35 (7.59%)	293.33 (24.63%)	1048.11 (88.00%)	142.86 (12.00%)	1190.99 (100.00%)
1988—1992	2177.21 (66.83%)	283.48 (8.70%)	2270.51 (69.70%)	387.53 (11.90%)	409.40 (12.57%)	987.09 (30.30%)	2564.74 (78.73%)	692.89 (21.27%)	3257.60 (100.00%)
1993—1997	364.00 (62.92%)	-138.84 (-24.00%)	51.74 (8.94%)	224.61 (38.83%)	128.73 (22.25%)	526.74 (91.05%)	588.61 (101.75%)	-10.11 (-1.75%)	578.49 (100.00%)
1998—2002	568.50 (62.73%)	-457.99 (-50.54%)	-448.95 (-49.54%)	552.48 (60.97%)	243.18 (26.83%)	1355.16 (149.54%)	1120.98 (123.70%)	-214.81 (-23.70%)	906.21 (100.00%)
2003—2007	1377.52 (72.67%)	-550.70 (-29.05%)	119.91 (6.33%)	906.90 (47.85%)	161.84 (8.54%)	1775.58 (93.67%)	2284.43 (120.52%)	-388.86 (-20.51%)	1895.49 (100.00%)
2008—2013	1454.90 (112.15%)	98.17 (7.57%)	1515.97 (116.86%)	-438.57 (-33.81%)	182.72 (14.08%)	-218.72 (-16.86%)	1016.34 (78.34%)	280.89 (21.65%)	1297.26 (100.00%)
合计	7661.37 (69.00%)	-549.99 (-4.95%)	5253.20 (47.31%)	2538.42 (22.86%)	1453.78 (13.09%)	5850.35 (52.69%)	10199.79 (91.86%)	903.79 (80.14%)	11103.56 (100.00%)

第四节　省域糖料作物产量分解因素效应的时空特征

一　省域糖料作物整体分解效应对比分析

在样本研究区间内，各个省域糖料作物产量变化存在显著的差异。相比1978年，2013年在全国28个糖料作物主产省域中，共计18个省域产量增加。其中，广西壮族自治区糖料作物产量增加最为显著（约占全国同期糖料作物增量的67.26%），云南省、广东省和新疆维吾尔自治区糖料作物的增量也极为显著（均超过500万吨），其次是海南省、黑龙江省、内蒙古自治区以及贵州省（糖料作物增量均超过100万吨）；另外，包括福建省、四川省、重庆市以及吉林省在内的10个省域糖料作物产量显著下降。

基于对数平均迪氏分解LMDI模型的分解结果显示，从分省域糖料作物整体的播种面积贡献值来看，自1978年以来共计12个省域作物播种面积效应为正值，其中，广西壮族自治区和云南省两地的播种面积贡献最为显著（依次为4691.33万吨和1420.89万吨）；新疆维吾尔自治区和海南省的作物播种面积贡献值也在100万吨以上；贵州省、内蒙古自治区、湖北省、安徽省、河南省、浙江省、湖南省以及上海市等省域也起到了一定程度的正向促进作用；此外，在样本研究区间内共计16个省域糖料作物的播种面积贡献值为负值，其中福建省、黑龙江省、四川省以及吉林省4个省作物播种面积下降显著（低于-100万吨），对全国糖料作物总产量提升形成了反向的消减作用。从分省域糖料作物整体单产效应来看，除青海省和福建省两省产生了极其微小的负向贡献外，其余各个省域的单产贡献值均为正值，其中，广西壮族自治区和广东省糖料作物单产的正向促进效应尤为显著（分别为2761.64万吨和757.56万吨）；云南省、黑龙江省、新疆维吾尔自治区、内蒙古自治区以及海南省等省域的单产效应均超过了100万吨，也较大程度地推动了全国糖料作物总产量的提升。

综合而言，经过多年改革开放，广西壮族自治区、云南省、新疆维吾尔自治区、海南省以及贵州省等省域糖料作物产量的迅猛增加取决于糖料作物播种面积扩大和单产水平提升双重因素的贡献。其余各个省域糖料作物产量变化均是由单一因素主导，其中广东省、黑龙江省、内蒙古自治区、河北省、山西省、甘肃省、河南省、湖南省、江苏省以及上海市等省域糖料作物总产量的提升主要源于单产水平的显著增加；湖北省、安徽省、浙江省等省域糖料作物总产量的提升主要源于播种面积扩大的贡献；而福建省、四川省、重庆市、吉林省、山东省、江西省、辽宁省、宁夏回族自治区、山西省以及青海省则因糖料作物播种面积的锐减引致了当地糖料作物总产量的缩水。

二 省域糖料作物分类因素效应对比分析

在样本研究区间内，糖料作物分品种因素分解效应存在较为显著的空间差异。对甘蔗作物而言，从播种面积效应来看，除广东省的播种面积与产量存在显著的负向关系即播种面积的缩减延缓了产量提速之外，其余主产省域播种面积与糖料作物总产量的变动方向均一致。其中，江西省、陕西省、四川省、重庆市以及福建省甘蔗作物播种面积的负向效应尤为显著（对糖料作物总产量的负向贡献超出100%）；湖北省、安徽省、云南省、江苏省、广西壮族自治区、海南省、贵州省、浙江省以及上海市等省域甘蔗作物播种面积的扩大对糖料作物总产量提升的贡献明显（超过50%）。从作物的单产效应来看，广东省、湖南省和河南省的正向效应最为显著（对糖料作物总产量的贡献超过50%）；而江西省、陕西省、四川省以及重庆市4个省域的甘蔗作物单产水平的提升在一定程度上缓解了因播种面积迅速下降引致的总产量下降程度。

对甜菜作物而言，从播种面积效应来看，辽宁省、吉林省、宁夏回族自治区、山东省、江苏省、陕西省以及贵州省7个省域的播种面积效应显著为负，总产量下降主要源于甜菜作物播种面积的锐减；安徽省、河南省、青海省等省域甜菜总产量的下降则是甜菜作物播种面积缩减与单产水平下降双重因素共同引致的；四川省、黑龙江省及甘肃省3个省甜菜作物播种面积缩减则在一定程度上减缓了产量增加的步伐。从单产效应来看，除贵州省、安徽省、河南省和青海省4个省单产水平对总产量的贡献值为负值之外，其余各个省域的单产效益均为正值，并且部分省域在单产水平提升的作用下延缓了播种面积锐减引致的总产量下降速度，效果最为明显的4个省域依次为辽宁省、吉林省、宁夏回族自治区和山东省，其次为江苏省和陕西省；四川省、黑龙江省、甘肃省、河北省、山西省、内蒙古自治区以及新疆维吾尔自治区 7 个省域甜菜作物单产水平增加是总产量提升的主导因素。

第五节　研究结论与讨论

　　研究中国食糖生产的时空格局分化问题对稳定糖料作物生产具有重要的现实意义。本书利用 1978—2013 年的数据资料，基于对数平均迪氏分解 LMDI 模型研究国内糖料作物总产量变化以及播种面积与产量等各个因素的贡献程度；并进一步区分不同时间、不同省域，分别测算不同时空各个因素对糖料作物产量变化的效应，给国内差异化糖料作物生产策略的出台提供了资料支撑。研究发现：

　　（1）从糖料作物整体来看，因科技进步等因素引致的糖料作物单产水平提升是中国改革开放以来中国糖料作物总产量增长的根本原因。对数平均迪氏分解 LMDI 模型的研究结果显示，糖料作物单产水平对总产量的贡献值要明显超过播种面积总效应，即糖料作物总产量增长的根本原因为科技进步等因素引致的作物单产水平提升。分时间段来看，在样本考察区间内的 7 个时间段内糖料作物播种面积贡献效应全部为正，而作物单产效应正负交替显现。

　　（2）从作物构成来看，甘蔗作物产量与糖料作物总产量的波动趋势基本保持一致，是中国糖料作物总产量增加的主导因素。与此同时，糖料作物生产呈现明显的"蔗多菜少"态势，甘蔗作物占糖料作物产量之比高达 90%。具体来说，甘蔗作物播种面积扩大是糖料作物总产量显著增加的首要因素，对糖料作物总产量的贡献极为显著（占比高达 69%）；甘蔗作物与甜菜作物单产效益是仅次其后促进糖料作物总产量提升的另外两大推手（占比依次为 22.86% 和 13.09%）；甜菜作物播种面积效应对总产量具有较低程度的负向消减作用，这在一定程度上延缓了糖料作物总产量的提速。

　　（3）从区域布局来看，中国糖料作物生产逐步向优势区域集中并且呈现出"西移"趋势，产业生产集中度有了明显的提高。其中，甘蔗作物生产已经由传统的种蔗大省——广东省和福建省（改革开放之初两省产量合计占全国甘蔗作物总产量的比重为 55.04%）向西南优势区域——

广西壮族自治区、云南省以及广东省西部（截至2013年，广西壮族自治区和云南省合计在全国甘蔗作物总产量中的占比高达80.20%）转移；而甜菜作物生产则由包括黑龙江省、吉林省在内的东北产区和华北产区转向以新疆维吾尔自治区（仅单一省域在全国甜菜作物总产量中的占比就高达49.16%，打破了改革开放之初黑龙江省在全国占比45.52%的高产纪录）为代表的西北产区。除了20世纪90年代国家对糖料作物生产区域布局实施政策性西迁诱因之外，借鉴国务院发展研究中心"三农"发展政策调研组2011年对云南省糖料作物生产的考察结果，本书认为自然资源禀赋优势对糖料作物生产的贡献日渐萎缩，促进糖料作物生产新格局的其他可能驱动因素有二：一是与主产地其他作物种植比较优势下的竞争替代选择、劳动力成本以及土地成本等因素使糖料作物播种面积出现了波动。二是在新技术的引领下，中国糖料作物的单产水平有所提升。具体而言，各个省域糖料作物产量变化以及分品种因素分解效应存在显著的差异，其中，广西壮族自治区、云南省、新疆维吾尔自治区、海南省以及贵州省糖料产量的迅猛增加取决于播种面积与单产水平提升双因素，其余各省域糖料产量的变化均是由单一因素主导。

为了确保未来中国食糖产业安全，应该注重强化以下几个方面的工作：第一，依赖现代化科技，努力提升中国糖料作物的单产水平。未来需要依靠科技选育并推广高产抗旱且含糖量高的优势品种、加强病虫害综合防治技术以及应用轻简栽培技术研究与推广，大力推广与完善"广西模式"，努力提高糖料作物的单产水平。第二，重点推动甘蔗作物的规模化生产和机械化生产。当前，分布式小农经营模式是制约甘蔗作物规模化作业和机械化作业的重要因素，为此政府需要进一步加强政策引导，加快甘蔗作物主产区的土地整治工作，鼓励农民专业合作社、龙头企业等新型经营主体与农民建立长期稳定的契约关系，实现甘蔗作物的规模化生产。第三，进一步优化中国糖料作物区域布局，提升产业生产集中度。未来，有必要出台适合国内糖料作物生产的扶持政策，继续加大对糖料作物优势产区基地的建设范围与支持力度，避免各地糖料生产结构雷同和资源浪费。

第六节 本章小结

在经济新常态的背景下，食糖产业能否健康稳定发展备受社会各界的关注，而稳定食糖产业源头即糖料作物的供给，始终是确保中国食糖产业安全的重要抓手。时空分布均衡与否，是衡量中国糖料生产状态的一项重要"指示器"。对糖料作物时空格局展开作物贡献要素分解，明确国内食糖总产量变动的影响因子及其贡献程度，给出扶持糖料作物生产的政策建议，对于及时调整中国食糖产业政策、确保糖料作物良性生产与产品供给具有重要的现实意义。

那么，考察国内糖料作物总产量变动的时空驱动因素时，不同节点内单产水平和播种面积哪个因素对总产量的贡献程度更大？纳入品种因素之后是否会改变单产水平因素与播种面积因素对糖料作物总产量的贡献效应，其改变程度如何？省域层面的因素效应是否存在显著的差异？这些均是现有文献未能够深入挖掘的问题。鉴于此，本章选取了1978—2013年中国各个糖料作物生产省域的甜菜作物与甘蔗作物播种面积、单产水平、食糖产量以及全国总体数据（除香港特别行政区、澳门特别行政区和台湾省之外），在归纳中国食糖产业时序格局演变特征的基础上，运用对数平均迪氏分解模型（LMDI模型），从产业整体视角、品种细分视角以及生产区域视角三个维度刻画改革开放以来中国糖料作物总产量的变化特征，并对主要贡献因子展开时空分解效应研究，以期客观且真实地反映糖料作物总产量变动影响因子的贡献程度，从而为及时地调整中国食糖产业政策、稳定糖料作物生产供给提供指导建议。

研究结果显示：改革开放以来中国糖料作物总播种面积和总产量呈现出波动性上涨状态，分别自1978年的87.95万公顷、2381.87万吨扩增至2013年的199.83万公顷、13746.07万吨；其中，22个年份糖料作物在扩大生产，14个年份糖料作物在缩减播种面积，且甘蔗作物产量的波动趋势与糖料作物整体波动趋势基本上保持一致，是中国糖料作物总产量增加的主导因素，相对而言，在样本研究区间内甜菜作物的产量增幅并不显著。进一步，基于对数平均迪氏分解LMDI模型的研究表明：第一，从作物整体视角来看，由科技进步等因素促成的作物单产水平提升是中国糖料作物总产量增长的根本原因，并且在样本考察区间涵盖的 7 个时间段内糖料作物播种面积的贡献效应全部为正，而作物单产水平的贡献效应正负交替出现；第二，从品种细分视角来看，样本考察区间内糖料作物总产量显著增加的主要因素依次为甘蔗作物生产面积的扩大、甘蔗作物与甜菜作物单产水平的提升，而甜菜作物播种面积的缩减则在一定程度上延缓了糖料作物总产量提升的速度；第三，从区域布局视角来看，在样本考察区间内糖料作物生产逐步向优势区域集中并且呈现出明显的"西移"趋势，食糖产业生产集中度明显提高，并且各个省域糖料作物总产量变化与分品种因素分解效应均存在显著差异。最后，提出要依赖现代化科技提升糖料作物单产水平、重点推动甘蔗作物规模化生产、优化区域布局等建议。

第四章 地理距离变量抽离前后中国南北方食糖市场整合研究

第一节 引言与文献回顾

20世纪90年代以来，随着市场化程度的提升，中国糖料作物流通体系取得了长远进步。政府此前对糖料作物的生产采取了诸多价外补贴政策，糖料作物产销行为的市场化程度较弱。1992年在全国范围内逐步放宽糖料作物购销市场，实现了由计划体制向自由市场体制的全面转换，形成了糖料产品多元化的产销主体，跨省域流通性强、主产区划分明确。一方面，在制度的变迁推动了糖料作物产销各环节的快速发展、跨区域流通体系极大丰富了国内糖料作物的市场供给的同时，随着制度变迁的不断深入，市场机制不确定性的增加了生产主体的风险性；另一方面，我国糖料作物的种植基础薄弱、气候因素以及其他生产主体不可控的因素加剧了生产主体的风险性。从国内糖料作物生产主产区的变迁不难发现，糖料作物生产不断从经济发展水平高、劳动力机会成本高的地区向经济欠发达、劳动力基本成本相对较低的地区转移。目前，国内甜菜作物主要产于北方地区，甘蔗作物则主要产于西南地区。作为我国糖料作物的两种主要产品即甜菜作物与甘蔗作物，维持其产品市场价格的稳定是降低生产主体风险、确保消费主体福利的重要因素，政府相关部门对此一直处于是干预还是不干预的尴尬境地。因此，研究市场机制下国内糖料作物的整合程度具有重要的现实意义。

那么，考察国内糖料作物的市场整合程度时，外部综合价格指数与当地条件是否对当地糖料作物市场价格具有显著的影响，如果有影响，其影响的机制是怎样的，影响的程度如何？纳入地理距离变量之后是否

第四章 地理距离变量抽离前后中国南北方食糖市场整合研究 / 77

会改变糖料作物的市场整合程度，改变的程度如何？这些均是现有文献研究未能深入挖掘的问题，定量评估甜菜作物与甘蔗作物的市场整合程度与影响因素，对于判断国内糖料作物市场化改革效率与制定糖料政策具有重要的现实意义。本章旨在对此类问题有进一步的突破，探索外部综合价格指数与当地条件是否以及如何影响糖料作物市场价格，在纳入地理距离变量之后是否以及如何改变中国糖料作物市场整合程度，重点在于剖析影响程度与作用机理。本章的组织结构如下：第一部分是对相关文献的述评；第二部分主要说明研究方法与数据来源；第三部分基于一价定律的分析框架，将地理距离变量从外部综合价格指数中抽离出来，按其存在与否分品种分别构建糖料作物市场整合程度的市场模型，并分析实证结果；第四部分为结论性评述。

市场整合是针对空间市场而言的，描述了一定地理范围内地区间货物贸易的顺畅程度，若贸易双方中输入地的价格等于输出地的价格与货物的运输成本之和，则认为市场为整合的（Martin，1986；Sexton，1991）。通过对市场整合程度的测算，可以得到价格发现效率、市场竞争程度以及区域经济一体化等方面的重要信息（Buccola，1983）。农产品市场整合则描述了一定地理范围内各地区间农产品贸易的顺畅程度。国内现有的有关农产品市场整合的研究多集中于市场价格记录保存较为完整的粮食等大宗农产品，按照研究区域的不同可以大致区分为以下两大类别。

一类是有关粮食市场国内整合程度的研究，具有代表性的研究为：喻闻、黄季（1998）选取了1988—1995年国内省级层面大米市场价格数据，采用Augmented Dickey - Fuller方法分析我国粮食市场的整合情况，认为中国粮食市场整合程度呈现逐年提高的趋势。武拉平（1999）运用共聚合法与市场联系指数法对国内小麦、玉米以及生猪收购市场的整合程度进行了研究，结果表明：从长期来看，三类农产品收购市场之间均存在较好的市场整合关系，并且小麦市场与玉米市场的整合程度均优于生猪市场；从短期来看，仅生猪市场存在市场整合关系。王宁、司伟（2008）在研究北方地区小麦与面粉市场整合关系时，利用Johansen协整检验法与向量误差修正模型进行分析，结果证实小麦纵向市场中长期协整关系和短期协整关系共存。颜色、刘丛（2011）利用清代粮价数据，研究18世纪南方地区121个府的大米市场和北方地区68个府的小麦市场各自整合程度，通过回归与协整分析，得出南方地区市场整合程度显著优于北方地区的结论，并认为交通条件是导致南北方市场整合程度差异存在的重要原因。赵留彦、赵岩等（2011）考察民国时期国内粮食市场的整合效应，采用门阈误差修正模型估计大米跨区贸易的成本，认为"裁厘改统"政策提高了粮食市场的整合程度，并利用"绿兵船"牌面粉在上海与天津市场的批发价格数据佐证。黄新飞、欧阳艳艳（2013）在一价定律框架内，利用1995—2009年南方地区8省域水稻数据和北方地区10省域小麦数据，测算出在控制当地生产条件的基础上外部综合价格指数上升10%，南方、北方的粮食市场价格将分别上升10.31%和9.85%，从而得出中国省域粮食市场整合程度较高并且距离相近的省域之间市场整合程度更高的结论。

另一类是有关大宗农产品国际市场与国内市场整合程度的研究。较为典型的研究为：张巨勇、于秉圭（1999）分析了小麦、玉米和大米三大主粮作物与包括大麦、苹果等在内的其他10种农产品国内市场与国际市场的整合程度，得出国内农产品市场与国际市场价格整合程度较低的结论，提出中国农业经济的国际化程度有必要进一步加深的建议。王永刚、张正和（2006）运用共聚合法，研究了加入WTO前后国内大豆与油菜市场与国际市场的整合关系，并进行了格兰杰因果关系检验，分析结果表明，国内大豆市场与国际大豆市场之间一直存在长期整合关系，而油菜产业的国内外市场之间不存在整合关系。宋长鸣、李崇光（2013）通过格兰杰因果关系、VAR模型、VECH模型以及TARCH模型测度国内大豆市场与美国大豆市场之间的整合关系、价格传导机制与对称性问题，实证分析后认为双方互为因果，相互作用、相互影响，但是国内大豆市场在国际竞争中处于弱势地位，面对外部冲击时的调整时间要明显长于美国。

部分学者（周章跃、万广华等，1999；桂琦寒、陈敏等，2006；程艳，2010；刘再起、徐艳飞，2013）则从研究方法的角度考察农产品区域市场整合程度，主要包括利用产出结构、生产效率、产品市场价格等方面的信息，采用相关系数、协整检验与基于协整检验的误差修正模型等方法进行测度。

综合而言，学术界现有研究主要存在以下几个方面的不足：一是协整检验方法存在较大的争议，通过对当地市场价格与外部价格进行简单的协整就判定市场整合关系为全有或者全无，有时会得出与协整过程存在性事实不符的结论；二是关于单个农产品市场整合的研究起步较晚，因数据的有限性，研究对象大多集中于粮食类产品，学术界对糖料作物市场整合的研究尚属空白；三是以往的研究通常只考虑产出结构、生产效率、产品市场价格等方面的信息，理论上可能会影响农产品市场整合速度的地理距离变量通常被忽视。

在前人研究的基础上，本章将基于一价定律的分析框架，以甜菜作物和甘蔗作物为例，利用1990—2011年中国南方地区和北方地区11个糖料作物主产省域产品市场价格数据，构建当地产品市场价格被内外部因素共同作用的实证模型，将地理距离变量从外部综合价格指数中抽离出来，按地理距离变量存在与否分品种分别构建糖料作物市场整合程度的市场模型，比较各个因素对中国南北地区糖料作物市场整合程度的影响。

第二节 基于外部综合价格指数$\overline{p_{it}}$的实证模型简介与数据说明

一 模型简介

（一）基本模型介绍

本节构建糖料作物当地市场价格p_{it}为内外部因素共同作用的实证模型。其中，内部因素主要指当地因素$local_{it}$，采用三个变量表示：当地的气候条件（w_{it}）、气候条件的变异系数（wv_{it}）以及各个省域糖料作物的丰收质量（h_{it}）；外部因素主要指外部供给冲击$outside_{it}$，采用外部综合价格指数$\overline{p_{it}}$表示。构建式（4-1）的基本模型。其中，系数β_1测度外部综合价格指数对i省域当地市场价格的影响，系数β_2、β_3和β_4分别测度i省域气候条件、气候条件的变异系数以及糖料作物丰收质量对当地市场价格的影响，指标ε_{it}代表误差项。在本章具体操作的过程中将数据进行对数化处理。外部综合价格指数$\overline{p_{it}}$的测算则基于Keller和Shiue（2007）的研究，详见式（4-2）。其中，指标s_{ij}代表j省域糖料作物的播种面积占总播种面积的比重，指标p_{jt}代表同期j省域糖料作物的市场价格。

$$p_{it} = \beta_0 + \beta_1 \overline{p_{it}} + \beta_2 w_{it} + \beta_3 wv_{it} + \beta_4 h_{it} + \varepsilon_{it} \qquad (4-1)$$

$$\overline{p_{it}} = \sum_{i \neq j, j=1}^{I} s_{ij} p_{jt} \qquad (4-2)$$

（二）引入地理距离变量之后的改进模型

另一种外部综合价格指数测算方法基于黄新飞、欧阳艳艳等（2013）的研究，添加主产省域 i 和 j 省会城市之间地理距离变量 d_{ij}。新的外部综合价格指数 $\overline{p_{it}}$ 的测算可以用式（4-3）表示，为：

$$\overline{p_{it}} = \sum_{i \neq j, j=1}^{l} s_{ij} p_{jt} \varphi(d_{ij}) \tag{4-3}$$

其中，指标 $\varphi(d_{ij})$ 为 d_{ij} 的二元虚拟变量，取值为 0 或 1，主要根据设定的地理距离阈值 $\overline{d}$ 确定，即 $d_{ij} \geq \overline{d}$ 时，$\varphi(d_{ij}) = 0$；$d_{ij} < \overline{d}$ 时，$\varphi(d_{ij}) = 1$。进一步，按照地理距离的相对远近，重新分别定义距离相对较近省域与较远省域的外部综合价格指数 $\overline{p_{it}^n}$、$\overline{p_{it}^f}$，在式（4-1）的基础上改进之后的模型如式（4-4）所示：

$$p_{it} = \beta_0 + \beta_1 \overline{p_{it}^n} + \beta_2 \overline{p_{it}^f} + \beta_3 w_{it} + \beta_4 wv_{it} + \beta_5 h_{it} + \varepsilon_{it} \tag{4-4}$$

在式（4-4）中，系数 β_1 测度地理距离相对较近省域的外部综合价格指数对 i 省域当地市场价格的影响，系数 β_2 测度地理距离相对较远省域的外部综合价格指数对 i 省域当地市场价格的影响，系数 β_3、β_4 和 β_5 则分别测度 i 省域气候条件、气候条件的变异系数以及糖料作物丰收质量对当地市场价格的影响，指标 ε_{it} 为误差项。由于主产省域样本个数较少，故而采用算术平均值替代地理距离阈值 $\overline{d}$ 进行测算。其中，甘蔗作物市场的地理距离阈值 $\overline{d_1} = 2407$ 千米，甜菜作物市场的地理距离阈值 $\overline{d_2} = 1066$ 千米，依据地理距离阈值 $\overline{d}$ 的取值，可得到不同的 $\overline{p_{it}^n}$、$\overline{p_{it}^f}$。

二 数据来源

中国北方地区甜菜市场选取的主要省域涵盖内蒙古自治区、吉林省、黑龙江省、甘肃省以及新疆维吾尔自治区；南方地区甘蔗市场选取的主要省域为湖南省、广东省、广西壮族自治区、海南省、四川省和云南省。研究的时间跨度为 1990—2011 年。

因变量 $\overline{p_{it}}$ 采用各省域每 50 公斤主产品批发市场价格替代（单位为元），数据来源于《全国农产品成本收益资料汇编》。

自变量主要涵盖以下几个方面：（1）地理距离变量（d_{ij}），采用省域 i 和 j 省会城市之间的公路运营距离来衡量，数据来源于《中国公路地图》。（2）当地的气候条件（w_{it}），采用省会城市月平均降雨量替代（单位为厘米），数据来源于历年《中国统计年鉴》。（3）气候条件的变异系数（wv_{it}），为省会城市月平均降雨量的变异系数。①（4）各省域糖料作物的丰收质量（h_{it}），采用对数化处理后的产量对农业劳动力与资本的回归残差来衡量。其中，农业劳动力采用种植业从业人员数替代，具体计算方法参照黄少安等（2005）的方法，即：种植业从业人员数 =（农业总产值/农林牧渔业总产值）×农林牧渔业从业人员数。农业总产值与农林牧渔业总产值来源于历年《中国统计年鉴》，农林牧渔业从业人员数来源于《改革开放三十年农业统计资料汇编》与历年《中国农村统计年鉴》。资本选用农业机械总动力替代（单位为万千瓦），数据来源于历年《中国农业年鉴》。各个变量的描述性统计见表4-1。

表4-1　各省域糖料作物市场变量的描述性统计（1990—2011年）

产品	省域	统计量	p_{it}	$\overline{p_{it}}$	w_{it}	wv_{it}	h_{it}
甜菜	内蒙古	均值	14.282	9.219	3.276	1.799	0.234
		标准差	4.487	2.947	1.065	1.065	0.132
	吉林	均值	12.393	11.245	4.690	1.211	0.279
		标准差	4.497	3.787	0.991	0.170	0.110
	黑龙江	均值	13.821	6.074	4.296	1.385	0.270
		标准差	4.785	2.415	0.814	0.622	0.093
	甘肃	均值	12.075	11.315	2.796	1.345	0.253
		标准差	3.585	3.662	1.735	0.558	0.167
	新疆	均值	11.751	8.911	2.543	0.838	0.257
		标准差	3.514	2.423	0.613	0.543	0.170
甘蔗	湖南	均值	11.530	10.168	12.005	0.814	0.708
		标准差	3.522	4.853	2.023	0.534	0.808
	广东	均值	12.220	8.732	14.996	0.998	0.419
		标准差	4.774	4.784	3.131	0.510	0.249
	广西	均值	11.783	4.371	10.568	1.079	0.317
		标准差	5.199	1.182	2.167	0.577	0.167
	海南	均值	11.217	9.819	14.425	1.101	0.310
		标准差	5.876	4.692	3.800	0.576	0.471

---

① 变异系数是衡量样本中各观测值变异程度的统计量，计算方法为：变异系数 = 标准差/平均值。

续表

产品	省域	统计量	p_{it}	$\overline{p_{it}}$	w_{it}	wv_{it}	h_{it}
甘蔗	四川	均值	10.907	10.122	6.901	1.103	0.539
		标准差	3.802	4.838	1.205	0.169	0.569
	云南	均值	9.399	8.717	8.308	1.070	0.191
		标准差	3.908	4.148	1.818	0.491	0.111

第三节　实证过程和结果分析

一　中国北方地区甜菜市场的实证分析

（一）不考虑地理距离变量的市场整合程度研究

不考虑地理距离变量对当地糖料作物市场价格的影响，即假设 $\varphi(d_{ij})=1$，逐步控制外部综合价格指数 $\overline{p_{it}}$、当地的气候条件（w_{it}）、气候条件的变异系数（wv_{it}）以及各个省域甜菜作物的丰收质量（h_{it}），采用模型 1，展开对数化处理后进行回归分析，研究中国北方地区甜菜作物的市场整合程度，回归结果如表 4-2 所示。

表 4-2　北方地区甜菜作物市场整合程度研究（不考虑地理距离）

自变量	因变量：当地甜菜市场价格的对数（$\ln p_{it}$）			
	模型 1	模型 2	模型 3	模型 4
$\ln \overline{p_{it}}$	0.871***	0.870***	0.869***	0.867***
	(19.180)	(18.730)	(18.612)	(18.435)
$\ln w_{it}$		-0.005	-0.001	-0.001
		(-0.100)	(-0.015)	(-0.024)
$\ln wv_{it}$			-0.016	-0.015
			(-0.387)	(-0.359)
$\ln h_{it}$				0.006
				(0.392)
调整 R^2	0.781	0.779	0.777	0.775
F 统计量	78.72	64.98	55.26	19.97
观测值	110	110	110	110

注：括号中的数值代表估计系数的 t 统计量。***、**、* 分别表示在 1%、5%、10% 的水平上显著。下同。

在表 4-2 的模型 1 中，外部综合价格指数经过对数化处理后 $\ln \overline{p_{it}}$ 的系数值为 0.871，并且通过了显著性为 1% 的 t 检验，即外部综合价格指数增加 10% 会导致本地甜菜市场价格平均上涨 8.71%，这意味着中国北方地区甜菜作物基本上形成了市场对价格形成的导向机制，市场的整合程度较高。在模型 2 和模型 3 中，分别加入了经过对数化处理后的气候条件 $\ln w_{it}$、气候条件的变异系数 $\ln wv_{it}$，系数值均为负数，即相对正常天气的省域而言，降雨量较大的省域因气候条件恶劣使当地甜菜市场价格趋于下降；但是相关系数并不显著，意味着当地的气候条件对甜菜市场价格的影响并不显著。在模型 4 中，加入了经过对数化处理后的作物丰收质量变量 $\ln h_{it}$，其系数值为正，然而当地因素的相关系数依旧不显著。模型 4 的实证结果表明，外部综合价格指数（不包括 i 省域）每增加 10% 会导致 i 省域甜菜作物市场价格平均上涨 8.67%，而当地因素对甜菜作物市场价格的影响较小并且不显著。这意味着中国北方地区甜菜作物市场具有较高的整合程度。

（二）纳入地理距离变量后的市场整合研究

在引入地理距离变量之后，即假设 $\varphi(d_{ij}) \neq 1$，可以将外部综合价格指数分为两部分，分别为相对地理距离较近省域的外部综合价格指数与相对地理距离较远省域的外部综合价格指数。逐步控制外部综合价格指数 $\overline{p_{it}^n}$ 与 $\overline{p_{it}^f}$、当地的气候条件（w_{it}）、气候条件的变异系数（wv_{it}）以及各省域甜菜作物的丰收质量（h_{it}），将改进后的模型 5 进行对数化处理后展开回归分析，研究地理距离变量对中国北方地区甜菜作物市场整合程度的影响，回归结果如表 4-3 所示。

表 4-3　北方地区甜菜作物市场整合程度研究（纳入地理距离变量）

自变量	因变量：当地甜菜市场价格的对数（$\ln p_{it}$）			
	模型 5	模型 6	模型 7	模型 8
$\ln \overline{p_{it}^n}$	0.041** (2.080)	0.041** (2.084)	0.029** (1.398)	0.029** (1.399)
$\ln \overline{p_{it}^f}$	-0.007 (-0.191)	-0.021 (-0.491)	-0.008 (-0.180)	-0.006 (-0.143)

续表

自变量	因变量：当地甜菜市场价格的对数（$\ln p_{it}$）			
	模型5	模型6	模型7	模型8
$\ln w_{it}$		-0.0422 (-0.802)	-0.047 (-0.898)	-0.048 (-0.912)
$\ln wv_{it}$			0.088* (1.767)	0.089* (1.775)
$\ln h_{it}$				0.005 (0.267)
调整 R^2	0.688	0.687	0.693	0.690
F 统计量	41.059	35.164	31.798	28.013
观测值	110	110	110	110

在表4-3的模型5中，在纳入地理距离变量之后，经过对数化处理的外部综合价格指数 $\ln \overline{p_{it}^n}$ 的系数为0.041，并且通过了显著性为5%的 t 检验，表示地理距离相对较近省域的综合价格上升10%，则 i 省域甜菜作物市场价格平均上涨0.41%；$\ln \overline{p_{it}^f}$ 的系数为负，但是相关系数并不显著。在模型6、模型7和模型8中，分别加入了气候条件 $\ln w_{it}$、气候条件的变异系数 $\ln wv_{it}$ 以及作物丰收质量 $\ln h_{it}$。在模型8中，若地理距离相对较近省域的综合价格上升10%，则 i 省域甜菜作物的市场价格平均上涨0.29%，但地理距离相对较远省域的综合价格指数的系数并不显著。模型8的实证结果还显示，当地生产条件中仅 $\ln wv_{it}$ 的系数为正并且显著，$\ln w_{it}$ 与 $\ln h_{it}$ 对甜菜作物市场价格的影响并不显著。相对当地生产条件变量，外部综合价格在甜菜作物市场价格变化中占据主导作用，并且地理距离相对较近省域之间甜菜作物市场的整合程度更高。

二 中国南方地区甘蔗市场的实证分析

（一）不考虑地理距离变量的市场整合程度研究

不考虑地理距离变量对当地甘蔗作物市场价格的影响，即假设 $\varphi(d_{ij})=1$，逐步控制外部综合价格指数 $\overline{p_{it}}$、当地的气候条件（w_{it}）、气候条件的变异系数（wv_{it}）以及各省域甘蔗作物的丰收质量（h_{it}），采用前文基本模型1，对数化处理后进行回归分析，研究中国南方地区甘蔗作物的市场整合程度，回归结果如表4-4所示。

表4-4　南方地区甘蔗作物市场整合程度研究（不考虑地理距离）

自变量	因变量：当地甘蔗市场价格的对数（$\ln p_{it}$）			
	模型9	模型10	模型11	模型12
$\ln \overline{p_{it}}$	0.786*** (19.249)	0.787*** (19.136)	0.770*** (18.340)	0.773*** (18.110)
$\ln w_{it}$		-0.014 (-0.168)	0.0176 (0.213)	0.0163 (0.197)
$\ln wv_{it}$			0.096* (1.738)	0.096* (1.727)
$\ln h_{it}$				-0.008 (-0.473)
调整 R^2	0.749	0.747	0.751	0.749
F统计量	66.08	56.20	50.36	44.51
观测值	132	132	132	132

在表4-4的模型9中，外部综合价格指数经过对数化处理后 $\ln \overline{p_{it}}$ 的系数值为0.786，并且通过了显著性为1%的t检验，即外部综合价格指数增加10%会导致本地甘蔗作物市场的价格平均上涨7.86%，这意味着中国南方地区甘蔗作物基本上存在市场对价格形成的导向机制，甘蔗作物市场的整合程度较高。在模型10中，加入了经过对数化处理后的气候条件 $\ln w_{it}$，系数值变为负数，这意味着相对正常天气的省域而言，降雨量较大的省域因气候条件恶劣使当地甘蔗作物的市场价格趋于下降；但是相关系数并不显著，意味着当地的气候条件对甘蔗作物市场价格的影响并不显著。在模型11中，加入了经过对数化处理后的气候条件的变异系数 $\ln wv_{it}$，系数值变为正数并且通过了显著性为10%的t检验，这意味着气候条件的变异程度每提高1%会导致当地甘蔗作物市场价格提高0.096%。在模型12中，加入了经过对数化处理后的作物丰收质量 $\ln h_{it}$，其系数值变为负数，即在作物丰收的省域，供给充足使当地甘蔗作物市场价格趋于下降。模型12的研究结果表明，外部综合价格指数（不包括 i 省域）每上升10%，i 省域甘蔗作物市场价格平均上涨7.73%；当地因素中仅气候条件的变异程度对甘蔗作物市场价格存在显著的正向影响，气候条件的变异程度每提高1%会导致 i 省域甘蔗作物市场价格平均上涨

0.096%，而其余两个变量——气候条件 $\ln w_{it}$ 与作物丰收质量 $\ln h_{it}$ 对甘蔗作物市场价格的影响程度较小并且不显著。这说明中国南方地区甘蔗作物市场具有较高的整合程度。

（二）纳入地理距离变量后的市场整合研究

在地理距离变量引入之后，即假设 $\varphi(d_{ij}) \neq 1$，逐步控制外部综合价格指数 $\overline{p_{it}^n}$ 与 $\overline{p_{it}^f}$、当地的气候条件（w_{it}）、气候条件的变异系数（wv_{it}）以及各个省域甘蔗作物的丰收质量（h_{it}），将前文改进后的模型5对数化处理并进行回归分析，以研究地理距离变量对中国南方地区甘蔗作物市场整合程度的影响，回归结果如表4-5所示。

表4-5　甘蔗作物市场整合程度研究（纳入地理距离变量）

自变量	因变量：当地甘蔗市场价格的对数（$\ln p_{it}$）			
	模型13	模型14	模型15	模型16
$\ln \overline{p_{it}^n}$	0.200*** (4.571)	0.182*** (3.454)	0.183*** (3.474)	0.185*** (3.549)
$\ln \overline{p_{it}^f}$	-0.025 (-1.555)	-0.022 (-1.285)	-0.021 (-1.243)	-0.022 (-1.282)
$\ln w_{it}$		0.038 (0.641)	0.049 (0.811)	0.0511 (0.851)
$\ln wv_{it}$			0.050 (0.936)	0.058 (1.098)
$\ln h_{it}$				0.025* (1.723)
调整 R^2	0.751	0.750	0.750	0.754
F 统计量	57.567	50.183	44.659	41.139
观测值	132	132	132	132

在表4-5的模型13中，纳入了地理距离变量后的外部综合价格指数 $\ln \overline{p_{it}^n}$ 的系数为0.2，并且通过了显著性为1%的 t 检验，表示距离相对较近省域的综合价格上升10%，i 省域甘蔗市场价格平均上涨2%；$\ln \overline{p_{it}^f}$ 的系数为负，然而相关系数并不显著。在模型14、模型15和模型16中，

分别加入了气候条件 lnw_{it}、气候条件的变异系数 $lnwv_{it}$ 以及作物丰收质量 lnh_{it}。在模型 16 中，地理距离相对较近省域的综合价格上升 10%，i 省域甘蔗作物市场价格平均上涨 1.85%；而地理距离相对较远省域的外部综合价格指数的系数为负并且结果不显著。模型 16 的实证结果还显示，当地生产条件中仅经过对数化处理后的 lnh_{it} 的系数为正并且显著，lnw_{it} 与 $lnwv_{it}$ 对甘蔗作物市场价格的影响并不显著。相对当地生产条件变量而言，外部综合价格在甘蔗作物市场价格变化中占据主导作用，并且地理距离相对较近省域之间甘蔗作物市场的整合程度更高。

第四节 研究结论与讨论

本章选取了中国南方和北方两种主要的糖料作物即甜菜作物和甘蔗作物作为研究对象，将糖料作物当地市场价格的影响因素分为外部综合价格指数与当地生产条件，利用 11 个主产省域 22 年的面板数据，在一价定律框架内分析我国糖料作物主产省域之间的市场整合程度。得出的主要结论如下。

第一，中国糖料作物省域之间整合程度较高。在保持气候条件、气候条件变异系数以及作物丰收质量等当地生产条件不变的情况下，外部综合价格指数每上升 10%，本地甜菜作物和甘蔗作物市场价格平均分别上涨 8.67% 与 7.73%。并且，外部综合价格指数变动对糖料作物的影响程度要远高于气候条件、气候条件变异系数以及丰收质量等当地生产条件的影响，中国糖料作物市场逐步趋于整合。

第二，邻近省域之间糖料作物的整合程度要高于地理距离相对较远的省域。在外部综合价格指数的测算中引入地理距离变量，并确定甜菜作物与甘蔗作物的地理距离阈值分别为 1066 千米和 2407 千米，在保持气候条件、气候条件变异系数以及作物丰收质量等当地生产条件不变的情况下，本地糖料作物的价格波动主要源自地理距离相对较近省域的综合价格的变化。

基于实证结果，一方面有必要建立糖料作物主产区长效供求合作机制，支持甜菜作物与甘蔗作物的跨省域生产与投资；另一方面有必要加强糖料作物流通体系建设，鼓励新型流通业态的产生，丰富中国糖料作物流通体系。未来的研究拟在以下几个方面深入：一是进一步丰富影响糖料作物整合程度的变量，如除气候条件、气候条件变异系数以及丰收质量之外，在未来的研究中将纳入更多的当地生产条件因素；二是用平均数衡量的地理距离阈值可能会因样本中存在极个别相对较偏或过近的省域，而使实证结果产生偏差，在未来的研究中将寻求尽可能接近真实值的测算地理距离变量的新方法。

第五节　本章小结

从糖料作物主产区的变迁中不难发现，中国糖料作物的生产不断从经济发展水平高、劳动力机会成本高的地区向经济欠发达、劳动力基本成本相对较低的地区转移。甜菜作物与甘蔗作物是目前中国两种主要的糖料作物，前者主要产于北方地区，后者则主要产于南方地区，维持两类产品市场价格的稳定是降低生产主体风险、确保消费主体福利的重要因素，中央及地方各级政府对此也一直处于干预或不干预的尴尬境地。因此，研究市场机制下国内糖料作物的整合程度具有重要的现实意义。那么，在考察国内糖料作物市场整合程度时，外部综合价格指数与当地气候条件是否对当地糖料作物市场价格具有显著的影响，如果有影响，其影响的机制是怎样的，影响的程度如何？纳入地理距离变量之后是否会改变国内糖料作物的市场整合程度，改变的程度又如何？这些均是已有文献研究未能够深入挖掘的问题，定量评估甜菜作物与甘蔗作物的市场整合程度与影响因素，对于判断国内糖料作物市场化改革效率与制定糖料政策具有重要的现实意义。

为了有效测算中国糖料作物的市场整合程度，在一价定律框架内利用1990—2011年中国北方地区5个甜菜作物主产省域和南方地区6个甘蔗作物主产省域的面板数据，分别构建当地市场价格受外部综合价格指数与当地条件共同作用的实证模型，并将地理距离变量从外部综合价格指数中抽离出来，按照地理距离变量存在与否分品种分别构建糖料市场整合程度的市场模型，比较各个因素对南北地区糖料作物市场整合程度的影响。

实证研究结果表明，中国糖料作物主产省域之间的市场整合程度较高，北方地区的甜菜作物和南方地区的甘蔗作物均基本上形成了市场对价格形成的导向机制。在保持气候条件、气候条件变异系数及作物丰收质量等当地生产条件不变的情况下，外部综合价格指数每上升10%，本地甜菜作物和甘蔗作物的市场价格将分别上涨8.67%与7.73%；外部综合价格指数变动在糖料作物市场价格变化中占据着主导作用，对糖料作物的影响程度要远高于气候条件、气候条件变异系数以及作物丰收质量等当地生产条件变量的影响；临近主产省域之间糖料作物的市场整合程度要远高于地理距离相对较远的省域。未来，为保持中国食糖市场价格稳定，需要构建糖料作物主产区长效的供求合作机制，支持甜菜作物与甘蔗作物的跨省域生产与投资；加强糖料作物流通体系建设，鼓励新型流通业态的产生。

第五章 国际化属性对中国食糖市场的冲击效应

第一节 引言与文献回顾

国际食糖市场价格波动是国内食糖市场行情的重要风向标。在经济新常态的背景下，国内外农产品市场价格倒挂、"两板挤压"问题严重，而食糖产业尤为突出。国内外价差的存在与国内市场供不应求的客观现实造就了我国对食糖及其制品进口的长久刚性需求，如图 5-1 所示，2000—2014 年中国食糖产品进口量呈现出波动性上升态势，国际食糖市场价格已然成为制约国内食糖市场价格的重要因素。与此同时，《中国农业展望报告（2015—2024）》也强调了近年来国内与国际食糖市场价格涨跌呈现出高度一致性。2011 年以来，全球食糖市场价格持续低迷，国际食糖市场已经连续四年供给过剩；此外，能源化属性与金融化属性的双重冲击也加剧了国际食糖市场价格的不确定性。目前，食糖配额内以及配额外关税进口的税后价格均低于国内市场价格，在新形势下，价格驱动型农产品进口正在不断增加，对国内食糖市场的冲击有可能进一步增大，国际市场对国内行情的影响作用不容小觑（高强、孔祥智，2014；冯中朝、朱诗萌，2015）。随着中国在国际食糖市场贸易额的提升，深入探讨国际食糖市场价格对国内食糖市场价格的影响具有重要意义。国内外学术界与食糖市场价格相关的研究可以归纳为以下三类。

第一类是有关国内外食糖市场价格动态关系的考察。如魏振祥、刘国良（2012）基于 2002—2012 年中美两国食糖市场价格数据，综合运用协整检验、Granger 因果检验、VAR 模型以及方差分解等方法对中美两国

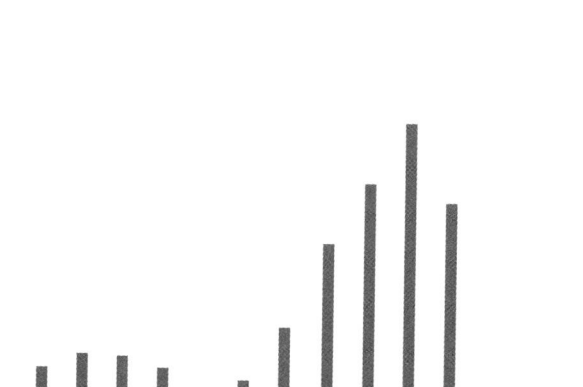

图 5-1 中国食糖贸易量走势（2000—2014 年）

资料来源：国家统计局网站（http：//www. stats. gov. cn/）。

食糖市场价格序列之间的联动关系进行了一系列实证检验，研究发现样本研究区间内两者具有显著的长期稳定均衡关系，并且美国食糖市场价格变动是国内食糖市场价格变动的重要原因；进一步地，将采样区间细分为 2002—2005 年、2006—2008 年和 2009—2012 年三个阶段的研究结果表明，中美两国食糖市场价格的引导路径逐渐由"中国食糖市场价格单向引导"演变为"美国食糖市场价格单向引导"。张贺泉、孙建明（2013）利用 2006—2012 年中国和美国原糖期货市场价格数据，基于协整检验、Granger 因果检验、脉冲响应模型以及方差分解等多重方法综合考察了两个市场价格之间的互动关联关系，研究证实了样本研究区间内中外原糖市场价格之间存在长期的共同趋势；在 2011 年 11 月之前，中国原糖市场在定价问题上较大程度地取决于美国原糖市场，此后，中国原糖市场独立，逐步地脱离了美国原糖市场的影响，在定价问题上愈加独立并且在世界原糖市场的影响力也越来越大。赵一夫（2014）等基于 2006—2013 年中外食糖期现货市场月度频率价格数据，采用与上述学者类似的研究模型也得出了类似的结论，再次证实了国际食糖市场价格对中国食糖市场价格存在一定的长期影响效应，前者是后者市场价格变动的格兰杰原因，而后者对前者市场价格变动的影响并不显著。

第二类是从食糖产品的能源化属性出发，展开油价、甘蔗燃料乙醇与食糖市场价格相互之间的动态关系研究。国际原油市场的历次动荡都较为深刻地影响了食糖产业，每当国际原油市场价格处于高位或者发生急剧上涨时，食糖市场价格一般也会随之上升，并且两个市场的价格波动趋势基本一致（Serra，2011；Jolly，2011；黄春全、司伟，2014；Cabrera & Schulz，2016）。近年来，国内外众多学者深入研究原油市场价格对国际食糖市场价格的影响路径与冲击程度，尝试厘清原油市场价格、生物质能源市场价格以及食糖市场价格三者之间的动态关联关系。例如，Balcombe 和 Rapsomanikis（2008）基于贝叶斯模型测算了 2000—2006 年国际原油市场价格、巴西燃料乙醇市场价格和巴西食糖市场价格三者之间的关系，研究证实国际原油市场价格是推动巴西燃料乙醇和食糖市场价格变动的主导因素；进一步的研究发现，食糖市场价格变动是巴西燃料乙醇市场价格变动的格兰杰原因。黄春全（2013）选取了 2006—2013 年的数据资料，基于结构向量自回归（SVAR）模型证实了巴西燃料乙醇市场价格、国际原糖期货市场价格、中国郑州白糖期货市场价格三者之间存在长期稳定的动态均衡关系。

第三类是从政府管制视角出发，研究食糖市场价格的波动情况。21 世纪以来，国内外学者纷纷意识到中国食糖产业难免会受到低成本生产国与扭曲的国际食糖市场的冲击。早在 2003 年，澳大利亚、泰国、巴西等国就曾经联合向世贸组织起诉，声称欧盟为其糖料作物生产主体提供了过量补贴导致国际食糖市场价格下跌，从而使其他国家糖料作物生产主体的利益大幅受损。2004 年，中国学者司伟、王秀清等也曾指出税收政策在短期内对糖料作物生产成本具有显著的影响，基于成本分解模型的测算结果进一步证实税收比值每上升 1% 将导致甘蔗作物和甜菜作物的生产成本比值分别增加 0.05% 和 0.15%，因此，为了提升中国食糖产业的竞争力需要适度减免糖料作物的税赋，政府有必要统筹农村税费改革方案，取消或者减少糖料作物特产税。仰炬、王新奎等（2008）指出，政府管制严重扭曲了国际食糖市场价格，使国际食糖市场价格长期低于生产成本，国内外期货交易市场的原糖和白糖期货均存在较为严重的杠杆效应，半衰期由长到短依次是伦敦国际金融期货交易所 5 号白砂糖交易合约价格、纽约期货交易所 11 号原糖期货连续现货月合约价格、郑州商品交易所白糖期货价格、昆明现货糖市场每日交易收盘价格以及东京谷物交易所东京原糖交易所合约价格。

综合来看,已有文献主要是从国内外市场、能源化属性以及政府管制视角研究食糖市场价格的形成与波动情况,虽然学者采用的研究方法不尽相同,但是基本上都肯定了国内外食糖市场之间存在密不可分性,也都在一定程度上暗示了国际市场食糖价格变动、金融化驱动因素以及能源化属性等变量对国内食糖市场的冲击,这为本书后续章节深入研究国内外食糖市场整合与产业链视角的空间溢出效应提供了有益参考。对中国食糖产业而言,全球市场价格变动是否影响国内市场价格?若影响机制存在,则影响的程度如何?与其他影响国内食糖市场价格的因素相比,国际食糖市场的重要性程度是怎样的?具体的作用机制又是怎样的?这些均是国内外现有文献尚未充分解决的问题。本章旨在对上述问题展开深入挖掘,探讨国际食糖市场是否以及如何对国内食糖市场价格产生影响,并且试图剖析影响程度并厘清作用机制。

第二节 二元 VEC – BEKK – GARCH 模型设计

一 协整分析和 VEC 模型

从图 5-2 可以看出,21 世纪以来国内外食糖市场价格大致呈现同步变动的趋势,并且两个时间序列的变化幅度基本上相似,说明两个变量之间可能存在一定的协整关系。如果国内外食糖市场价格序列之间被证实确实存在协整关系,则可以进一步构建向量误差修正 VEC 模型,用于对变量条件期望均值的考察,进而有效描述两个市场价格之间的均值溢出效应。用式(5-1)表示如下:

$$\Delta P_t = \alpha\beta' P_{t-1} + \sum_{i=1}^{k} \Gamma_i \Delta P_{t-i} + \varepsilon_t \qquad (5-1)$$

式(5-1)可以进一步地转换为矩阵形式:

$$\begin{pmatrix} \Delta p_{1t} \\ \Delta p_{2t} \end{pmatrix} = \begin{pmatrix} \alpha_1 \\ \alpha_2 \end{pmatrix}(p_{1t-1} - \beta p_{2t-1}) + \sum_{i=1}^{k} \Gamma_i \begin{pmatrix} \Delta p_{1t-i} \\ \Delta p_{2t-i} \end{pmatrix} + \begin{pmatrix} \varepsilon_{1t} \\ \varepsilon_{2t} \end{pmatrix} \qquad (5-2)$$

在式(5-2)中,指标 p_{1t}、p_{2t} 分别代表国内食糖市场价格和国际食糖市场价格;指标 β 为协整系数;指标 ε_t 为扰动项,满足广义自回归条件异方差（GARCH）模型。指标 α_1 和 α_2 为误差修正系数，分别代表国内食糖市场价格和国际食糖市场价格受到冲击之后调整至均衡状态的速度；$p_{1t-1}-\beta p_{2t-1}$ 是误差修正项，代表国内外食糖市场价格之间的误差或偏离长期均衡状态的程度。

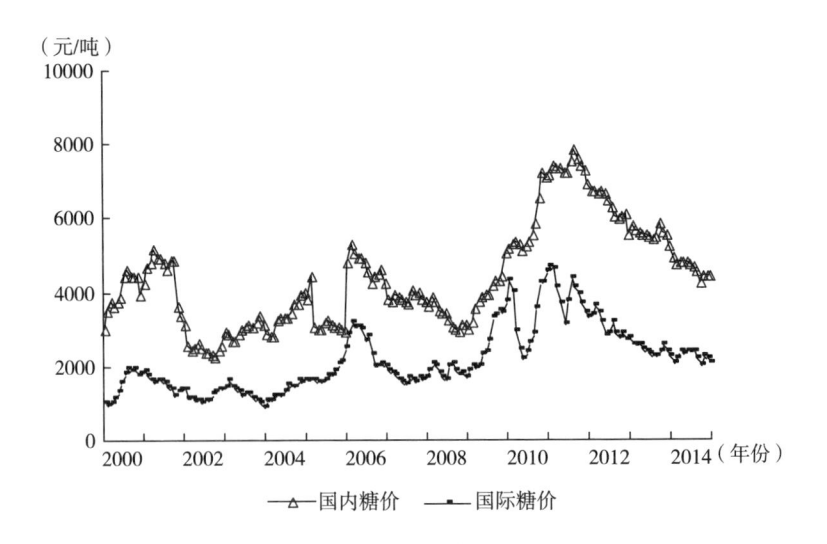

图 5-2　国内外食糖市场月度价格走势（2000—2014 年）

注：国际食糖市场价格为纽约 11 号原糖期货合约价，数据来源于 http://www.ers.usda.gov；国内食糖市场价格为 CSI 国内食糖现货价格指数，数据来源于 http://www.ynsugar.com。

二　BEKK-GARCH 模型设计

市场整合是对一定地理范围内地区之间农产品贸易顺畅程度的刻画；而农产品价格之间的溢出效应则是指某种农产品的市场价格除了受到自身历史价格的影响，还受到同一市场相关产品或不同市场同种产品前期价格的影响。价格溢出效应涵盖均值溢出效应与波动溢出效应两类，前者主要指价格序列一阶矩层面（即均值层面）的关联性；后者主要指二阶矩层面（即方差层面）的关联性。BEKK-GARCH 模型始于 1995 年学者 Engle 和 Kroner 的研究，作为一种较为有效的、便捷的刻画两个市场价格之间波动溢出效应的模型，它存在两个较为明显的优点：一是能够在较弱的条件下假定协方差矩阵的正定性；二是模型的待估参数相对较少。易丹辉（2008）指出，对于现实中的时间序列，一一般采用一阶模型展开分析即可,故在本章研究中用二元 BEKK - GARCH 模型展开对国内外食糖市场价格波动溢出效应的研究。其中,用于检验市场价格波动溢出效应的待估系数主要有 ARCH 型和 GARCH 型两类,建模的过程如下。

首先,如式(5 - 3)所示,构建二元 BEKK - GARCH 模型的均值方程:

$$P_t = \varphi_0 P_{t-1} + \varepsilon_t, \quad \varepsilon_t \sim N(0, H_t) \tag{5-3}$$

其中,残差项 ε_t 的条件方差矩阵 H_t 展开为式(5 - 4):

$$H_t = CC' + A(\varepsilon_{t-1}\varepsilon'_{t-1})A' + BH_{t-1}B' \tag{5-4}$$

在式(5 - 4)中,参数 C 为下三角矩阵,指标 A、B 依次为 ARCH 项、GARCH 项系数矩阵。各个元素用矩阵形式表示为:$C = \begin{pmatrix} c_{11} & 0 \\ c_{21} & c_{22} \end{pmatrix}$;$A = \begin{pmatrix} a_{11} & a_{12} \\ a_{21} & a_{22} \end{pmatrix}$;$B = \begin{pmatrix} b_{11} & b_{12} \\ b_{21} & b_{22} \end{pmatrix}$。其中,元素 a_{ij} 代表市场价格序列 j 对市场价格序列 i 的 ARCH 型波动溢出;元素 b_{ij} 则代表市场价格序列 j 对市场价格序列 i 的 GARCH 型波动溢出。基于此,国内食糖市场价格序列在 t 时刻的条件方差 $h_{11,t}$,表达形式如式(5 - 5)所示:

$$\begin{aligned} h_{11,t} = &\ c_{11}^2 + a_{11}^2 \varepsilon_{1,t-1}^2 + 2a_{11}a_{12}\varepsilon_{1,t-1}\varepsilon_{2,t-1} + a_{12}^2 \varepsilon_{2,t-1}^2 + \\ &\ b_{11}^2 h_{11,t-1} + 2b_{11}b_{12} h_{21,t-1} + b_{12}^2 h_{22,t-1} \end{aligned} \tag{5-5}$$

国外食糖市场价格序列在 t 时刻的条件方差 $h_{22,t}$ 可以用式(5 - 6)表示为:

$$\begin{aligned} h_{22,t} = &\ c_{21}^2 + c_{22}^2 + a_{21}^2 \varepsilon_{1,t-1}^2 + 2a_{21}a_{22}\varepsilon_{1,t-1}\varepsilon_{2,t-1} + a_{22}^2 \varepsilon_{2,t-1}^2 + \\ &\ b_{21}^2 h_{11,t-1} + 2b_{11}b_{22} h_{21,t-1} + b_{22}^2 h_{22,t-1} \end{aligned} \tag{5-6}$$

国内外食糖市场价格序列在 t 时刻的条件方差 $h_{12,t}$ 和 $h_{21,t}$ 可以用式(5 - 7)表示如下:

$$\begin{aligned} h_{12,t} = h_{21,t} = &\ c_{11}c_{21} + a_{11}a_{21}\varepsilon_{1,t-1}^2 + (a_{11}a_{22} + a_{12}a_{21})\varepsilon_{1,t-1}\varepsilon_{2,t-1} + \\ &\ a_{12}a_{22}\varepsilon_{2,t-1}^2 + b_{11}b_{21}h_{11,t-1} + (b_{11}b_{22} + b_{12}b_{21})h_{12,t-1} + \\ &\ b_{12}b_{22}h_{22,t-1} \end{aligned} \tag{5-7}$$

基于极大似然法对 BEKK - GARCH 模型中的各个参数进行估计,设定待估参数为 θ,样本量是 T,序列数量为 N,则待估参数的对数似然函数表达形式如下:

$$I(\theta) = -\frac{1}{2}\left[TN\ln(2\pi) + \sum_{t=1}^{T}(\ln|H_{t-1}| + \varepsilon'_t H_t^{-1}\varepsilon_t)\right] \quad (5-8)$$

以国内食糖市场为例，影响其市场价格波动的因素可以归于两部分：一是自身与对方历史价格绝对残差 $\varepsilon_{1,t-1}^2$、$\varepsilon_{2,t-1}^2$ 以及两者之间的相互影响 $\varepsilon_{1,t-1}\varepsilon_{2,t-1}$；二是自身与对方历史价格波动 $h_{11,t-1}$、$h_{22,t-1}$ 以及两者之间的协方差 $h_{21,t-1}$。影响国际食糖市场价格波动的因素类似。基于此，可以从三个维度对国内外食糖市场价格波动溢出效应进行检验，详见后文的研究。

第三节 理论框架与数据处理

一 理论框架

本章的研究主要由两部分组成：一是对国内外食糖市场整合关系的检验，主要考察国内食糖市场、国际食糖市场是否存在长期的整合关系以及不同空间市场价格序列之间的均值溢出效应。二是若证实了存在整合关系，则进一步检验国内外食糖市场价格因果走向以及影响程度，深入探讨食糖市场价格于空间层面的波动溢出效应。

（一）国内外食糖市场之间的整合关系

王孝松、谢申祥（2012）提出，在农产品市场结构为完全竞争的假设下，若两个不同空间层面的市场存在整合关系，则两个市场的价差应固定等于运输成本，这也就意味着，空间层面两个不同市场之间应该存在价格传导关联；若两个不同空间层面的市场并不具有整合关系，则价格传导关系将不复存在。食糖产业作为农业经济领域中的重要一环，符合农产品市场发展的一般规律。当前，中国是全球最大的食糖进口国，国内食糖市场价格可能在一定程度上取决于国际食糖市场价格，然而，因国内市场和国际市场这两个市场之间空间距离的客观存在，食糖贸易中运输、交割等过程具有一定的滞后性，故而要求假定国内食糖市场价格受到国际食糖市场滞后价格的影响，这为后文协整检验与 VEC 模型的构建提供了理论支撑。基于此，为了科学识别国内外食糖市场的一体化程度，并考察不同空间层面食糖市场价格序列之间的均值溢出效应，本章依次提出以下两个假设：

假设一：国内外食糖市场价格序列之间存在长期的整合关系。

假设二：国际食糖市场价格对国内食糖市场价格存在显著的均值溢出效应。

在分析过程中，首先利用协整分析验证国内外食糖市场价格序列之间是否存在长期的整合关系，其次利用 VEC 模型完成国际食糖市场价格对国内食糖市场价格是否存在显著均值溢出效应的检验。

（二）国内、国际食糖市场之间的价格波动溢出效应

吴海霞、王静（2013）指出，对大宗农产品而言，某一市场价格的波动不仅受到自身历史价格波动的影响，还可能受到其他产品或市场前期与当期价格波动的影响，这一现象被称为"波动溢出效应"。肖小勇、李崇光等（2014）进一步提出，波动溢出效应作为大宗农产品价格波动关联的反映，可以从产业链视角、品种视角以及空间视角三个维度对其进行综合考察。本节研究的核心要旨在于从空间视角考察国内、国际两个不同市场自身以及彼此之间是否存在价格的波动溢出效应，若证实了存在波动溢出效应，则进一步明确其单双向关系及作用类型。为了深入考察国内外食糖市场价格之间的波动溢出效应，本节设定三个研究假设，并利用 BEKK – GARCH 模型，完成下述三个检验过程。

（1）检验国际食糖市场价格对国内食糖市场价格是否在方差层面存在显著的价格波动溢出效应，相应的研究假设如下：

假设三：H_0：$a_{12} = b_{12} = 0$，国际食糖市场价格对国内食糖市场价格不存在价格波动溢出效应。

如果 $a_{12} = b_{12} = 0$，表明国内食糖市场价格的条件方差受到自身前期价格绝对残差与前期价格波动的影响，也就意味着国际食糖市场价格对国内食糖市场价格不存在波动溢出效应；反之，若元素 a_{12}、b_{12} 中任意一个异于 0，则证明国际食糖市场价格对国内食糖市场存在波动溢出效应。

（2）检验国内食糖市场价格对国际食糖市场是否在方差层面存在显著的价格波动溢出效应。提出研究假设：

假设四：H_0：$a_{21} = b_{21} = 0$，国内食糖市场对国际食糖市场不存在价格波动溢出效应。

与上述检验类似，$a_{21} = b_{21} = 0$ 表示国际食糖市场价格的条件方差受到自身前期价格绝对残差与前期市场价格波动的影响，即国内食糖市场价格对国际食糖市场价格不存在波动溢出效应；反之，如果元素 a_{21}、b_{21}

中任意一个异于0，则证明国内食糖市场价格对国际食糖市场价格存在波动溢出效应。

（3）检验国内外食糖市场价格之间是否在方差层面存在价格波动溢出效应。若证实了波动溢出效应的存在，则进一步可判别作用类型以及单双向关系。对应的研究假设为：

假设五：H_0：$a_{12}=b_{12}=0$，$a_{21}=b_{21}=0$，即国内食糖市场价格与国际食糖市场价格之间不存在波动溢出效应。

如果 ARCH 类系数矩阵 A 和 GARCH 类系数矩阵 B 中的非对角元素 a_{12}、b_{12}、a_{21}、b_{21} 同时为0，则证实了国内食糖市场价格与国际食糖市场价格之间不存在波动溢出效应；反之，如果 a_{12}、b_{12}、a_{21}、b_{21} 中任意一个元素异于0，就意味着国内外食糖市场价格之间存在波动溢出效应。进一步，基于 Wald 检验对国内外食糖市场价格之间是否存在波动溢出效应以及其单双向关系进行论证。

二　数据选取与变量说明

21世纪以来，伴随国际农产品贸易往来更为频繁，国内外农产品市场相关性会更为明显，故而本章在研究国内外食糖市场整合关系的过程中，选取的样本区间为2000—2014年的月度频率数据，研究共涉及样本数量180个。相关价格变量分别为食糖的国内外市场价格，其中，国际食糖市场价格数据主要采用纽约11号原糖期货合约价替代，数据来源于 http://www.ers.usda.gov；国内食糖市场价格数据选用食糖现货市场价格指数（China Sugar Index，CSI），数据来源于 http://www.ynsugar.com。鉴于农产品贸易以及期货市场的信息传递机制，预期食糖市场的国内价格与国际价格之间存在一定的正相关关系。为了保证国内外数据计量单位的统一，以便于横向对比，国际食糖市场价格数据用美元兑人民币汇率转换成与国内食糖市场价格相同的单位，汇率数据来自中国人民银行网站，并将国际食糖市场价格计量单位由"美分/磅"转换为"元/公斤"。为了有效剔除通货膨胀因素的影响，在研究过程中使用 CPI 指数对国内外食糖市场价格序列绝对量进行了折实。此外，为了有效消除异方差性，在本书后续分析过程中将国内外食糖市场价格数据均进行了对数化处理。

第四节 实证过程和结果分析

一 国内外食糖市场整合与价格均值溢出效应研究

在对国内外食糖市场整合关系进行计量分析之前，首先，运用ADF检验对两大市场价格序列实施单位根检验，结果显示，两者原始序列均为非平稳序列，而其一阶差分均为平稳序列，符合Johansen协整检验的基本前提。其次，依据ADF检验结果选取含有截距项和趋势项的方程展开协整检验，并根据LR、FPE、AIC、SC以及HQ五个检验设定模型的最优滞后阶数为2。如表5-1所示，国内外食糖市场价格序列在5%的显著性水平上拒绝了协整向量个数为0的原假设，接受协整向量个数为1的备择假设，即国内外食糖市场价格序列之间存在长期的均衡关系。

表5-1　　　　国内外食糖市场价格序列的协整检验结果

原假设：协整向量的个数	特征值	迹检验 迹统计量	迹检验 显著性水平	最大特征根检验 最大特征根统计量	最大特征根检验 显著性水平
0	0.107	23.549	0.003	20.115	0.005
最多1个	0.019	3.434	0.064	3.434	0.066

在此基础上，构建VEC模型进一步探讨国内外食糖市场价格均值溢出效应以及国内市场受到冲击之后的价格修正机制。从表5-2的模型估计结果来看，F统计量均大于1%显著性水平上的临界值，意味着VEC模型设定较为合理。国际食糖市场价格对国内食糖市场价格存在显著的均值溢出效应，国际食糖市场价格每上涨1%，国内食糖市场价格则上涨1.13%，这种超整合状态反映出国内外食糖市场价格序列变动具有高度一致性。与此同时，国内食糖市场价格变动的幅度超过了国际食糖市场价格的波动幅度，也在一定程度上折射出国内食糖市场价格变动除了受到国际食糖市场因素的影响，也受到源自其他因素的影响。

表 5-2　　国内外食糖市场价格的向量误差修正模型结果

协整向量		$vecm_{t-1}$	Δp_{dt-1}	Δp_{dt-2}	Δp_{it-1}	Δp_{it-2}	F 统计量
Δp_{dt}	1	-0.064*** (-3.189)	0.074 (0.992)	-0.038 (-0.531)	0.197*** (3.179)	-0.041 (-0.637)	7.051***
Δp_{it}	-1.130	0.053** (2.138)	0.099 (1.071)	0.015 (0.173)	0.325*** (4.218)	-0.007 (-0.089)	5.785***

注：根据 LR、FPE、AIC、SC 以及 HQ 五个检验设定模型的最优滞后阶数。

此外，国内食糖市场价格的误差修正项系数为 -0.064，并且在 1% 的水平上显著，这也就意味着国内食糖市场价格序列具有向长期均衡水平调整的修正机制，即国内食糖市场价格在受到外部冲击之后，在相反调整力的作用下，能够在短期内调整到长期市场均衡价格。

二　国内外食糖价格波动溢出效应研究

从二元 BEKK - GARCH 模型的估计结果，可以得出：

（1）国内外食糖市场价格序列受到自身历史价格波动的影响较大。如表 5-3 所示，元素 a_{11} 在 1% 的显著性水平上异于 0，这意味着国内食糖市场价格对自身历史价格存在显著的 ARCH 型波动溢出效应；元素 a_{22}、b_{22} 在 1% 的水平上显著异于 0，则代表国际食糖市场价格序列也存在自身历史价格显著的波动溢出效应，并且 ARCH 型波动溢出效应和 GARCH 型波动溢出效应兼具。

（2）国内外食糖市场价格序列之间存在波动溢出效应，并且表现为前者对后者的单向波动溢出效应。本章前文假设一的 Wald 检验结果显示，无法在 10% 的显著性水平上拒绝原假设，这也就意味着，对食糖产业而言，国际市场价格对国内市场价格并未存在波动溢出效应；如表 5-3 所示，本章前文假设二和假设三的 Wald 检验结果均在 1% 的显著性水平上拒绝原假设，即国内外食糖市场价格序列之间存在波动溢出效应，可认为仅存在国内食糖市场价格序列对国际食糖市场价格序列的单向波动溢出效应。

表 5-3　国内外食糖市场价格的二元 BEKK-GARCH 模型估计结果

	矩阵元素	系数	
BEKK-GARCH 方差方程	c_{11}	20.708***	(6.564)
	c_{21}	-6.380	(-1.426)
	c_{22}	-6.187	(-1.177)
	a_{11}	-0.613***	(-6.435)
	a_{12}	-0.048	(-0.767)
	a_{21}	0.915***	(5.839)
	a_{22}	0.584***	(6.633)
	b_{11}	-0.177	(-1.342)
	b_{12}	0.088	(0.742)
	b_{21}	0.283*	(1.872)
	b_{22}	0.746***	(10.982)
假设一：$H_0: a_{12}=b_{12}=0$	Wald 值	3.374	
	显著性	0.185	
假设二：$H_0: a_{21}=b_{21}=0$	Wald 值	39.392	
	显著性	0.000	
假设三：$H_0: a_{12}=b_{12}=0, a_{21}=b_{21}=0$	Wald 值	41.194	
	显著性	0.000	

第五节　研究结论与讨论

一　研究结论

本章选取了 2000—2014 年国内外食糖产业月度频率的相关市场价格数据，基于二元 VEC-BEKK-GARCH 模型，从国内食糖市场、国际食糖市场两个不同的空间层面出发，考察两个市场的整合关系并对食糖市场价格之间的溢出效应展开研究，主要的研究结论如下。

第一，对食糖产业而言，国内外市场之间存在长期的整合关系。基于 Johansen 协整检验的实证结果显示，国内外食糖市场价格序列在 5% 的显著性水平上拒绝协整向量个数为 0 的原假设，接受了协整向量个数为 1

的备择假设，表明国内外食糖市场价格序列之间存在长期的整合关系，当国际食糖市场价格发生变动后，国内食糖市场的长期均衡价格也将会受到影响。这与客观经济现实基本相符，自加入WTO之后，中国食糖市场对外开放程度逐步扩大，国内市场对食糖及其制品的消费需求持续增加，作为食糖类产品的进口大国，对国际市场较高的依赖度使国内食糖市场、国际食糖市场之间的价格关联性日益增强。

第二，国际食糖市场价格对国内食糖市场价格具有显著的均值溢出效应，而国内食糖市场价格也存在向长期均衡水平调整的修正机制。基于VEC模型的估计结果证实了国际食糖市场价格对国内食糖市场价格存在显著的均值溢出效应，在固定其他因素不变的情况下，国内外食糖市场价格变动存在共同趋势，国际食糖市场价格每上涨1%，将辐射带动国内食糖市场价格上调1.13%；与此同时，国内食糖市场价格序列的误差修正项系数为负值，并且在1%的水平上显著，表明国内食糖市场价格序列具备一定的反向修复机制，在受到外部冲击之后能够在短期内从非均衡状态调整到长期均衡水平。

第三，国内外食糖市场价格序列自身及彼此之间均存在显著的波动溢出效应。具体而言：（1）国内外食糖市场价格序列均受到自身历史价格的影响。二元BEKK-GARCH模型条件方差估计结果显示，对称项系数矩阵元素a_{11}、a_{22}、b_{22}均在1%的水平上显著，表明不同空间层面的两个市场自身历史价格波动均较大程度上影响着当期市场价格水平，国内外食糖市场价格序列均存在较为显著的波动集聚性。并且，国内食糖市场价格波动具备较强的ARCH型溢出效应，表现出方差的时变性特征；国际食糖市场价格波动ARCH型溢出效应和GARCH型溢出效应兼具，即表现出方差的时变性与波动的持久性共存特征。（2）本章基于Wald检验的实证结果证实了国内外食糖市场价格序列之间存在前者对后者显著的单向波动溢出效应。非对称项系数矩阵元素a_{12}、b_{12}、a_{21}以及b_{21}中仅元素a_{21}和b_{21}在10%的水平上显著，意味着国内食糖市场价格上一期的冲击对国际食糖市场价格当前的条件方差影响显著，并且ARCH型波动溢出效应与GARCH型波动溢出效应兼具；后者上一期的条件方差对前者当期市场价格波动的影响并不显著。

二　讨论

本章节的研究主要采用了两大类实证模型分别展开国内外食糖市场

整合与溢出效应的研究。第一类实证模型是在平稳性的基础上运用 Johansen 协整检验,考察国内食糖市场、国际食糖市场这两个市场价格序列之间是否存在长期的整合关系,并利用 VEC 模型考察彼此之间的价格均值溢出效应。第二类实证模型则是基于二元 BEKK – GARCH 模型,考察国内外食糖市场价格序列自身及彼此之间是否存在显著的波动溢出效应,并从条件方差估计结果中系数矩阵元素的显著性水平和 Wald 检验值判别波动溢出效应的类型及其单双向关系。本章节 VEC – BEKK – GARCH 模型的综合运用,给出了一种新的测算国内外大宗敏感农产品溢出效应的方法与思路,尤其是该模型将溢出效应分为均值溢出效应与波动溢出效应两种类型,是对以往学者独立分析均值溢出效应或波动溢出效应的重要完善。总的来看,本章节在一个完整的逻辑分析框架内,分别从均值层面(即一阶矩层面)和方差层面(即二阶矩层面)两个维度考察食糖产业不同空间市场价格的关联性,可以同时捕捉到均值、条件方差以及协方差的影响因素,有利于从残差项中剥离出更多的信息,使对大宗敏感农产品溢出效应的考察相对更为科学、更为合理。

至于本章节研究中为什么对食糖产业而言国际市场价格序列对国内市场价格序列不存在波动溢出效应呢?一个可能的原因是样本研究区间内中国政府对食糖市场实施的若干宏观政策措施对国内食糖市场价格波动起到了缓冲作用。这与仰炬、王新奎(2008)以及涂圣伟、蓝海涛(2013)等的研究结论相符,即政府宏观管制举措在一定程度上减缓了食糖市场价格的波动性。事实上,自进入 21 世纪以来,中国政府针对食糖产业实施的较低进口关税保护水平与配额管理等进出口贸易调控政策以及 2014 年启动的食糖临时储存政策,无疑在一定程度上减缓了国际食糖市场价格起伏对国内食糖市场价格的冲击效应。未来,为了有效确保中国食糖产业安全,有必要充分做好以下三个方面的工作:一是不断提升国内外食糖市场的整合程度,充分利用中国食糖生产领域、消费领域和贸易领域的大国优势,充分发挥对国际食糖市场价格形成的重要影响;二是加大国内外食糖市场价格的监测预警系统建设,充分利用国内外食糖期货市场的价格发现与信息传递功能;三是改革与规范现行的中国食糖产业政策体系,从食糖产业安全、糖农福利、市场价格稳定等多方面出发,进一步完善糖料作物生产与食糖市场价格支持政策,引领和规范国内食糖市场价格的形成。

第六节 本章小结

在经济新常态的背景下，国内外农产品市场价格倒挂、"两板挤压"问题严重，而食糖产业尤为突出。尤其是伴随国际市场更为频繁的农产品贸易往来，国内外农产品市场价格的相关性会更为明显。对中国食糖产业而言，全球市场价格变动是否会影响到国内市场价格？若证实了影响机制的存在则影响的程度如何？与其他影响国内食糖市场价格的因素相比，国际食糖市场的重要性程度是怎样的，具体的作用机制又是怎样的？这些均是现有文献尚未充分解决的问题。本章旨在对上述问题展开深入挖掘，探讨国际食糖市场是否以及如何对国内食糖市场价格产生影响，深入剖析其影响程度并厘清作用机制。

为了科学测算国内外食糖市场整合程度和市场价格相互之间的溢出效应，选取2000—2014年国内外食糖市场价格月度频率数据，首先，在平稳性的基础上运用Johansen协整检验展开国内外食糖市场整合关系的检验，主要考察国内食糖市场、国际食糖市场是否存在长期的整合关系以及不同空间市场价格序列之间的均值溢出效应；在证实存在整合关系的基础上，则进一步基于VEC–BEKK–GARCH模型测算国内外食糖市场价格序列均值溢出效应以及彼此之间的波动溢出效应，检验国内外食糖市场价格序列因果走向以及影响程度，深入探讨食糖市场价格于空间层面的波动溢出效应。

本章的研究结果表明，国内外食糖市场之间存在长期的整合关系；国际食糖市场价格对国内食糖市场价格具有显著的均值溢出效应，而国内食糖市场价格序列也存在向长期均衡水平调整的反向修正机制；国内外食糖市场价格之间存在前者对后者显著的单向波动溢出效应。国际食糖市场价格序列对国内食糖市场价格序列不存在波动溢出效应，一个可能的原因是样本研究区间内中国政府的行政干预举措在一定程度上对食糖市场价格造成了扭曲，进而减缓了国际食糖市场对国内食糖市场价格的冲击。

第六章 金融化属性对中国食糖市场的冲击效应

第一节 引言与文献回顾

大宗敏感农产品市场价格的形成、价格传导以及价格波动问题始终是社会各界关注的热点话题（张有望、王耀中等，2018）。作为中国乃至全世界重要的大宗敏感农产品之一，以及全球为数不多的兼具食用性、战略性、金融化、全球化以及能源化等多重属性的重要战略物资，食糖及其制品具有关系国计民生的重要战略意义（Cafiero et al.，2015），全球各国政府都采取了强有力的政府管制举措确保食糖产业安全（高群等，2018）。食糖产业链条各方交易主体都有规避市场价格波动风险的需求，而成功发育的期现货市场能够有效发挥价格发现与规避风险的功能（翟雪玲等，2013；Xu and Tong，2016），使科学识别食糖期现货相关市场价格信息具备重要的理论意义和现实意义，不仅有助于投资者准确把握市场预判市场走向、择优规划投资策略，同时还有助于维护利益相关主体福利，有效确保食糖产业安全。

21 世纪以来，中外学术界关于包括食糖类产品在内的大宗敏感农产品市场价格相关的研究成果颇丰，研究视角主要集中于两个方面：一是在国际贸易视角下，解析大宗敏感农产品国内外市场价格之间的关联性。如罗锋和牛宝俊（2009）指出，国际大宗敏感农产品市场往往会通过贸易渠道和期货渠道作用于国内农产品市场，并且后者的作用力度更大，研究后提出了要继续强化关于国际大宗农产品期货市场相关研究的建议；王孝松和谢申祥（2012）基于协整检验和 VEC 模型，证实了国际大宗农产品市场对国内农产品市场在经济意义上存在显著的影响；Jiang 和

Todorova（2017）在异构自回归模型基础上展开多元扩展分析，证实了中国和美国大宗农产品期货市场之间存在双向的价格溢出效应。二是在金融化视角下，解析大宗敏感农产品期货市场、现货市场之间的关联性以及国内外期货市场之间的联动效应。例如，2006年张屹山等学者综合利用格兰杰因果关系检验、ECM以及SVAR等模型，探讨了早期中国农产品期货市场的价格发现功能以及国际影响力，得出由政府主导的中国农产品期货市场价格发现功能当时尚处于起步阶段的结论；对比国内金属期货市场、国际农产品期货市场，中国农产品期货市场的功能存在较大的差距。仰炬等（2008）基于协整分析和格兰杰因果检验探讨了国内外较为知名的食糖期现货市场价格相互之间的联系，证实美国期货交易所（NYBOT）是引起日本原糖交易所（TGE）和昆明（KM）现货市场食糖价格变化的格兰杰原因，而郑州商品交易所（ZEC）期货市场价格是引起日本原糖交易所（TGE）食糖价格变化的格兰杰原因。谭晶荣等（2012）基于协整分析与格兰杰因果关系检验肯定了农产品国际期货市场对国内批发市场存在一定的价格传导作用，并且发现价格传导过程存在时滞。肖俊喜和郭晓利（2012）从合约流动性、换手率、成交量和持仓量以及与现货市场的差距等多重维度综合对比了中美农产品期货市场的发育程度，得出中国农产品期货市场无论是在"质"还是在"量"的方面均与国外农产品期货市场存在较大差距的结论。翟雪玲等（2013）、李剑等（2017）均指出，食糖、棉花和大豆均隶属金融化属性显著的大宗敏感农产品，其市场价格波动具备周期超短、波幅较大的特征。张贺泉和孙建明（2013）基于2006—2012年月度频率食糖期货市场价格数据，证实2011年11月为中外食糖期货市场价格传导变动的1个节点，在此之前，国际食糖市场价格变动为国内食糖市场价格变动的主要原因；在此之后，国内食糖市场的定价权日渐提升并且开始反向作用于国际食糖市场。Xu和Tong（2017）亦在均值层面基于Bayesian模型考察了郑州食糖期货市场、郑州食糖现货市场和纽约食糖期货市场三个市场两两相互之间的动态因果关系。

综合来看，目前国内外学者基本上都肯定了期货市场对于大宗敏感农产品市场具备重要的价格发现功能，指出了与较为完善的国际农产品期货市场相比，中国农产品期货市场发育尚在摸索中；并且，已有的文献研究大多是基于协整检验和格兰杰因果关系检验从一阶矩层面（即均值层面）揭示包括食糖在内的敏感大宗农产品国内外市场价格和期货市场价格、现货市场价格之间的互动关联关系，给本章节的研究奠定了良好基础。然而，国内外学术界已有研究仍然存在值得进一步优化的空间：第一，国内外学术界在二阶矩层面（即方差层面）研究包括食糖产业在内的大宗敏感农产品期现货市场价格互动关联效应的分析有待进一步深入，以往学者集中在一阶矩层面展开关联效应的研究，难以从整体视角，全面而有效地刻画大宗农产品不同市场之间的溢出关系；若能够补充二阶矩层面的研究，纳入条件方差、协方差等更多信息，无疑将更有利于系统地、深入地刻画农产品国内外市场价格和期货市场价格、现货市场价格相互之间的关联性。第二，国内外学术界以往关于农业领域期现货市场相关的研究，大多集中于大宗农产品尤其是粮食、猪肉等品种，对包括食糖及其制品在内的特色敏感大宗农产品的关注度并不高，对食糖国内外市场和期货市场、现货市场相关的研究基础仍旧较为薄弱。食糖作为中国四大主要作物之一，兼具金融化和全球化双重属性，其市场价格波动与传导方式独特并且对人民生活、经济发展以及农业稳定等诸多方面存在不可忽视的显著影响，丰富中国食糖产业相关的研究值得深入。第三，也更为重要的是，对比发达国家而言，中国食糖期货市场发育时点相对滞后（邱德荣和黄晨，2015），而国内外学术界已有的关于食糖期货市场的研究主要是在21世纪初期或此前食糖期货市场发育较为薄弱的基础之上展开探讨。伴随食糖产品金融化属性的增强，作为全球糖料作物主要生产国与主要消费国，近年来中国食糖期货市场正在逐渐完善，这也就意味着新时期关于食糖产销大国之一的中国的食糖期货市场发育程度的研究值得进一步深入。

从图6-1中外食糖期现货市场价格走势来看，2006—2017年，国际食糖期货市场价格、国际食糖现货市场价格、中国食糖期货市场价格、中国柳州食糖现货市场价格四大市场价格序列虽然均表现出频繁的波动态势，但是从总体来看各个市场价格序列均呈现出相像的变动轨迹，这从侧面揭示出四个市场价格序列之间极有可能存在一定的互动关联关系。近年来，伴随食糖类产品金融化属性和全球化属性的增强，在二阶矩层面丰富补充探讨食糖市场价格的波动溢出效应显得尤为重要。基于此，本章试图以中外重要大宗敏感农产品之一的食糖产业为例，将国际食糖期货市场价格、国际食糖现货市场价格、中国食糖期货市场价格以及中国食糖现货市场价格纳入同一个研究框架体系，构建四元 BEKK - GARCH 模型，以期回答两大类问题：第一类，有效判别在二阶矩方差层面中外食糖期现货市场各个价格序列对自身和两两相互之间是否存在波动溢出效应？若存在波动溢出效应，则进一步判别溢出效应的类型和作用强度。第二类，回答中外食糖期现货市场发育程度如何，并深入解析两个市场对外传递价格信号的方式是否存在差别。

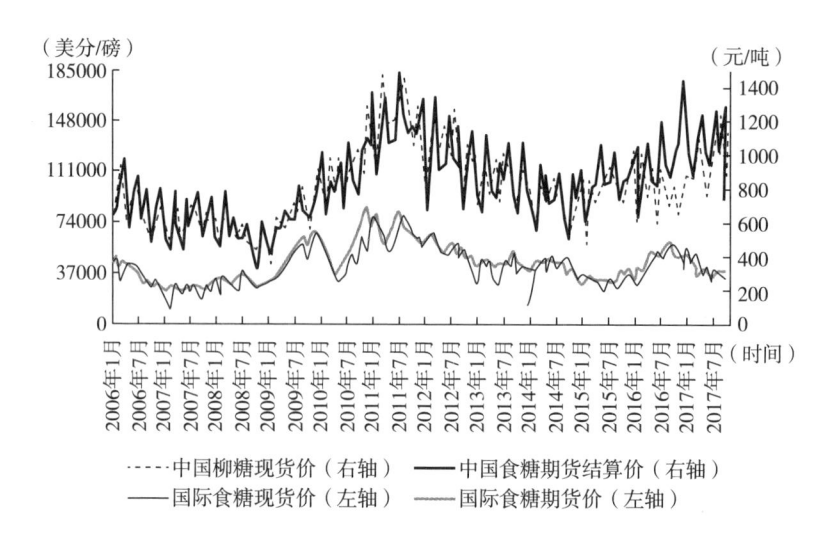

图 6-1　国内外食糖期现货市场价格月度走势（2006—2017 年）

第二节　理论框架与研究假说

一　理论框架

大宗敏感农产品不同市场之间可能存在价格的关联溢出效应。早在1990 年，国外学者 Pindyck 和 Rotemberg 就曾指出，大宗商品不同市场之间存在一定的价格信息传递与联动溢出效应；刘华军等（2017）进一步将大宗敏感农产品价格的信息传递与联动效应归纳为两类：一是研究同类大宗农产品之间的价格联动关系；二是研究不同类别大宗农产品的价格联动关系。

食糖是全球重要的大宗农产品、中国重要的战略物资，同时也是为数不多的兼具金融化属性和全球化属性的大宗敏感农产品。具体来看：（1）食糖是金融化属性较强的大宗农产品之一。张成思等（2014）指出，在各类大宗农产品中，食糖产品的金融化程度相对较高，属于中等层次的金融化商品。全球首份糖业期货合约诞生至今已有百年，当前在国际农产品期货市场上，食糖产品仍然是较为活跃并且相对成熟的交易品种。中国食糖期货交易起步相对较晚，是全球第7个开展食糖期货市场的交易国。20世纪90年代初中央政府逐步放开了对食糖市场的价格管制，2006年1月6日白糖期货正式在郑州商品交易所上市，对规范食糖及其制品市场价格形成与价格传导机制发挥了重要的战略功能（梁权熙等，2009）。刘庆富和王海民（2006）指出，测算农产品期货市场和现货市场之间的溢出效应，能够在一定程度上揭示出农产品期货市场的运行效率。（2）食糖产品兼具全球化属性。翟雪玲等（2013）指出，国际农产品市场往往会通过贸易渠道、期货市场以及汇率等多重渠道影响国内农产品市场，使国外农产品市场和国内农产品市场价格的互动关联越发紧密。尤其是，伴随工业发展与国民生活水平的提升，中国对食糖及其制品的需求与日俱增、食糖及其制品持续增进，成为全球贸易中重要的一员（刘一江等，2015）。近年来，国际食糖市场对国内食糖市场可能造成的冲击不容小觑（高群和柯杨敏，2016）；从开放视角深入研究国际食糖市场价格和国内食糖市场价格的联动性具有重要的战略意义（张贺泉和孙建明，2013）。

肖小勇等（2014）将农产品不同市场价格信息传递与联动溢出效应分为两种，分别是：一阶矩阵层面的溢出效应（即均值溢出效应）和二阶矩阵层面的溢出效应（即波动溢出效应）。国内外学术界关于均值溢出效应的研究较多，关于波动溢出效应层面的研究相对较少，并且为数不多的研究也主要从产业链视角、品种视角和空间视角展开。若能够从二阶矩阵层面深入补充测算食糖这一兼具金融化属性和全球化属性的大宗敏感农产品在不同市场之间的关联性与波动溢出效应，并深入展开中外食糖期现货市场发育程度的对比分析，对于科学判别中国食糖产业安全状况具有重要的理论意义和战略意义。

二 研究假设

为了深入剖析中外食糖市场期现货市场价格序列相互之间是否存在

二阶矩层面的波动溢出效应及其水平，并展开中外食糖期货市场发育程度的对比分析，将研究过程中涉及的市场价格序列数据进行两两分组，可以形成国内食糖现货市场价格（DSP）—国内食糖期货市场价格（DFP）、国内食糖现货市场价格（DSP）—国际食糖期货市场价格（IFP）、国内食糖现货市场价格（DSP）—国际食糖现货市场价格（ISP）、国际食糖期货市场价格（IFP）—国内食糖期货市场价格（DFP）、国内食糖期货市场价格（DFP）—国际食糖现货市场价格（ISP）、国际食糖期货市场价格（IFP）—国际食糖现货市场价格（ISP）六组配对组合。对于其中任意一组配对组合而言，定义第一个市场价格序列为 i，第二个市场价格序列为 j，则可以设定如下三类假设。

（一）第一类假设，目的在于判别中外食糖期现货市场任意一组配对组合中价格指数序列 j 对市场价格指数序列 i 是否在二阶矩层面存在显著的溢出效应

原假设 H_0^1：对国内外食糖期现货市场而言，市场价格指数序列 j 对另一个市场价格指数序列 i 不存在方差层面的溢出效应。经过 BEKK – GARCH 模型实证分析之后，若研究结果显示 $A(i, j) = B(i, j) = 0$，则意味着中外食糖期现货市场某一市场价格指数序列 j 的条件方差并未受到来自自身市场价格波动和历史市场价格序列绝对残差的影响，即在方差层面市场价格指数序列 j 不存在对市场价格指数序列 i 的溢出效应。

备择假设 H_1^1：食糖市场价格指数序列 j 对另一个市场价格指数序列 i 存在方差层面的溢出效应，即在元素 $A(i, j)$ 与 $B(i, j)$ 之中，若任意 1 项异于 0，则表明市场价格指数序列 j 存在对市场价格指数序列 i 的溢出效应。

$$\begin{cases} 原假设\ H_0^1: A(i, j) = B(i, j) = 0 \\ 备择假设\ H_1^1: A(i, j) \neq 0\ 或\ B(i, j) \neq 0\ 或\ A(i, j) = B(i, j) \neq 0 \end{cases}$$

(6 – 1)

（二）第二类假设，目的在于判别中外食糖期现货市场任意一组配对组合中市场价格指数序列 i 对市场价格指数序列 j 是否在二阶矩层面存在显著的溢出效应

原假设 H_0^2：食糖市场价格指数序列 i 对另一个市场价格指数序列 j 不存在方差层面的溢出效应。若实证结果显示 $A(j, i) = B(j, i) = 0$，则意味着市场价格指数序列 i 的条件方差并未受到自身历史市场价格波动和历史市场价格绝对残差的影响，即在方差层面食糖市场价格指数序列 i 并不

存在对市场价格指数序列 j 的溢出效应。

备择假设 H_1^2：食糖市场价格指数序列 i 对市场价格指数序列 j 存在方差层面的波动溢出效应，即在元素 $A(j, i)$ 与 $B(j, i)$ 之中，若任意 1 项异于 0，则表明食糖市场价格指数序列 i 对另一个市场价格指数序列 j 存在显著的溢出效应。

$$\begin{cases} 原假设\ H_0^2: A(j, i) = B(j, i) = 0 \\ 备择假设\ H_1^2: A(j, i) \neq 0\ 或\ B(j, i) \neq 0\ 或\ A(j, i) = B(j, i) \neq 0 \end{cases}$$
(6-2)

（三）第三类假设：目的在于判别中外食糖期现货市场任意一组配对组合中市场价格指数序列 i 和另一个市场价格指数序列 j 相互之间是否在二阶矩层面存在显著的溢出效应

原假设 H_0^3：在二阶矩层面，国内外食糖期现货市场价格指数序列 i 和市场价格指数序列 j 之间既不存在后者对前者的溢出效应，也不存在前者对后者的溢出效应。若实证结果显示：$A(i, j) = B(i, j) = A(j, i) = B(j, i) = 0$，则意味着食糖市场价格指数序列 i 和市场价格指数序列 j 相互之间在方差层面不存在波动溢出效应。

备择假设 H_1^3：在方差层面，中外食糖期现货市场价格指数序列 i 和市场价格指数序列 j 之间存在溢出效应，即在元素 $A(i, j)$、$B(i, j)$、$A(j, i)$ 以及 $B(j, i)$ 之中只要存在任意 1 项异于 0 的情况，则可以认为在方差层面食糖市场价格指数序列 i 和食糖市场价格指数序列 j 之间存在溢出效应。

$$\begin{cases} 原假设\ H_0^3: A(i, j) = B(i, j) = A(j, i) = B(j, i) = 0 \\ 备择假设\ H_1^3: A(i, j) \neq 0\ 或\ B(i, j) \neq 0\ 或\ A(i, j) = B(i, j) \neq 0 \\ \qquad\qquad 或\ A(j, i) \neq 0\ 或\ B(j, i) \neq 0\ 或\ A(j, i) = B(j, i) \neq 0 \end{cases}$$
(6-3)

第三节 四元 BEKK – GARCH 模型设计与数据说明

一 研究设计

溢出效应概念的提出最早源于金融领域，后被引入商品市场，可以细分为均值溢出效应和波动溢出效应两个层面,国内外学术界以往针对大宗农产品溢出效应的研究主要集中在一阶矩层面(即均值层面)。对大宗敏感农产品市场而言,在满足协整检验的前提下,利用向量自回归模型(VAR模型)和Granger因果关系检验可以测算一阶矩层面的溢出效应,因该类方法相对较为常见并且前期学术界相关研究成果已较多,此处不予赘述。本章节拟采用BEKK-GARCH模型,重点评估大宗敏感农产品在二阶矩层面的溢出效应。采用该模型具备两大显著优势:一是于较弱的条件下即可假定协方差矩阵的正定性;二是该模型的待估参数相对较少,并且可以分成ARCH型溢出效应与GARCH型溢出效应两类。肖小勇等(2014)指出,利用一阶模型一般就足以对现实中的时间序列展开分析,因此本章拟构建四元BEKK-GARCH模型展开分析,主要研究思路为:首先,基于空间价格溢出视角,分别展开国际食糖期货市场价格、国内食糖期货市场价格、国际食糖现货市场价格、国内食糖现货市场价格对自身历史价格和两两市场相互之间在方差层面的价格联动溢出效应的研究;其次,基于金融化和国际化视角,展开国内外食糖期货市场发育程度和价格信号传递类型的对比分析。构建四元BEKK-GARCH模型的步骤如下:

首先,假定国际食糖期货市场、中国食糖期货市场、国际食糖现货市场以及中国食糖现货市场在第t期的产品价格依次为p_{1t}、p_{2t}、p_{3t}、p_{4t};常数项和协整系数分别为α和β;残差项为ε_t,满足GARCH(广义自回归条件异方差)模型,构建的均值方程为:

$$p_t = \alpha + \sum_{i=1}^{k} \beta_i p_{t-i} + \varepsilon_t; \varepsilon_t | I_{t-1} \sim N(0, H_t) \tag{6-4}$$

在式(6-4)中,H_t为残差ε_t的条件方差—协方差矩阵,可以进一步展开为式(6-5):

$$H_t = CC' + A(\varepsilon_{t-1}\varepsilon'_{t-1})A' + BH_{t-1}B' \tag{6-5}$$

在式(6-5)中,参数C代表四维下三角矩阵,各个元素的矩阵表达形式依次为:$H_t = \begin{bmatrix} h_{11,t} & h_{12,t} & h_{13,t} & h_{14,t} \\ h_{21,t} & h_{22,t} & h_{23,t} & h_{24,t} \\ h_{31,t} & h_{32,t} & h_{33,t} & h_{34,t} \\ h_{41,t} & h_{42,t} & h_{43,t} & h_{44,t} \end{bmatrix}$;$C = \begin{bmatrix} c_{11} & 0 & 0 & 0 \\ c_{21} & c_{22} & 0 & 0 \\ c_{31} & c_{32} & c_{33} & 0 \\ c_{41} & c_{42} & c_{43} & c_{44} \end{bmatrix}$;

$$A = \begin{bmatrix} a_{11} & a_{12} & a_{13} & a_{14} \\ a_{21} & a_{22} & a_{23} & a_{24} \\ a_{31} & a_{32} & a_{33} & a_{34} \\ a_{41} & a_{42} & a_{43} & a_{44} \end{bmatrix}; B = \begin{bmatrix} b_{11} & b_{12} & b_{13} & b_{14} \\ b_{21} & b_{22} & b_{23} & b_{24} \\ b_{31} & b_{32} & b_{33} & b_{34} \\ b_{41} & b_{42} & b_{43} & b_{44} \end{bmatrix}$$

。其中，A、B 项分别代表 ARCH 项和 GARCH 项系数矩阵，非对角元素 a_{ij} 代表市场价格序列 j 对市场价格序列 i 的 ARCH 型波动溢出，元素 b_{ij} 代表市场价格序列 j 对市场价格序列 i 的 GARCH 型波动溢出。如果 $a_{ij} = b_{ij} = 0$，则意味着市场价格序列 i 的条件方差与市场价格序列 j 的前期绝对残差以及前期波动无关，即不存在市场价格序列 j 对市场价格序列 i 的波动溢出效应。此外，对角元素表现出的则是食糖产业相关市场价格波动的集聚性，元素 a_{ii}、b_{ii} 分别代表市场价格序列 i 对自身历史价格的 ARCH 型波动溢出和 GARCH 型波动溢出。如果 $a_{ii} = b_{ii} = 0$，则表明市场价格序列 i 条件方差自身滞后一期的方差与残差项对当期方差无影响。基于此，H_t 的各个元素可以用式（6-6）至式（6-15）依次表示。

$$h_{11,t} = c_{11}^2 + \sum_{j=1}^{4}\sum_{i=1}^{4} a_{1i}a_{1j}\varepsilon_{j,t-1}\varepsilon_{i,t-1} + \sum_{j=1}^{4}\sum_{i=1}^{4} b_{1i}b_{1j}h_{ij,t-1} \quad (6-6)$$

$$h_{12,t} = c_{11}c_{21} + \sum_{j=1}^{4}\sum_{i=1}^{4} a_{1i}a_{2j}\varepsilon_{j,t-1}\varepsilon_{i,t-1} + \sum_{j=1}^{4}\sum_{i=1}^{4} b_{1i}b_{2j}h_{ij,t-1} \quad (6-7)$$

$$h_{13,t} = c_{11}c_{31} + \sum_{j=1}^{4}\sum_{i=1}^{4} a_{1i}a_{3j}\varepsilon_{j,t-1}\varepsilon_{i,t-1} + \sum_{j=1}^{4}\sum_{i=1}^{4} b_{1i}b_{3j}h_{ij,t-1} \quad (6-8)$$

$$h_{14,t} = c_{11}c_{41} + \sum_{j=1}^{4}\sum_{i=1}^{4} a_{1i}a_{4j}\varepsilon_{j,t-1}\varepsilon_{i,t-1} + \sum_{j=1}^{4}\sum_{i=1}^{4} b_{1i}b_{4j}h_{ij,t-1} \quad (6-9)$$

$$h_{22,t} = c_{22}^2 + \sum_{j=1}^{4}\sum_{i=1}^{4} a_{2i}a_{2j}\varepsilon_{j,t-1}\varepsilon_{i,t-1} + \sum_{j=1}^{4}\sum_{i=1}^{4} b_{2i}b_{2j}h_{ij,t-1} \quad (6-10)$$

$$h_{23,t} = c_{22}c_{32} + \sum_{j=1}^{4}\sum_{i=1}^{4} a_{2i}a_{3j}\varepsilon_{j,t-1}\varepsilon_{i,t-1} + \sum_{j=1}^{4}\sum_{i=1}^{4} b_{2i}b_{3j}h_{ij,t-1} \quad (6-11)$$

$$h_{24,t} = c_{22}c_{42} + \sum_{j=1}^{4}\sum_{i=1}^{4} a_{2i}a_{4j}\varepsilon_{j,t-1}\varepsilon_{i,t-1} + \sum_{j=1}^{4}\sum_{i=1}^{4} b_{2i}b_{4j}h_{ij,t-1} \quad (6-12)$$

$$h_{33,t} = c_{33}^2 + \sum_{j=1}^{4}\sum_{i=1}^{4} a_{3i}a_{3j}\varepsilon_{j,t-1}\varepsilon_{i,t-1} + \sum_{j=1}^{4}\sum_{i=1}^{4} b_{3i}b_{3j}h_{ij,t-1} \quad (6-13)$$

$$h_{34,t} = c_{33}c_{43} + \sum_{j=1}^{4}\sum_{i=1}^{4} a_{3i}a_{4j}\varepsilon_{j,t-1}\varepsilon_{i,t-1} + \sum_{j=1}^{4}\sum_{i=1}^{4} b_{3i}b_{4j}h_{ij,t-1} \quad (6-14)$$

$$h_{44,t} = c_{44}^2 + \sum_{j=1}^{4}\sum_{i=1}^{4} a_{4i}a_{4j}\varepsilon_{j,t-1}\varepsilon_{i,t-1} + \sum_{j=1}^{4}\sum_{i=1}^{4} b_{4i}b_{4j}h_{ij,t-1} \quad (6-15)$$

在此基础上，采用极大似然法对模型中的各个参数进行估计，假设 θ 为待估参数，T 为样本量，序列数是 N，待估参数对数似然函数的表达式为式（6-16）。

$$I(\theta) = -\frac{1}{2}\left[TN\ln(2\pi) + \sum_{t=1}^{T}(\ln|H_{t-1}| + \varepsilon'_{t-1}H_t^{-1}\varepsilon_{t-1})\right] \quad (6-16)$$

综上所述，对食糖产业任意市场而言，影响其市场价格序列波动的因素均可以归于两部分：一是自身与其他市场前期价格序列绝对残差 $\varepsilon_{1,t-1}^2$、$\varepsilon_{2,t-1}^2$、$\varepsilon_{3,t-1}^2$、$\varepsilon_{4,t-1}^2$ 以及彼此之间的相互影响 $\varepsilon_{i,t-1}\varepsilon_{j,t-1}$（$1\leq i$，$j\leq 4$ 且 $i\neq j$）；二是自身与其他市场前期价格波动 $h_{11,t-1}$、$h_{22,t-1}$、$h_{33,t-1}$、$h_{44,t-1}$ 以及彼此之间的协方差 $h_{ij,t-1}$（$1\leq i$，$j\leq 4$ 且 $i\neq j$）。

二　数据说明

在本章的研究中，基于空间关联视角，展开中外食糖期货市场价格与现货市场价格关于自身前期价格和两两市场价格相互之间的互动关联关系研究，并基于金融化视角和全球化视角双重维度展开中外食糖市场金融化程度的对比研究。研究变量共涉及国际食糖期货市场价格、国际食糖现货市场价格、中国食糖期货市场价格以及中国食糖现货市场价格四个层面。为了有效确保研究范围的一致性，本章将研究过程中涉及的全部数据均转换为月度频率数据，采样区间为2006年1月至2017年12月。其中，国际食糖期货市场价格（IFP）采用全球最主要的、最具代表性的原糖期货市场——NYBOT11号糖期货结算价替代，单位为美分/磅；国际食糖现货市场价格（ISP）选用农产品国际现货市场价格（原糖）替代，单位为美分/磅；国内食糖期货市场价格（DFP）采用郑州商品交易所白砂糖期货结算价，单位为元/吨；国内食糖现货市场价格（DSP）采用柳糖现货合同价，单位为元/吨。上述数据均来源于 Wind 金融资讯终端数据库。为了确保研究结果的科学性，在正式展开实证研究之前先对上述变量进行如下处理：第一，为了确保计量单位的统一，基于汇率数据将美分/磅转换为元/吨；第二，为了有效剔除通胀因素的影响，基于 CPI 食品指数对研究过程中涉及的相关变量进行消胀处理；第三，为了便于样本数据之间的横向比较，将研究过程中涉及的市场价格序列绝对值数据均转换为以2006年1月为基期的指数数据；第四，为了避免变量的异方差性，将上述数据进一步作对数化处理。研究过程中涉及的美元兑人民币汇率和 CPI 食品指数数据同样源自 Wind 金融资讯终端数据库。

经对数化处理后的中外食糖期现货市场价格指数数据的描述性统计详见表6-1。从表中可以看出，无论是从均值还是从中位数或者标准差来看，国内食糖现货市场价格序列（LDSP）的波动性最小。在样本考察区间内，国际食糖期货市场价格序列（LIFP）、国内食糖期货市场价格序列（LDFP）和国内食糖现货市场价格序列（LDSP）的标准差相对较小且分布相对较为平缓；而国际食糖现货市场价格序列（LISP）的标准差最大并且峰度系数值高达4.0721，表明在采样区间内国际食糖现货市场价格指数（LISP）的波动幅度最大并且呈现尖峰分布的特征。与此同时，国内食糖期货市场价格指数（LDFP）和国际食糖现货市场价格指数（LISP）的偏度系数SK均小于0，呈现出左偏分布的态势；而国内食糖现货市场价格（LDSP）和国际食糖期货市场价格（LIFP）的偏度系数SK均大于0，表现出右偏分布的态势。

表6-1 经对数化处理后的中外食糖期现货价格指数描述性统计

统计量	LDSP	LDFP	LIFP	LISP
样本量	144	144	144	144
均值	1.8951	1.9391	1.9471	2.0095
中位数	1.8849	1.9364	1.9387	2.0083
最大值	2.1471	2.1901	2.2410	2.2962
最小值	1.5853	1.6237	1.7236	1.4416
标准差	0.1125	0.1138	0.1227	0.1468
偏度系数SK	0.0428	-0.0791	0.2377	-0.5262
峰度系数K	2.6727	2.6484	2.2518	4.0721
J-B统计量	12.6968	12.6968	12.6968	12.6968

第四节 实证过程和结果分析

本节选取经过处理后的2006—2017年月度频率价格指标数据，利用极大似然估计算法，并基于Winrats软件的Berndt-Hall-Haus程序展开国内外食糖期现货市场价格相互之间波动溢出效应的评判。首先，判别国内外食糖期现货市场价格是否受到自身历史价格的影响，若证实存在影响，则进一步地明确作用方向和作用程度；其次，判别国内外食糖期现货市场价格相互之间的动态联动关系，若证实存在关联关系，则进一步地明确作用方向和作用程度；最后，展开食糖期现货市场发育程度的中外对比分析，明确中国食糖期现货市场与国际食糖期现货市场发育程度的差距。基于四元 BEKK – GARCH 模型的参数估计值和显著性检验结果如表 6 – 2 所示。

表 6 – 2　　　　基于四元 BEKK – GARCH 模型的参数估计结果

参数	系数	t 统计量	参数	系数	t 统计量	参数	系数	t 统计量
$C(1,1)$	0.0177	1.2589	$A(1,1)$	– 0.2530 *	– 1.6869	$B(1,1)$	0.1604	1.1045
$C(2,1)$	0.0021	0.1519	$A(1,2)$	0.1679	1.0328	$B(1,2)$	– 0.7375 ***	– 4.8025
$C(2,2)$	0.0021	0.0870	$A(1,3)$	– 0.3636 ***	– 3.3003	$B(1,3)$	0.0840	0.5353
$C(3,1)$	– 0.0410 **	– 2.1726	$A(1,4)$	– 0.3434 **	– 2.4464	$B(1,4)$	0.3688 **	2.1028
$C(3,2)$	– 0.0106	– 0.2849	$A(2,1)$	0.4317 ***	4.1743	$B(2,1)$	0.0907	0.7319
$C(3,3)$	0.0071	0.1393	$A(2,2)$	0.0698	0.5432	$B(2,2)$	0.9453 ***	8.5689
$C(4,1)$	– 0.0539 *	– 1.9273	$A(2,3)$	0.2196 ***	2.6258	$B(2,3)$	– 0.2746 ***	– 3.0641
$C(4,2)$	– 0.0172	– 0.4201	$A(2,4)$	0.2445 *	2.2104	$B(2,4)$	– 0.1392	– 1.1652
$C(4,3)$	0.0104	0.1459	$A(3,1)$	0.2291 *	1.6914	$B(3,1)$	0.5111 ***	2.8060
$C(4,4)$	0.0000	– 0.0014	$A(3,2)$	0.0452	0.2732	$B(3,2)$	0.3866 **	2.0407
—	—	—	$A(3,3)$	0.3597 ***	3.1673	$B(3,3)$	0.3805 ***	2.8651
—	—	—	$A(3,4)$	– 0.670^2 ***	– 3.9962	$B(3,4)$	– 0.3206	– 1.6047
—	—	—	$A(4,1)$	0.0548	0.6287	$B(4,1)$	0.3417 **	2.2466
—	—	—	$A(4,2)$	0.1784	1.5534	$B(4,2)$	0.4228 ***	2.6127
—	—	—	$A(4,3)$	0.1389 *	1.7807	$B(4,3)$	0.1119	1.3167
—	—	—	$A(4,4)$	1.0157 ***	7.4961	$B(4,4)$	0.4072 ***	3.7802

一　关于历史价格对国内外食糖期现货市场的影响研究

本章节旨在判别国内外食糖期现货市场价格是否受到自身历史价格的影响。若证实影响的存在，则进一步明确作用方向和作用程度。从表 6 – 2 参数估计的结果来看，中外食糖期现货市场 ARCH 项对角参数 $A(1, 1)$、$A(3, 3)$、$A(4, 4)$ 和 GARCH 项对角参数 $B(2, 2)$、$B(3, 3)$、

$B(4,4)$ 估计值均在 1% 的水平上显著异于 0，折射出中外食糖期现货市场价格序列均受到自身历史价格较大的影响。就影响类型来看，国内食糖现货市场价格序列（LDSP）表现出显著的 ARCH 型溢出效应，呈现波动的时变性特征；国内食糖期货市场价格序列（LDFP）则表现出 GARCH 型溢出效应，体现出波动的持久性特征以及受到外界因素影响的显著性特征；国际食糖期货市场价格序列（LIFP）和国际食糖现货市场价格序列（LISP）均表现出 ARCH 型溢出效应和 GARCH 型溢出效应共存的特征，即方差的时变性和波动的持久性共存。就受到自身历史价格影响的显著性水平而言，国内食糖期现货市场要明显弱于国际食糖期货市场，前者仅表现为在 10% 的显著性水平上存在波动积聚性，后者则表现为在 1% 的显著性水平上存在较强的波动积聚性。从 ARCH 项和 GARCH 项系数结果来看，国内食糖现货市场要显著低于其他市场，表明自身历史价格波动对国内食糖现货市场价格的影响是有限的。

二 国内外食糖期现货市场相互之间的动态联动效应研究

本节旨在判别国内外食糖期现货市场相互之间是否存在动态联动性，若证实了存在动态关联，则进一步明确作用方向和作用程度。研究结果表明，中外食糖期现货市场价格在不同的空间层面联系密切，食糖产业的市场一体化、全球化程度正在加深。在表 6 – 2 中，中外食糖期现货市场的 ARCH 项、GARCH 项非对角参数 $B(1,2)$、$A(1,3)$、$A(1,4)$、$B(1,4)$、$A(2,1)$、$A(2,3)$、$B(2,3)$、$A(2,4)$、$A(3,1)$、$B(3,1)$、$B(3,2)$、$A(3,4)$、$B(4,1)$、$B(4,2)$、$A(4,3)$ 估计值均在 10% 的水平上显著异于 0，即国内外食糖期现货市场两两相互之间均存在显著的双向波动溢出效应，国内食糖现货市场价格（LDSP）—国内食糖期货市场价格（LDFP）、国内食糖现货市场价格（LDSP）—国际食糖期货市场价格（LIFP）、国内食糖现货市场价格（LDSP）—国际食糖现货市场价格（LISP）、国际食糖期货市场价格（LIFP）—国内食糖期货市场价格（LDFP）、国内食糖期货市场价格（LDFP）—国际食糖现货市场价格（LISP）、国际食糖期货市场价格（LIFP）—国际食糖现货市场价格（LISP）相互之间均在 1% 的水平上表现出显著的双向波动溢出。从显著性水平来看，对于食糖产业而言，除了国内外现货市场价格之间的波动溢出效应相对较弱，其余各个市场之间均表现出较强的双向互动关联关系，这可能与中外食糖现货市场之间直接展开交易存在滞后期具有一定的关系。

为了进一步验证上述研究结果的科学性，本节继续展开基于 Wald 检验的可靠性证明，研究结果如表 6-3 所示。结果显示对国际食糖期货市场价格、国际食糖现货市场价格、中国食糖期货市场价格以及中国食糖现货市场价格之中任意两组配对市场价格序列而言，均在 10% 的显著性水平上拒绝原假设：$H_0^1: A(i, j) = B(i, j) = 0$、$H_0^2: A(j, i) = B(j, i) = 0$ 以及 $H_0^3: A(i, j) = B(i, j) = A(j, i) = B(j, i) = 0$，再次证实了中外食糖市场期现货市场价格任意两个序列之间的确均存在显著的双向波动溢出效应。这也就意味着，自 2006 年以后的十多年，伴随食糖类产品进出口贸易往来的增进，中外食糖市场相互之间的依存度均有所提升，国内外食糖市场之间的互动联系越发紧密。

表 6-3　　　　　　基于 Wald 检验的可靠性证明结果

变量	Wald 检验结果
LDSP—LDFP	原假设 $H_0^1: A(2, 1) = B(2, 1) = 0$，Wald = 10.9707 *** 原假设 $H_0^2: A(1, 2) = B(1, 2) = 0$，Wald = 11.7251 *** 原假设 $H_0^3: A(1, 2) = B(1, 2) = A(2, 1) = B(2, 1) = 0$，Wald = 14.0515 ***
LDSP—LIFP	原假设 $H_0^1: A(3, 1) = B(3, 1) = 0$，Wald = 8.8548 *** 原假设 $H_0^2: A(1, 3) = B(1, 3) = 0$，Wald = 5.8296 *** 原假设 $H_0^3: A(1, 3) = B(1, 3) = A(3, 1) = B(3, 1) = 0$，Wald = 7.8563 ***
LDSP—LISP	原假设 $H_0^1: A(4, 1) = B(4, 1) = 0$，Wald = 3.6464 ** 原假设 $H_0^2: A(1, 4) = B(1, 4) = 0$，Wald = 5.8744 *** 原假设 $H_0^3: A(1, 4) = B(1, 4) = A(4, 1) = B(4, 1) = 0$，Wald = 6.6079 ***
LIFP—LDFP	原假设 $H_0^1: A(2, 3) = B(2, 3) = 0$，Wald = 9.7484 *** 原假设 $H_0^2: A(3, 2) = B(3, 2) = 0$，Wald = 2.7885 * 原假设 $H_0^3: A(2, 3) = B(2, 3) = A(3, 2) = B(3, 2) = 0$，Wald = 6.1120 ***
LDFP—LISP	原假设 $H_0^1: A(4, 2) = B(4, 2) = 0$，Wald = 8.0992 *** 原假设 $H_0^2: A(2, 4) = B(2, 4) = 0$，Wald = 3.0825 ** 原假设 $H_0^3: A(4, 2) = B(4, 2) = A(2, 4) = B(2, 4) = 0$，Wald = 6.0663 ***
LIFP—LISP	原假设 $H_0^1: A(4, 3) = B(4, 3) = 0$，Wald = 3.1775 ** 原假设 $H_0^2: A(3, 4) = B(3, 4) = 0$，Wald = 9.8076 *** 原假设 $H_0^3: A(4, 3) = B(4, 3) = A(3, 4) = B(3, 4) = 0$，Wald = 6.1681 ***

三 食糖期现货市场发育程度及价格信号传递类型中外对比

（1）中国食糖产业的大国地位正在凸显，食糖期货市场和食糖现货市场的发育程度均不弱于国外。图 6-2 的研究结果表明，在 10% 的显著性水平上，中国食糖期货市场价格和中国食糖现货市场价格均各自在方差层面对其他三个市场价格表现出显著的双向溢出效应。这从侧面揭示出，当前的中国食糖市场已经不再单纯是市场价格波动信号的被动接收方，正在开始同包括美国在内的全球重要的大宗敏感农产品市场之间发生着双向的互动关联关系，充分发挥着双向的价格发现功效。

（2）中外食糖期货市场价格对外溢出效应的类型，即对外传递价格波动信号的方式，存在明显不同。其中，从表 6-2 的非对角参数项估计值来看，在 $A(1,2)$、$A(3,2)$、$A(4,2)$、$B(1,2)$、$B(3,2)$、$B(4,2)$ 中，有且仅有 $B(1,2)$、$B(3,2)$、$B(4,2)$ 三项在 1% 的水平上显著异于 0，表明中国食糖期货市场价格序列对另外三个市场价格序列均表现出较强的 GARCH 型溢出效应，体现出价格波动信号传导的持久性特征；而在非对角参数项 $A(1,3)$、$B(1,3)$、$A(2,3)$、$B(2,3)$、$A(4,3)$、$B(4,3)$ 中，有 $A(1,3)$、$A(2,3)$、$B(2,3)$、$A(4,3)$ 四项在 1% 的水平上显著异于 0，表明国际食糖期货市场价格对另外三个市场价格波动溢出效应以 ARCH 型为主，主要体现出价格波动信号传导的时变性特征。

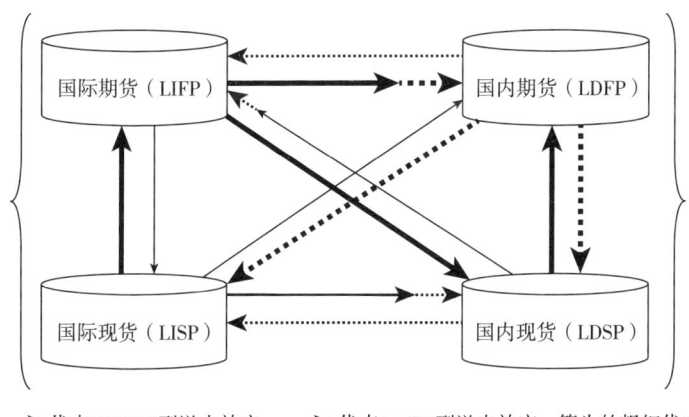

┄┄▶代表GARCH型溢出效应；——▶代表ARCH型溢出效应。箭头的粗细代表效应的强弱程度。

图 6-2　中外食糖期现货市场对外传递价格信号

第五节 研究结论与讨论

本章以多重属性兼具的全球重要的大宗敏感农产品即食糖为例，选取 2006 年 1 月至 2017 年 12 月的月度频率价格指标，构建四元 BEKK – GARCH 模型展开食糖这一中外重要的大宗敏感农产品空间价格空间关联和期货市场、现货市场发育程度的对比分析。首先，基于空间溢出效应视角，从二阶矩层面展开中外食糖期货市场价格和现货市场价格关于自身历史价格以及两两市场相互之间的价格联动效应研究，判别波动溢出效应的存在与否、溢出效应类型、呈现方向以及作用强度；其次，从全球化视角和金融化视角双重维度，进一步深化中外食糖期货市场发育程度的对比研究，并判别两个市场对外传递价格信息的类型。研究结果表明：

第一，对于食糖市场而言，无论是国际市场还是国内市场、期货市场还是现货市场，其市场内部均存在相应的价格运行和自调适机制，即在一定程度上具备价格的长记忆特征。在样本考察区间内，中外食糖期现货相关的各大市场价格序列均在方差层面受到自身历史价格的影响；但是，从波动溢出系数值可以看出，国际食糖期货市场价格为 0.7402、国内食糖期货市场价格为 0.9453、国际食糖现货市场价格为 1.4229、国内食糖现货市场价格为 0.2530，相对而言，在四大市场中，中国食糖现货市场价格受到历史价格波动的影响程度最弱，这在一定程度上从侧面揭示出中国食糖现货市场价格受到外界干扰的因素相对较多。一个可能的原因是，为了有效确保中国食糖产业安全，中央和地方各级政府采取了包括食糖收放储政策在内的一系列对食糖现货市场实施调控干预的手段，而食糖产业其他市场价格更多的是随行就市的结果。上述研究结论能够在一定程度上从侧面揭示出国家宏观调控策略对食糖现货市场价格的作用。未来为有效确保中国食糖产业安全，有必要充分借鉴国际食糖市场和食糖期货市场运营机制，构建与完善国内食糖现货市场化价格形成、价格传导以及调控机制，优化对大宗敏感农产品现货市场的政策干预。

第二，国内外食糖市场存在影响价格变动的共同作用因子。作为进口率相对较高的大宗敏感农产品之一，国际化属性冲击可能对中国食糖产业安全带来的威胁不容小觑。在样本考察区间内，国内外食糖期货市场价格均对中国食糖现货市场价格表现出明显的波动传导特征，这就意味着国际食糖市场价格和国内外食糖期货市场价格均是预测国内食糖现货市场价格走势的重要指标。完善的信息体制有利于包括食糖产业在内的大宗敏感农产品期现货市场功能充分发挥，未来在展开中国食糖产业政策设计和相关利益主体有投机需求时，可以综合参考国际食糖市场和国内外食糖期货市场的价格波动信号，强化对食糖国际市场和期货市场的监测预警机制，随时防控因金融化属性和全球化属性等外部市场冲击因素叠加引致的国内市场风险升级。

第三，中国食糖期货市场体系正在日趋完善，金融化程度已然较高。令人欣喜的是，中国食糖期现货市场的深化融合进程正在加速，价格信号不仅能够在国际的食糖期货市场和食糖现货市场之间进行有效传递，而且能够在中国的食糖期货市场和食糖现货市场之间展开有效传递，食糖产业期货市场的价格发现和风险规避职能正在显现，使食糖现货市场和期货市场完成了较好的衔接。值得注意的是，中外食糖期货市场在二阶矩层面对外传递价格信息的类型不同，前者以 GARCH 型的持久性波动溢出效应为主，后者则表现出 ARCH 型的时变性波动溢出效应。在食糖产业贸易伙伴多元化、中国"大国地位"凸显的同时，未来中国食糖产业相关市场主体要充分利用与发挥期货市场这一现代化金融手段进行产业整合，使食糖期货市场能够切实服务于实体食糖经济，完善期现货权威价格信号产业信息发布平台，不断提高食糖期货价格理论预期的准确度，尽可能地降低因市场价格波动引致的系列风险，以有效确保更多的交易主体能够获得利用期货市场规避风险的资格。

第六节　本章小结

食糖是全球重要的大宗农产品、中国重要的战略物资，同时，也是为数不多的兼具金融化属性和全球化属性的大宗敏感农产品。本章试图将国际食糖期货市场价格、国际食糖现货市场价格、中国食糖期货市场价格以及中国食糖现货市场价格纳入同一个研究框架体系，构建四元

BEKK-GARCH 模型，从空间联动视角在方差层面展开风险溢价实证检验，并从金融化视角深化中外食糖期货市场发育程度的对比研究。以期回答两大类问题：第一类，有效判别在二阶矩的方差层面，中外食糖期现货市场各个价格序列对于自身和两两相互之间是否存在波动溢出效应？若证实了存在波动溢出效应，则进一步判别溢出效应类型和作用强度。第二类，回答中外食糖期现货市场发育程度如何，并深入解析两个市场对外传递价格信号的方式是否存在区别。

  本章节的采样区间为 2006 年 1 月至 2017 年 12 月，为了有效确保研究范围的一致性，研究过程中涉及的全部数据均被转换为月度频率数据。在研究过程中，首先，基于空间关联视角，展开中外食糖期货市场与现货市场价格关于前期价格和两两市场相互之间的互动关联关系研究；其次，基于金融化视角和全球化视角双重维度展开中外食糖市场金融化程度的对比研究。研究结果表明：第一，中外食糖各大市场价格序列均具备一定程度的长记忆特征，在方差层面受到自身历史价格的显著影响，并且通过溢价系数值的对比，揭示出中国食糖现货市场受到外界价格信号干扰因素相对更多。第二，国内外食糖市场存在影响价格变动的共因子，并且国内外食糖期货市场对中国食糖现货市场波动传导作用明显。第三，中国食糖产业期货市场体系正在日趋完善、产品的金融化程度已然较高，并且与国际食糖期货市场对外传递价格信号的类型存在一定的差异。

第七章 能源化属性对中国食糖市场的冲击效应

第一节 引言与文献回顾

食糖产业是中国农业经济领域中的重要一环，中国也是全球食糖市场重要的组成部分。《中国农业展望报告（2015—2024）》显示，2014年中国食糖产量、消费量以及进口量分别为1332万吨、1480万吨、402万吨，是全球第四大食糖生产国、第三大食糖消费国以及第一大食糖进口国。同年，国内食糖生产与消费产需缺口达到148万吨，食糖及其制品进口比重占全球总进口量的8.73%（徐雪、仇焕广，2015）。该报告进一步指出，未来十年国内食糖产需缺口有持续扩大的趋势，加之国际食糖市场价格持续低迷、国内外价差客观存在，中国的食糖产品进口势必存在长久的刚性需求。近年来，在食糖产品进口日益剧增的情况下，中国食糖产业安全问题引发了社会各界的广泛关注。

在开放经济条件下，一国的食糖产业安全问题往往会通过贸易机制在国与国之间进行传递，而市场价格往往是其传递主导（张晶、周海川，2014；冯中朝、朱诗萌，2015）。自加入WTO之后，国内食糖市场价格和国际食糖市场价格涨跌表现出高度一致性；与此同时，食糖产品所具备的能源化属性（作为制糖业主原料的甘蔗，也可以用作生产燃料乙醇的主原料）使能源市场与食糖市场之间存在某种程度的关联效应。图7-1的数据显示，自进入21世纪以来，国内食糖市场、国际食糖市场以及能源市场三者的价格波动几乎同步。在2000年1月至2014年12月，国内食糖市场价格序列、国际食糖市场价格序列以及甘蔗燃料乙醇市场价格序列均表现出波动性上升的态势，其中，郑糖主力合约收盘价格、NYBOT 原糖主力合约收盘价格以及巴西无水乙醇市场价格分别由 2.74 元/千克、0.13 美元/千克、0.25 美元/升上涨至 4.58 元/千克、0.33 美元/千克以及 0.56 美元/升，年均增幅依次为 3.74%、4.78% 以及 3.5%；与此同时，上述三个市场价格序列波峰与波谷的出现时机也基本上吻合。这也就意味着，在经济新常态的背景下，引入国际市场能源价格，从能源化视角出发对国内、国外两个不同空间层面食糖市场价格之间的关联效应与溢出效应展开研究可能会更加清晰与科学。

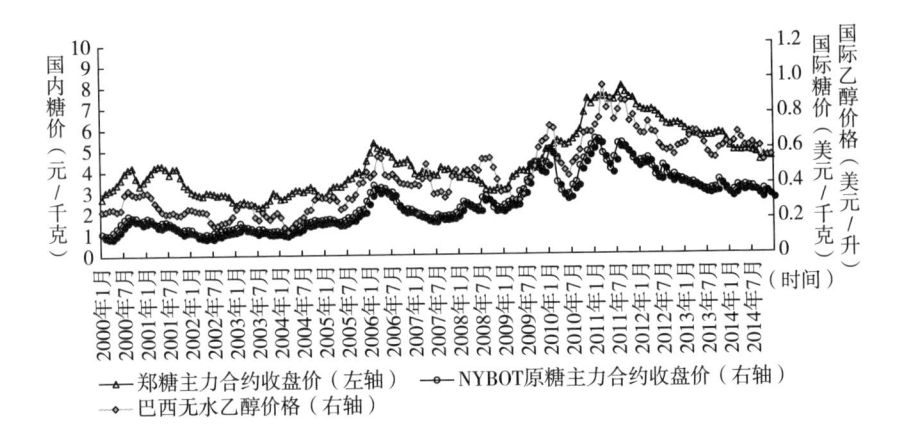

图 7-1　国内外食糖市场价格以及巴西乙醇价格走势（2000—2014 年）

注：郑糖主力合约收盘价、NYBOT 原糖主力合约收盘价数据来源于布瑞克农产品数据库；巴西无水乙醇价格来源于巴西农业部。

国内外学术界已有的从空间视角对农产品价格在不同市场之间溢出效应的研究多以粮食产业和畜禽产业为主，食糖产业作为中国种植业第四大组成成分，对中国农业经济做出了重要贡献，然而学术界对其产业相关市场价格溢出效应的关注度并不高。综观国内外学者已有的研究，有关食糖市场与其他市场之间联动效应的文献主要集中于以下两个方面：一是从不同的空间视角，解析国内外食糖市场联动效应的因果关系。如魏振祥和刘国良（2012）、张贺泉和孙建明（2013）、赵一夫（2014）等先后基于协整检验、Granger 因果关系检验、方差分解以及脉冲响应函数等实证分析方法，得出国际食糖市场价格变动是国内食糖市场价格变动的格兰杰原因而后者对前者市场价格的影响并不显著的结论。二是研究食糖产业相关市场价格序列彼此之间传递的非对称性。如黄春全、司伟（2014）通过阈值向量误差修正模型，证实了国际能源市场价格与食糖市场价格之间长期呈现出非线性的阈值均衡关系；在短期内，市场价格对偏离长期均衡的短期调整则呈现出非对称性，不同市场价格水平的调整方向及速度存在明显的差异。综合来看，国内外学者选取了不同的时间节点、采用了不同分析方法展开研究，基本上都证实了国内外食糖市场价格之间存在长期均衡关系，即肯定了食糖产业不同市场之间价格溢出效应的存在，为本章的研究奠定了良好基础。

然而，对于学术界已有的研究，笔者认为尚存在以下两个值得进一步展开深化研究的空间：第一，国内外学术界已有的为数不多的针对食糖产业不同市场价格之间溢出效应的研究以均值溢出为主，即对食糖产业相关市场价格传导的考察大多依旧停留在均值的层面（即一阶矩层面），缺少对方差层面（即二阶矩层面）的度量，故而未能够从市场价格波动方程的残差项中剥离出更多的信息，使研究结果的可信度大打折扣。自中国加入WTO之后，国内外食糖市场的关联度日益提升，国内外产品价差的客观存在已经成为当前及未来较长一段时间内确保食糖产业安全不得不面对与解决的实际难题。尤其是在经济全球化的背景下，从空间视角考察国内外食糖市场价格彼此之间的溢出效应愈加重要。第二，学术界选取不同测算指标展开国内外食糖市场整合与价格传导的研究颇多，但是与能源市场相结合的研究相对较少。进入21世纪以来，甘蔗作物被大批量的用于制造燃料乙醇，势必使国内外食糖市场价格与能源市场价格紧密相连。在甘蔗产品能源化的背景下，近几年，国内外部分学者（Balcombe & Rapsomanikis，2008；Serra & Zilberman，2011；陈宇峰、薛萧繁等，2012；吴海霞、王静，2013；王云清，2014；黄春全、司伟，2014；何启志，2015；Kristoufek et al.，2016）也开始尝试厘清能源市场与食糖市场之间的价格关联效应，试图识别甘蔗燃料乙醇产业发展对食糖产业的经济影响。然而，学术界已有文献多是从同一空间层面考察食糖市场价格与能源市场价格的关系，并且对传导路径与相互之间的因果关系的评判存在巨大分歧，其研究结论也是值得质疑的。将国内食糖市场价格、国际食糖市场价格以及能源市场价格纳入同一个分析框架，研究彼此之间的溢出效应有助于深入理解并积极应对国内外食糖市场变幻莫测的新形势，有效确保食糖产业安全。

基于此，本章旨在在现有研究的基础上，基于能源化视角，从空间层面探讨国内外食糖市场价格之间的溢出效应。在分析过程中，运用 Granger 因果关系检验和三元 BEKK-GARCH 模型分别测算国内外食糖市场与能源市场之间的价格均值溢出效应和波动溢出效应，以期从均值层面和方差层面两个维度衡量国内外食糖市场与能源市场彼此之间的价格信息传导，科学解析溢出效应的类型、作用程度以及作用方向，并提出稳定国内食糖市场价格、保障食糖产业安全的建议。

第二节 三元 BEKK-GARCH 模型设计

借鉴吴海霞、王静（2012）的研究，可以将国内外食糖市场价格与能源市场价格彼此之间的溢出效应分成均值溢出效应和波动溢出效应两个类别。其中，前者在满足协整检验的前提下，可以通过 VEC（向量误差修正模型）与 Granger 因果关系检验予以评估，由于该类方法相对较为常见，此处不一一赘述；而后者的测算方法相对较为复杂，2011年国外学者 Rapsomanikis 和 Mugera 摸索出了一种相对有效并且便捷的适用于评估大宗农产品价格波动溢出效应的方法，即 BEKK-GARCH 模型，该模型具备两大显著的优势：一是于较弱的条件下即可假定协方差矩阵的正定性；二是该模型的待估参数相对较少，并且可以分成 ARCH 型波动溢出效应与 GARCH 型波动溢出效应两类。易丹辉（2008）进一步指出，利用一阶模型一般就足以对现实中的时间序列展开分析，因此，本章选用 Granger 因果关系检验与三元 BEKK-GARCH 模型分别展开国内食糖市场价格、国际食糖市场价格以及燃料乙醇市场价格之间均值溢出效应与波动溢出效应的实证研究。本节将重点阐释构建三元 BEKK-GARCH 模型研究国内外食糖市场价格与能源市场价格之间波动溢出效应的方法，具体的研究步骤如下。

首先，假定国内食糖市场、国际食糖市场以及燃料乙醇市场中任意两个不同市场的产品价格依次为 p_{1t}、p_{2t}；协整系数为 β；扰动项为 ε_t，满足 GARCH（广义自回归条件异方差）模型，则存在下述（7-1）的矩阵形式。其中，指标 α_1、α_2 为误差修正系数，分别代表着两个市场价格序列受到冲击之后调整至均衡状态的速度；$p_{1t-1} - \beta p_{2t-1}$ 为误差修正项，代表两个市场价格序列之间的误差或偏离长期均衡状态的程度。

$$\begin{pmatrix} \Delta p_{1t} \\ \Delta p_{2t} \end{pmatrix} = \begin{pmatrix} \alpha_1 \\ \alpha_2 \end{pmatrix}(p_{1t-1} - \beta p_{2t-1}) + \sum_{i=1}^{k} \Gamma_i \begin{pmatrix} \Delta p_{1t-i} \\ \Delta p_{2t-i} \end{pmatrix} + \begin{pmatrix} \varepsilon_{1t} \\ \varepsilon_{2t} \end{pmatrix} \quad (7-1)$$

其次，构建式（7-2）的均值方程：

$$P_t = \varphi_0 P_{t-1} + \varepsilon_t, \quad \varepsilon_t \sim N(0, H_t) \quad (7-2)$$

在式（7-2）中，指标 H_t 代表残差项 ε_t 的条件方差—协方差矩阵，可以进一步展开为式（7-3）的形式。

$$H_t = CC' + A(\varepsilon_{t-1}\varepsilon'_{t-1})A' + BH_{t-1}B' \quad (7-3)$$

其中，参数 C 是三维下三角矩阵，A、B 项分别是三维 ARCH 项和 GARCH 项系数矩阵。

将式（7-3）中的各个元素转换为矩阵形式，依次为：$H_t = \begin{bmatrix} h_{11,t} & h_{12,t} & h_{13,t} \\ h_{21,t} & h_{22,t} & h_{23,t} \\ h_{31,t} & h_{32,t} & h_{33,t} \end{bmatrix}$; $C = \begin{bmatrix} c_{11} & 0 & 0 \\ c_{21} & c_{22} & 0 \\ c_{31} & c_{32} & c_{33} \end{bmatrix}$; $A = \begin{bmatrix} a_{11} & a_{12} & a_{13} \\ a_{21} & a_{22} & a_{23} \\ a_{31} & a_{32} & a_{33} \end{bmatrix}$; $B = \begin{bmatrix} b_{11} & b_{12} & b_{13} \\ b_{21} & b_{22} & b_{23} \\ b_{31} & b_{32} & b_{33} \end{bmatrix}$。其中，矩阵 A、B 中的非对角元素 a_{ij} 代表市场价格序列 j 对市场价格序列 i 的 ARCH 型波动溢出效应，元素 b_{ij} 是市场价格序列 j 对市场价格序列 i 的 GARCH 型波动溢出效应。如果 $a_{ij} = b_{ij} = 0$，则意味着市场价格序列 i 的条件方差与市场价格序列 j 前期绝对残差及前期波动无关，即不存在市场价格序列 j 对市场价格序列 i 的波动溢出效应。此外，对角元素表现出的则是食糖产业相关市场价格波动的集聚性，元素 a_{ii}、b_{ii} 分别代表市场价格序列 i 对自身历史价格的 ARCH 型波动溢出效应、GARCH 型波动溢出效应，如果 $a_{ii} = b_{ii} = 0$，则表明市场价格序列 i 的条件方差自身滞后一期的方差与残差项对当期方差无影响。基于此，可以将式（7-2）中条件方差—协方差矩阵 H_t 中的各个元素依次表示为式（7-4）至式（7-9）的形式：

$$h_{11,t} = c_{11}^2 + \sum_{j=1}^{3}\sum_{i=1}^{3} a_{1i}a_{1j}\varepsilon_{j,t-1}\varepsilon_{i,t-1} + \sum_{j=1}^{3}\sum_{i=1}^{3} b_{1i}b_{1j}h_{ij,t-1} \quad (7-4)$$

$$h_{12,t} = c_{11}c_{21} + \sum_{j=1}^{3}\sum_{i=1}^{3} a_{1i}a_{2j}\varepsilon_{j,t-1}\varepsilon_{i,t-1} + \sum_{j=1}^{3}\sum_{i=1}^{3} b_{1i}b_{2j}h_{ij,t-1} \quad (7-5)$$

$$h_{13,t} = c_{11}c_{31} + \sum_{j=1}^{3}\sum_{i=1}^{3} a_{1i}a_{3j}\varepsilon_{j,t-1}\varepsilon_{i,t-1} + \sum_{j=1}^{3}\sum_{i=1}^{3} b_{1i}b_{3j}h_{ij,t-1} \quad (7-6)$$

$$h_{22,t} = \sum_{i=1}^{2} c_{2i}^{2} + \sum_{j=1}^{3}\sum_{i=1}^{3} a_{2i}a_{2j}\varepsilon_{j,t-1}\varepsilon_{i,t-1} + \sum_{j=1}^{3}\sum_{i=1}^{3} b_{2i}b_{2j}h_{ij,t-1} \quad (7-7)$$

$$h_{23,t} = \sum_{i=1}^{3} c_{2i}c_{3i} + \sum_{j=1}^{3}\sum_{i=1}^{3} a_{2i}a_{3j}\varepsilon_{j,t-1}\varepsilon_{i,t-1} + \sum_{j=1}^{3}\sum_{i=1}^{3} b_{2i}b_{3j}h_{ij,t-1} \quad (7-8)$$

$$h_{33,t} = \sum_{i=1}^{3} c_{3i}^{2} + \sum_{j=1}^{3}\sum_{i=1}^{3} a_{3i}a_{3j}\varepsilon_{j,t-1}\varepsilon_{i,t-1} + \sum_{j=1}^{3}\sum_{i=1}^{3} b_{3i}b_{3j}h_{ij,t-1} \quad (7-9)$$

在此基础上，基于极大似然法对模型中各个参数进行估计，假设 θ 为待估参数，T 为样本量，序列数是 N，则待估参数对数似然函数的表达式如式（7-10）所示：

$$l(\theta) = -\frac{1}{2}\left[T N \ln(2\pi) + \sum_{t=1}^{T}(\ln|H_{t-1}| + \varepsilon'_{t-1}H_{t}^{-1}\varepsilon_{t-1})\right] \quad (7-10)$$

综上所述，影响国内食糖市场价格、国际食糖市场价格与燃料乙醇市场价格波动的因素均可以归因于两部分：一是自身市场与其他市场前期价格序列绝对残差 $\varepsilon_{1,t-1}^{2}$、$\varepsilon_{2,t-1}^{2}$、$\varepsilon_{3,t-1}^{2}$ 以及彼此之间的相互影响 $\varepsilon_{i,t-1}\varepsilon_{j,t-1}$（$1\leq i,j\leq 3$ 且 $i\neq j$）；二是自身市场与其他市场前期价格波动 $h_{11,t-1}$、$h_{22,t-1}$、$h_{33,t-1}$ 以及彼此之间的协方差 $h_{ij,t-1}$（$1\leq i,j\leq 3$ 且 $i\neq j$）。因此，在本章后续研究过程中将基于三个维度对国内外食糖市场与燃料乙醇市场任意两个不同市场价格之间的波动溢出效应进行检验。

第三节 理论框架与数据说明

一 理论框架与研究假设

理论上，农产品市场价格除了受到自身历史价格的影响，还受到同一市场相关产品或不同市场同种产品前期价格的影响，一般被称为市场之间的"风险传染"效应（王振宇，2014；黄守坤，2015）。柳松、唐婷斐（2015）明确指出，溢出效应就是一种可以被观测到的不同市场之间的"风险传染"现象，主要涵盖均值溢出效应与波动溢出效应两个方面。其中，前者主要是指农产品两个市场价格序列之间存在一阶矩层面的关联性，后者则主要表现为农产品两个市场价格序列之间存在二阶矩层面的关联性。学术界已有的文献研究基本上都肯定了农产品产业链不同市场价格之间可能会存在不同程度的溢出效应，为本章的研究提供了有益参考。肖小勇、李崇光等（2014）进一步提出，对大宗农产品溢出效应的考察可以依托三个视角，即品种视角、产业链视角以及空间视角。本章在此基础上，拟采用品种视角与空间视角相结合的综合考量方式，试图摸清国内外食糖市场价格与能源市场价格相互之间的动态关联关系，并且深入探讨食糖市场相关价格序列之间的均值溢出效应与波动溢出效应。本章提出以下五个假设。

（一）对国内食糖市场、国际食糖市场以及能源市场之间价格均值溢出效应考察的相关假设

假设①：$H_0: \theta_{j1} = \theta_{j2} = 0$，即食糖产业相关的市场价格序列 i 对市场价格序列 j 不存在均值溢出效应。

假设②：$H_0: \varphi_{i1} = \varphi_{i2} = 0$，即食糖产业相关的市场价格序列 j 对市场价格序列 i 不存在均值溢出效应。

在此过程中，首先利用 Johansen 协整检验验证国内食糖市场价格序列、国际食糖市场价格序列以及能源市场价格序列之间是否存在长期的整合关系，其次利用 VEC 模型和 Granger 因果关系检验完成食糖市场相关价格序列彼此之间是否存在显著均值溢出效应的检验。

（二）对国内食糖市场、国外食糖市场以及能源市场之间价格波动溢出效应考察的相关假设

假设③：$H_0: a_{ij} = b_{ij} = 0$，即食糖产业相关的市场价格序列 j 对市场价格序列 i 不存在价格波动溢出效应。

若 $a_{ij} = b_{ij} = 0$，则意味着食糖产业相关市场价格序列 j 的条件方差受到自身前期市场价格序列绝对残差与前期市场价格波动的影响，即食糖产业相关市场价格序列 j 对市场价格序列 i 不存在波动溢出效应；反之，若 a_{ij}、b_{ij} 中任意一个异于 0，则证明食糖产业相关市场价格序列 j 对市场价格序列 i 存在波动溢出效应。

假设④：$H_0: a_{ji} = b_{ji} = 0$，即食糖产业相关的市场价格序列 i 对市场价格序列 j 不存在波动溢出效应。

与上述检验类似，$a_{ji} = b_{ji} = 0$ 说明食糖产业相关的市场价格序列 i 的条件方差受到自身前期市场价格绝对残差与前期市场价格波动的影响，即食糖产业相关市场价格序列 i 对市场价格序列 j 不存在波动溢出效应；反之，如果元素 a_{ji}、b_{ji} 中任意一个异于 0，则证明食糖产业相关市场价格

序列 i 对市场价格序列 j 存在波动溢出效应。

假设⑤：H_0：$a_{ij} = b_{ij} = 0$ 且 $a_{ji} = b_{ji} = 0$，即食糖产业相关市场价格序列 i 和市场价格序列 j 之间不存在波动溢出效应。

若 ARCH 类、GARCH 类系数矩阵 A 和 B 中的非对角元素 a_{ij}、b_{ij}、a_{ji}、b_{ji} 同时为 0，则证实了食糖产业相关市场价格序列 i 和市场价格序列 j 之间不存在波动溢出效应；反之，如果非对角元素 a_{ij}、b_{ij}、a_{ji}、b_{ji} 中任意一项异于 0，则意味着食糖产业相关市场价格序列 i 和市场价格序列 j 彼此之间存在波动溢出效应。在此基础上，采用 Wald 检验对国内食糖市场价格、国际食糖市场价格和能源市场价格之间是否存在波动溢出效应及其单双向关系进行再次论证。

二 变量选取与数据处理

本章基于能源化视角，对食糖产业国际市场与国内市场两个不同价格序列联动关系以及溢出效应展开研究。选取国内食糖市场价格、国际食糖市场价格以及燃料乙醇市场价格作为研究的主要变量，采样区间为 2000—2014 年的月度频率数据。国内外食糖市场价格数据来源于布瑞克农产品数据库，其中国内食糖市场价格序列（DSP）采用的是郑糖主力合约收盘价，单位为元/千克；国际食糖市场价格序列（ISP）选用 NYBOT 原糖主力合约收盘价替代，单位为美分/磅。由于巴西为全球最早以甘蔗作物为原料启动燃料乙醇工业化生产的国家，也是 2014 年以来全球第一大燃料乙醇生产国与出口国（Dutta，2018），故在本章的研究过程中燃料乙醇市场价格序列（IEP）选用巴西无水乙醇市场价格替代，单位为雷亚尔/千升，相关数据来源于 Wind 金融资讯终端数据库。

为了更好地反映国内外食糖市场与能源市场之间的价格联动关系以及溢出效应，在展开实证研究之前，需要将原始数据序列进行如下处理：首先，为了便于样本数据之间的横向比较，并有效确保国内外数据计量单位的统一，将燃料乙醇市场价格序列利用雷亚尔兑美元汇率转换成与国际食糖市场价格序列相同的单位，然后将转换后的国际燃料乙醇市场价格序列与国际食糖市场价格序列继续采用美元兑人民币汇率作进一步转换，同时按照每磅相当于千克的标准，将国际燃料乙醇市场价格与国际食糖市场价格的计量单位分别由雷亚尔/千升、美分/磅转换为元/升、元/千克。其次，为了有效剔除通货膨胀因素的影响，对食糖产业相关的各个市场价格数据利用CPI指数进行折实。随后，为了便于各个变量之间的比较，以2000年1月为基期，将涉及的市场价格数据绝对量统一转换为市场价格指数数据。最后，为了消除样本数据的异方差性，将研究过程中涉及的三个类别变量数据均进行对数化处理，并将国内食糖市场价格、国际食糖市场价格以及能源市场价格新序列分别标记为 *LDSP*、*LISP*、*LIEP*。在数据处理过程中，涉及的汇率数据来源于Wind金融资讯终端数据库，CPI指数数据则来源于国家统计局网站。

从表7-1国内外食糖产业相关价格指数数据的描述性统计结果来看，三个主研究变量的均值均大于100%，这也就意味着在2000年1月至2014年12月的样本研究期间内，国内外食糖市场价格序列与燃料乙醇市场价格序列均呈现出上升的态势。从三个变量的标准差来看，国际食糖市场价格序列的标准差最大，表明15年间国际食糖市场价格的波动幅度要远远超过国内食糖市场价格与能源市场价格的波动幅度，一个可能的解释是中国政府对国内食糖市场的宏观政策干预举措对稳定国内食糖市场价格发挥了明显效果，与此同时，国际能源市场价格也受到了相应的政策约束，这与仰炬、王新奎等学者2008年的研究结论基本吻合。表7-1的JB统计量和偏度系数显示，样本研究区间内的三个变量均呈现出非正态分布特征，并且均表现为右偏分布态势；各个变量的峰度系数值相差不大，说明各个变量在样本研究区间内呈现较为平坦的分布态势。

表7-1　　　　国内外食糖产业相关价格指数数据描述性统计
（2000—2014年）

序列	样本量	均值(%)	中位数(%)	最大值(%)	最小值(%)	标准差	偏度	峰度	JB统计量
ISP	180	172.8766	158.2307	322.9792	89.9804	0.5621	0.8772	2.9452	23.1053（0.0000）
IEP	180	127.8812	127.6964	232.6294	50.5836	0.3333	0.3548	3.0290	3.7828（0.0009）
DSP	180	136.2035	128.8567	222.909	84.4063	0.3347	0.6792	2.7612	14.2660（0.0008）

注：以2000年1月为基期，括号中的数据为P值。

第四节　实证分析过程

一　价格均值溢出效应检验

在进行 Johansen 协整检验之前，首先采用 ADF 检验对经对数化处理后的 LDSP、LISP 和 LIEP 开展单位根检验，经过对数化处理后的三大价格序列均显示了非平稳性，而经过一阶差分后的价格新序列 ILDSP、ILISP 和 ILIEP 表现平稳，满足 Johansen 协整检验的基本前提。在此基础之上，对三个市场价格序列进行 VAR 模型估计，在结果窗口内依据 LR、FPE、AIC、SC 以及 HQ 五大统计检验值，确定模型的最优滞后阶数为 2。如表 7-2 所示，迹统计量和最大特征根统计量的结果均显示，食糖产业相关市场价格序列在 5% 的显著性水平上拒绝了协整向量个数为 0、最多 1 个以及最多 2 个的原假设，接受了协整向量个数为 3 的备择假设，即国内外食糖市场价格序列与燃料乙醇市场价格序列彼此之间具备一定的协整关系。从长期来看，食糖产业相关的三种市场价格序列呈现同步变动的态势，当某一个市场价格序列发生变动时，另外两个市场的长期均衡价格也必然会受到影响。

表 7-2　食糖产业相关价格序列的 Johansen 协整检验结果

原假设：协整向量的个数	特征值	迹检验 迹统计量	迹检验 显著性水平	最大特征根检验 最大特征根统计量	最大特征根检验 显著性水平
0	0.132379	46.53389	0.0003	25.13398	0.0129
最多 1 个	0.091222	21.39991	0.0057	16.93076	0.0185
最多 2 个	0.024933	4.469148	0.0345	4.469148	0.0345

其次，构建 VEC 模型并基于 Granger 因果检验考察国内外食糖市场价格与燃料乙醇市场价格之间的均值溢出效应及单双向关系。将 VEC 模型参数估计结果写成式（7-11）的矩阵形式：

$$LY_t = \begin{bmatrix} 0.3457 & 0.1039 & -0.0323 \\ 0.0179 & 0.3675 & -0.0561 \\ -0.1678 & 0.2649 & 0.2060 \end{bmatrix} LY_{t-1} + \begin{bmatrix} -0.1275 & 0.0448 & -0.0021 \\ 0.2220 & -0.1022 & 0.0330 \\ -0.0170 & 0.0009 & -0.0774 \end{bmatrix} LY_{t-2} +$$

$$\begin{bmatrix} -0.0001 \\ 0.0006 \\ -0.0001 \end{bmatrix} \tag{7-11}$$

基于 Granger 因果检验的结果（见表 7-3）验证了国内食糖市场价格、国外食糖市场价格以及能源市场价格之间存在紧密联系的动态关联，具体而言：国内食糖市场价格对国际燃料乙醇市场价格在 1% 的显著性水平上存在显著的均值溢出效应；国际食糖市场价格对国内食糖市场价格在 5% 的显著性水平上存在显著的均值溢出效应；国际食糖市场价格对国际燃料乙醇价格在 1% 的显著性水平上存在显著的均值溢出效应。综合来看，国内食糖市场价格、国际食糖市场价格以及国际燃料乙醇市场价格任意两个市场价格序列之间均存在显著的单向均值溢出效应，但相互之间的均值溢出效应程度存在差异。此外，从表 7-3 的模型检验结果不难看出，国内食糖市场价格、国际食糖市场价格各自与能源市场价格之间的关联效应要强于国内食糖市场和国外食糖市场之间的价格关联效应。

表 7-3　　食糖产业相关价格均值溢出效应检验结果

变量	原假设	F 统计量
LIEP – LDSP	假设①：$H_0: \theta_{j1} = \theta_{j2} = 0$，前者对后者不存在均值溢出效应	0.94790
	假设②：$H_0: \varphi_{i1} = \varphi_{i2} = 0$，后者对前者不存在均值溢出效应	6.05988 ***
LISP – LDSP	假设①：$H_0: \theta_{j1} = \theta_{j2} = 0$，前者对后者不存在均值溢出效应	4.71258 **
	假设②：$H_0: \varphi_{i1} = \varphi_{i2} = 0$，后者对前者不存在均值溢出效应	1.10277
LISP – LIEP	假设①：$H_0: \theta_{j1} = \theta_{j2} = 0$，前者对后者不存在均值溢出效应	19.6457 ***
	假设②：$H_0: \varphi_{i1} = \varphi_{i2} = 0$，后者对前者不存在均值溢出效应	0.57796

二　价格波动溢出效应检验

为了科学测算国内外食糖市场与燃料乙醇市场彼此之间价格的波动溢出效应，本节借鉴李秋萍、李长健（2014）的研究，利用 Winrats 软件，基于 Berndt – Hall – Haus 算法，对本章涉及的食糖产业三个市场价格序列——*LDSP*、*LISP*、*LIEP* 受到自身以及其他相关产品影响的三元 BEKK – GARCH 模型参数进行估计。分析过程如下。

首先，在未施加任何限制的条件下，基于极大似然法考察食糖产业相关市场价格是否受到自身历史价格的影响以及不同市场之间是否存在波动溢出效应，模型估计结果如表 7 – 4 所示。从结果来看，食糖产业相关市场价格受到自身历史价格波动的影响较大，在条件均值方程中的各对角元素均在 1% 的显著性水平上异于 0。这也就意味着国内外食糖市场价格与燃料乙醇市场价格波动均受到较强的自身历史价格波动的影响，国内外食糖市场价格以及能源市场价格均表现出较强的波动集聚性和前后相关性。

ARCH 项系数矩阵 A 中元素 $A(1,1)$、$A(2,2)$、$A(3,3)$ 和 GARCH 项系数矩阵 B 中元素 $B(1,1)$、$B(2,2)$、$B(3,3)$ 的估计值同时在 1% 的水平上显著，意味着国内外食糖市场价格以及能源市场价格波动同时具有较强的 ARCH 型溢出效应和 GARCH 型溢出效应，表现出价格波动的时变性与持久性共存的特征。

表 7 – 4　食糖产业相关价格波动溢出效应的三元 BEKK – GARCH 模型估计结果

变量	参数	变量	参数	变量	参数
$C(1,1)$	0.0162 *** (3.3478)	$A(1,1)$	0.8628 *** (10.1577)	$B(1,1)$	-0.5851 *** (-5.9046)
$C(2,1)$	-0.0063 (-0.6140)	$A(1,2)$	0.1912 ** (2.4533)	$B(1,2)$	-0.0914 (-0.6655)
$C(2,2)$	0.0211 * (1.9223)	$A(1,3)$	-0.0123 (-0.3056)	$B(1,3)$	-0.1074 (-1.6021)
$C(3,1)$	0.0169 *** (4.0870)	$A(2,1)$	-0.0908 (-1.5363)	$B(2,1)$	0.5369 *** (6.6362)
$C(3,2)$	-0.0055 (-0.8974)	$A(2,2)$	0.5804 *** (7.7192)	$B(2,2)$	0.4894 *** (4.7413)
$C(3,3)$	0.0000 (0.0000)	$A(2,3)$	-0.0901 *** (-2.6585)	$B(2,3)$	0.1340 ** (2.0198)
—	—	$A(3,1)$	-0.3274 *** (-2.7461)	$B(3,1)$	0.3563 ** (2.3523)
—	—	$A(3,2)$	-0.4741 *** (-3.2074)	$B(3,2)$	0.8516 *** (4.2861)
—	—	$A(3,3)$	0.7309 *** (9.2900)	$B(3,3)$	0.4713 *** (4.3254)
LISP – LIEP	原假设③：$H_0: a_{21} = b_{21} = 0$			Wald = 48.723316 ***	
	原假设④：$H_0: a_{12} = b_{12} = 0$			Wald = 6.037248 **	
	原假设⑤：$H_0: a_{21} = b_{21} = a_{12} = b_{12} = 0$			Wald = 51.879055 ***	

续表

变量	参数	变量	参数	变量	参数
LISP－LDSP	原假设③：H_0：$a_{31}=b_{31}=0$				Wald = 13.997735***
	原假设④：H_0：$a_{13}=b_{13}=0$				Wald = 3.563423
	原假设⑤：H_0：$a_{31}=b_{31}=a_{13}=b_{13}=0$				Wald = 14.866182***
LIEP－LDSP	原假设③：H_0：$a_{32}=b_{32}=0$				Wald = 21.005897***
	原假设④：H_0：$a_{23}=b_{23}=0$				Wald = 8.609412**
	原假设⑤：H_0：$a_{32}=b_{32}=a_{23}=b_{23}=0$				Wald = 35.017895***

注：括号中是 t 统计量的值。

其次，考察国内外食糖市场与燃料乙醇市场彼此之间价格波动溢出效应的单双向关系，并基于 Wald 检验值进行再论证。具体如下。

(1) 考察燃料乙醇市场价格与国际食糖市场价格之间的波动溢出效应。在相应的 ARCH、GARCH 项系数矩阵 A、B 的非对角元素 $A(1,2)$、$B(1,2)$、$A(2,1)$、$B(2,1)$ 中，仅元素 $A(1,2)$ 和 $B(2,1)$ 在 5% 和 1% 的水平上显著异于 0。这也就意味着，虽然燃料乙醇市场与国际食糖市场之间存在相互的价格波动溢出效应，然而两者的溢出效应类型明显不同：前者对后者仅存在 ARCH 型波动溢出效应，表现出方差的时变性，即大的市场价格波动之后往往跟随大的波动、小的市场价格波动之后往往跟随小的波动，后者对前者则仅存在 GARCH 型波动溢出效应，表现出波动的持久性和受到外界因素影响的显著性。表 7-4 下方第一部分中 Wald 检验值分别在 1%、5%、1% 的显著性水平上拒绝 $a_{21}=b_{21}=0$、$a_{12}=b_{12}=0$ 及 $a_{21}=b_{21}=a_{12}=b_{12}=0$ 的原假设，也进一步证实了能源市场价格与国际食糖市场价格之间显著双向波动溢出效应的存在。

(2) 考察国内外食糖市场价格之间是否存在波动溢出效应，并明确溢出效应的类型以及作用方向。在 ARCH、GARCH 项系数矩阵 A、B 中相关的四个非对角元素 $A(1,3)$、$B(1,3)$、$A(3,1)$ 以及 $B(3,1)$ 中，仅 $A(3,1)$ 和 $B(3,1)$ 两项分别在 1% 和 5% 的水平上显著异于 0，表明国际食糖市场价格上一期的冲击对国内食糖市场价格当期波动的影响显著，而国内食糖市场价格上一期的冲击对国际食糖市场价格当期波动的影响并不显著。与此同时，国际食糖市场价格对国内食糖市场价格的波动溢出效应涵盖 ARCH 型溢出效应和 GARCH 型溢出效应两类，表现出方差的时变性与波动的持久性共存的特征。表7-4下方第二部分中 Wald 检验在 1% 的显著性水平上拒绝 $a_{31}=b_{31}=0$ 和 $a_{31}=b_{31}=a_{13}=b_{13}=0$ 的原假设，接受 $a_{13}=b_{13}=0$ 的原假设，即可以认为，国内外食糖市场价格之间存在后者对前者的单向波动溢出效应，在国内外食糖市场之间的价格信息传递方面，国际食糖市场当属价格信息源，而中国食糖市场则为价格信息接收方。

（3）考察燃料乙醇市场价格与国内食糖市场价格之间的波动溢出效应。表 7-4 方差方程中 ARCH 项系数矩阵 A 和 GARCH 项系数矩阵 B 中非对角元素的检验结果显示，$A(2,3)$、$A(3,2)$ 和 $B(2,3)$、$B(3,2)$ 均在 5% 的显著性水平上异于 0，表明国际燃料乙醇市场与国内食糖市场之间存在相互的价格波动溢出效应，并且 ARCH 型波动溢出效应和 GARCH 型波动溢出效应兼具，即方差的时变性与波动的持久性共存。表 7-4 下方第三部分中 Wald 检验分别在 1%、5% 以及 1% 的显著性水平上拒绝 $a_{32}=b_{32}=0$、$a_{23}=b_{23}=0$ 及 $a_{32}=b_{32}=a_{23}=b_{23}=0$ 的原假设，进一步证实了国际燃料乙醇市场价格与国内食糖市场价格之间存在显著的双向波动溢出效应。

第五节　研究结论与讨论

一　研究结论

本章选取 2000 年 1 月至 2014 年 12 月的月度频率价格数据，基于食糖产业能源化视角，运用 VEC 模型、Granger 因果关系检验以及三元 BEKK-GARCH 模型考察国内市场、国际市场两个不同空间层面的食糖价格联动与彼此之间的溢出效应，解析了溢出效应的类型、作用程度以及作用方向，得出如下结论。

（1）国内外食糖市场价格与市场价格任意两个不同市场之间均存在显著的单向均值溢出效应。基于 Granger 因果检验的结果证实了三个市场价格序列之间存在紧密联系的动态关系，分别为国内食糖市场价格对能源市场价格、国际食糖市场价格对国内食糖市场价格、国际食糖市场价格对能源市场价格的单向均值溢出效应。进一步的分析结果显示，国内食糖市场、国际食糖市场各自与能源市场之间的价格关联效应要强于国内外食糖市场之间的价格关联效应。这也就暗示着受到糖料能源化属性的冲击，国际燃料乙醇市场价格已然成为国内外食糖市场价格变动的重要指示器。

（2）国内外食糖市场与能源市场均受到自身历史价格波动较大的影响，并且三个市场彼此之间也都表现出显著的波动溢出效应，而波动溢出效应的单双向关系以及效应类型不尽相同。具体来看：第一，国内食糖市场价格、国际食糖市场价格以及能源市场价格均受到较强的自身历史价格波动的影响，三大市场价格序列均呈现较强的波动集聚性特征，ARCH 项和 GARCH 项系数矩阵 A 中的对角元素均在 1% 的水平上显著异于 0，表明 ARCH 型和 GARCH 型波动溢出效应兼具。第二，能源市场与国际食糖市场之间存在显著的双向价格波动溢出效应。彼此之间的溢出效应类型不同，前者对后者的波动溢出效应为 ARCH 型，而后者对前者的波动溢出效应则为 GARCH 型。第三，从空间层面来看，食糖产业国际市场对国内市场存在显著的单向波动溢出效应，并且涵盖 ARCH 型和 GARCH 型两种类型。第四，能源市场与国内食糖市场彼此之间存在显著的双向价格波动溢出效应，并且波动溢出效应类型包括 ARCH 型和 GARCH 型两种。

二　讨论

那么，为何国内外食糖市场价格之间不存在前者对后者的波动溢出效应？第一个可能的解释是，国内食糖类产品的进口导向促成了食糖市场价格波动溢出效应的顺向传导。《中国农产品贸易发展报告（2015）》指出，当前以及未来较长一段时间内国内食糖产业仍将以产品进口导向为主，2014 年中国食糖产品的自给率仅为 82.7%，食糖产品的进口量高达 348.6 万吨，产品的出口量仅为 4.6 万吨。这也就意味着世界食糖市场价格将通过国际贸易中的产品进口渠道顺向溢出至国内食糖市场；反之，产品出口渠道的逆向波动溢出传导则很难形成。第二个可能的解释是，在中国食糖产业作为种植业领域中排名前四位的主要产出品，中央及地方各级政府对食糖市场价格的波动存在较多的行政干涉与调控措施。例如，政府针对食糖产业的收放储政策等制约了食糖产业在空间层面二阶矩的价格传导关系。

此外，自中国加入 WTO 之后，食糖产业的对外开放程度逐步提升，国内生产供不应求，对国际市场的依赖程度增大；糖料作物的能源化属性与金融化属性加剧了国内食糖市场价格的波动。

国内外食糖市场价格与燃料乙醇市场价格的波动特征以及彼此之间的溢出效应也为未来确保国内食糖产业市场价格稳定与政策制定指明了方向：第一，从全球化、能源化双重视角出发，科学构建国内食糖产业市场价格预测预警体系。国内外食糖市场与能源市场彼此之间存在显著的价格关联效应，故而从空间层面出发，考察国际食糖市场价格走势，是研判国内食糖市场价格变动的重要因素；从甘蔗能源化视角出发，考察国际燃料乙醇市场动向，也是研判国内外食糖市场价格走势的重要因素。因此，在经济新常态的背景下，要实现国内食糖市场价格的相对平稳，必须将中国国情、国际食糖市场以及能源市场纳入同一个系统，从全球化属性和能源化属性双重视角出发强化外部冲击的理念，紧密跟踪、预测并有效防范国际食糖市场与燃料乙醇市场价格的急剧变动，从封闭视角破解国内食糖市场价格问题是存在一定缺陷的。第二，要坚持市场导向的原则，进一步地规范国内食糖市场价格调控政策体系。对国内食糖市场、国际食糖市场以及燃料乙醇市场而言，市场体制经过一段时间的自我调节可以达到均衡，并且波动溢出效应的存在将使国家针对某一市场的干预政策有可能通过市场传导机制影响其他市场的稳定，并且这一影响可能会通过市场之间的乘数效应被扩大，进一步提高了政策负面效应的风险。2013年11月中共中央《关于全面深化改革若干重大问题的决定》中，也明文指出"完善主要由市场决定价格的机制，凡是能由市场形成价格的都交给市场，政府不进行不当干预"。因此，对中国食糖产业而言，中央及地方各级政府有必要坚持市场对价格形成起决定性作用，避免不当干预举措导致空间层面价格传导与溢出机制发生扭曲。

第六节　本章小结

21世纪以来，甘蔗作物被大批量用于制造燃料乙醇，势必使国内外食糖市场价格与能源市场价格紧密相连。在甘蔗产品能源化背景下，将国内食糖市场价格、国际食糖市场价格以及能源市场价格纳入同一个分析框架，研究彼此之间的溢出效应有助于深入理解并积极应对国内外食糖市场变幻莫测的新形势，有效确保食糖产业安全。基于此，本章在学术界现有研究的基础上，基于2000—2014年月度频率数据资料，综合运用 VEC 模型、Granger 因果关系检验以及三元 BEKK – GARCH 模型，从能源化视角探讨国内外两个不同空间层面上的食糖市场彼此之间的价格信号传导，科学解析溢出效应的类型、作用程度以及作用方向，并提出稳定国内食糖市场价格、保障食糖产业安全的建议。

实证研究结果表明：第一，就一阶矩层面的均值溢出效应而言，国内外食糖市场以及能源市场两两之间存在显著的单向均值溢出效应，并且国内外食糖市场各自与能源市场之间的均值溢出效应要强于国内外食糖市场之间的均值溢出效应。这在一定程度上暗示受到甘蔗产品能源化属性的冲击，国际燃料乙醇市场价格已然成为国内外食糖市场价格变动的重要指示器。第二，就二阶矩方差层面的波动溢出效应而言，国内外食糖市场价格与能源市场价格受到自身历史价格波动的影响均较大，两两市场之间也都呈现显著的波动溢出效应，而单双向关系与效应类型不尽相同。在单双向关系方面，能源市场价格与国际食糖市场价格或国内食糖市场价格之间存在双向波动溢出效应，国际食糖市场价格对国内食糖市场价格为单向波动溢出；在效应类型方面，除能源市场价格对国际食糖市场价格仅表现出 ARCH 型溢出效应、后者对前者仅为 GARCH 型溢出效应外，其余各个市场价格序列对自身及彼此之间的波动溢出效应均表现出 ARCH 型溢出效应与 GARCH 型溢出效应兼具的特性。

针对国内外食糖市场价格序列之间不存在前者对后者波动溢出效应，存在两种可能的解释：第一种可能的解释是，国内食糖类产品的进口导向促成了食糖市场价格波动溢出的顺向传导；第二种可能的解释是，中央及地方各级政府针对食糖市场价格的波动问题实施了较多的行政干涉与调控举措。国内外食糖市场价格与燃料乙醇市场价格的波动特征以及彼此之间的溢出效应为未来确保国内食糖产业市场价格稳定与政策制定指明了方向：第一，有必要从全球化属性和能源化属性双重视角出发，科学构建国内食糖产业的市场价格预测预警体系；第二，有必要坚持市场导向的原则，进一步规范国内食糖市场价格调控政策体系。

第八章　新时期多重属性对中国食糖市场的混合冲击效应

第一节　引言与文献回顾

大宗敏感农产品市场行情始终是社会各界关注的热点话题（刘华军等，2017），大宗敏感农产品市场价格的震荡不仅会直接影响经济体的生产成本，也会冲击实体经济并给其他相关市场带来较为深远的影响（蔡伟毅等，2018）。如何掌握农产品市场价格命脉、确保农业产业安全是关乎一国农业经济稳定发展、农产品供给稳定的重大性全局性问题。作为全球重要的并且关系国计民生的大宗敏感农产品之一，食糖也是为数不多的兼具食用性、战略性、金融化、全球化以及能源化等多重属性的重要战略物资。在中国，食糖与粮食、棉花、油料一并成为四大主要农作物。因其在世界与中国市场均占据着重要地位，如何有效确保食糖及其制品市场价格稳定正备受全球关注。自 2009 年以来的国内食糖市场行情大幅震荡，引发了社会各界的广泛关注；罗四维（2013）指出，中国食糖产业震荡的源头在于市场价格的起伏；《中国农业展望报告（2018—2027）》进一步预测，未来 10 年中国食糖产量将稳中略升、消费总体趋增、产品进口持续增长，食糖市场价格仍然存在上涨动力。那么，近年来引发国内食糖市场价格剧烈变动背后的深层次原因是什么呢？从原材料供给、消费主体需求、市场价格预期、成本推动以及宏观政策因素等传统驱动因素到全球经济一体化、原材料能源化以及产品金融化等新型市场势力，究竟是哪些因素在操纵着新时期中国食糖市场价格的波动？食糖市场价格波动与传导方式独特，并且对人民生活、经济发展以及农业稳定等诸多方面影响显著，尤其是伴随国内食糖产业进口份额的逐年加大,如何稳定食糖市场价格、确保产品自给率成为摆在新时代的难题,深挖影响其市场价格形成、价格波动、价格传递的深层次原因有利于新时期更好地应对国内外形势,确保中国食糖产业安全。

从国内外学术界已有的文献研究来看,学者关于食糖这一重要的大宗敏感农产品市场价格形成、价格波动以及价格传导机制的研究,绝大多数是围绕着传统市场驱动因素展开的,此类研究可以进一步区分为三重视角:第一,包括食糖类产品产量、播种面积、产品库存量、内需拉动等因素在内的传统产品供需关系视角。例如,Todd(2010)提出当年全球食糖市场价格高企的一个最主要原因在于市场供需不均衡,产品库存量较低、产品供应吃紧;Cafiero 和 Bobenrieth 等(2015)应用标准商品存储模型最大似然估计考察了1921—2009年食糖产品库存量同食糖市场价格之间的关系,证实了产品消费量发生微小变动就会引发食糖市场价格产生较大的变动。第二,品种替代视角。如毛学峰、杨军(2015)指出,在淀粉糖市场上食糖和玉米之间存在产品替代关系,并基于门限模型证实当食糖和玉米市场的比价高于2.88时,两个市场之间的关联将更加紧密。第三,宏观政策视角。如仰炬等(2008)认为,对全球食糖市场而言,政府管制的直接后果就是扭曲正常的市场行情,使国际食糖市场价格长期低于成本价;罗兴武等(2014)选取1995—2011年的数据资料,基于一般均衡模型证实食糖产品进口非关税措施具备明显的价格保护作用,并形成了类似关税的阻碍效应;张瑞娟(2016)基于VAR模型,证实国家收储政策在食糖市场价格形成与波动方面也具备显著的影响。综合来看,国内外学术界关于传统驱动力量对食糖市场价格形成、价格波动以及价格传导的研究相对较为成熟。然而,自进入21世纪以来,伴随生物质能源产业的蓬勃发展、全球化进程的加速推进以及农产品金融化属性的凸显,国内外食糖市场形势更加变幻莫测(Wang,2012;Anonymous,2016)。近年来,部分学者开始逐渐重视新型冲击势力对食糖市场价格的影响。从国内外已有的文献研究来看,学者在分析新型冲击势力对食糖市场价格影响的研究过程中,往往将新型冲击势力细分为能源化冲击势力、全球化冲击势力和金融化冲击势力三个维度,并分别与食糖市场价格展开关联性研究(Nastari,2009;He and Xe,2012;Jiang et al.,2017)。如高群、柯杨敏(2016)基于VEC - BEKK - GARCH模型首次将能源化冲击势力、全球化冲击势力两者合并展开对中国食糖市场价格的冲击研究，做了很好的探索性尝试，为本章提供了新思路。试想，若将传统的驱动因素与21世纪以来的能源化冲击势力、全球化冲击势力和金融化冲击势力纳入同一个分析框架，综合展开多重势力对国内食糖市场价格的影响，判别不同冲击势力的效应强度，是否会更加有助于科学并且全面地理解近些年来国内食糖产业市场价格形成与波动的发生机理呢？

为了有效确保新时期中国食糖产业安全，及时把握与应对大宗敏感农产品市场价格变动可能出现的新形势，科学剖析国内食糖市场价格震荡的真实驱动机制，本章选取国内食糖期货市场价格、国内食糖现货市场价格、上证综合指数、国内玉米集贸市场价格、巴西无水乙醇市场价格、联合国粮农组织食糖市场月度价格指数等指标，基于2007年1月至2017年12月各相关指标月度频率数据，采用Johansen协整检验和自回归分布滞后ARDL模型展开实证分析，重点判别：最近十年，包括全球化冲击势力、能源化冲击势力和金融化冲击势力等因素在内的新型外部市场势力是否已经全面融入了中国食糖市场价格的传导过程？若证实了此类融入机制的存在，那么多重新型冲击势力的叠加效应是否改变了传统驱动因素的作用强度？此外，不同冲击势力各自对国内食糖市场价格的作用方向与作用强度又如何？

第二节 理论框架与ARDL模型介绍

一 理论框架

学术界传统观点认为，大宗敏感农产品市场发生价格波动主要是产品自身供给状况、成本推动效应、消费市场需求拉动、市场价格预期、替代品属性以及宏观政策效应等多重因素共同作用的结果。故而，在传统的研究范式中，学者在产品供需理论的基础上围绕传统供求关系展开了大宗敏感农产品市场价格形成、价格波动以及价格传导机制的一系列研究；食糖作为全球重要的大宗敏感农产品之一，对于食糖产业的研究也遵循学术界大宗敏感农产品研究的一般逻辑。

21世纪以来，国内食糖市场价格传导机制正发生深刻的变革，在原材料供给、消费主体需求、市场价格预期、宏观政策因素等传统市场供需关系基础之外，中国食糖市场融入了全球经济一体化、甘蔗产品能源化以及食糖产品金融化等一系列新型冲击力量。与此同时，新型冲击力量对食糖市场的影响也引发了国内外学术界的广泛关注，并针对不同的冲击力量分别进行了部分探索性研究：（1）关于能源化属性冲击的研究。Serra（2011）指出，自20世纪70年代起，包括巴西、美国在内的全球糖料作物生产大国陆续推行甘蔗燃料乙醇计划，加强了能源市场与食糖市场之间的经济关联。黄春全、司伟（2014）选取了2000—2012年月度频率价格指标基于VECM模型证实了国际原油现货市场价格、国际燃料乙醇市场价格和国际食糖市场价格三者之间存在长期动态均衡关系。（2）关于全球化属性冲击的研究。学术界普遍认为，自2001年中国正式加入WTO以来，国内外食糖市场之间的联系日趋紧密（杨莲娜，2013）；罗四维（2013）指出，产品进口数量激增是2011年以来国内食糖市场价格下跌的三大主导因素之一。魏振祥、刘国良（2012）证实了2000—2012年中国和美国食糖市场价格序列之间存在动态联动关系，并且后者是前者市场价格变动的Granger原因；2014年，赵一夫基于2006—2013年国内外食糖市场价格数据，再次证实了前述研究结论的可靠性；Jiang和Todorova（2017）进一步证实了美国食糖市场价格对中国食糖市场价格存在显著的溢出效应。（3）关于金融化属性冲击的研究。张成思等（2014）指出，食糖在大宗农产品领域金融化程度相对较高，是国内外农产品期货市场上较为活跃并且相对成熟的交易品种；吕亿环、何伟艳（2011）利用2006年白糖期货在郑州商品交易所正式上市至2011年中旬周度频率价格数据，基于VEC模型和Granger因果关系检验发现食糖期货市场对现货市场的价格发现功能有待进一步提升，前者对后者表现出一定的预测非引导关系；He和Xe（2012）指出，食糖期货市场价格序列和现货市场价格序列之间存在关联关系，并且前者具有价格发现功能，后者则占据了定价话语权。

在供给侧改革新形势下，国内食糖现货市场价格表现出更具波动性、复杂性以及不确定性的特征，那么，新时期中国食糖市场价格形成、价格波动以及价格传导新机制究竟是怎样的？究竟是谁在操纵着中国食糖市场价格的波动？是否如图8-1中国食糖市场价格传导机制的理论预测框架所示，除了传统市场供需关系因素，当前国内食糖市场价格还同时经受全球化属性、金融化属性和能源化属性等多重因素的共同冲击？若证实了各大因素均同时作用于中国食糖市场，那么各自的作用强度和作用方向又如何？基于此，在本章的研究过程中试图将传统供求关系因素、全球化因素、金融化因素以及能源化因素纳入同一研究理论体系，以期综合研判传统供求关系因素和新型冲击势力对中国食糖市场价格作用的综合驱动机理。

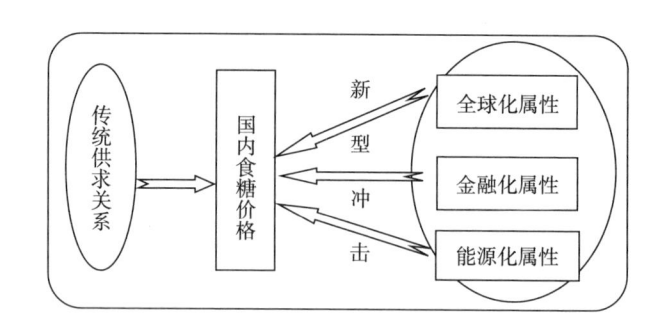

图 8-1　新时期中国食糖现货市场价格波动机制的理论预测

二　ARDL 模型构建

为了科学解析传统供求关系因素、金融化因素、全球化因素以及能源化因素等多重市场势力对包括食糖产业在内的中国大宗敏感农产品的市场价格波动综合冲击效应，研究过程将分为两个阶段依次进行。第一阶段为 Johansen 协整检验，目的在于研判食糖产业传统驱动因素、金融化因素、全球化因素、能源化因素以及国内食糖现货市场价格之间是否存在整合关系；第二阶段为自回归分布滞后 ARDL 模型估计（前提为所选变量通过了协整检验），其主要目的在于进一步判别各项冲击势力是否对国内食糖现货市场价格存在显著效应，若证实了存在显著效应，则进一步明晰作用方向及其影响程度。

由于本章节篇幅有限并且 Johansen 协整检验相对较为常见，此处不再对检验过程赘述。下文将重点介绍自回归分布滞后模型（以下简称 ARDL 模型）。该模型始于国外学者 Caremza 和 Deadman（1997）关于经济问题的研究，2011 年 Peasaran 和 Shin 等学者对此模型做了进一步修正。对比传统的 VEC 模型和 VAR 模型，ARDL 模型具备三个明显的优点：第一，无论回归项是 $I(0)$ 还是 $I(1)$，均可以基于 ARDL 模型实施检验和估计，即使各个回归项非平稳，也不会引致虚假回归问题；第二，用

ARDL 模型进行有效估计时，无须关注变量的内生性问题，即使存在回归项内生，仍然能够得到无偏且有效的估计值；第三，ARDL 模型对样本容量要求不高，即使样本长度较低也无须担忧边界检验结果的稳健性。

基于此，本章构建 ARDL 模型科学解析国内食糖现货市场价格传导新机制，用式（8-1）表示如下：

$$\Delta SSP_t = \alpha_0 + \sum_{i=1}^{n} \alpha_{1i} \Delta SSP_{t-1} + \sum_{i=0}^{n} \alpha_{2i} \Delta SFP_{t-i} + \sum_{i=0}^{n} \alpha_{3i} \Delta SZI_{t-i} + \sum_{i=0}^{n} \alpha_{4i} \Delta FSP_{t-i} + \sum_{i=0}^{n} \alpha_{5i} \Delta DCP_{t-i} + \sum_{i=0}^{n} \alpha_{6i} \Delta YCP_{t-i} + \alpha_7 SSP_{t-1} + \alpha_8 SFP_{t-1} + \alpha_9 SZI_{t-1} + \alpha_{10} FSP_{t-1} + \alpha_{11} DCP_{t-1} + \alpha_{12} YCP_{t-1} + \mu_t \quad (8-1)$$

其中，因变量 SSP 代表国内食糖现货市场价格；自变量中的 SFP 为食糖期货市场价格，SZI 为上证综合指数，FSP 代表国际食糖市场价格，DCP 代表国内玉米现货市场价格，YCP 代表燃料乙醇市场价格；Δ 代表上述指标的一阶差分值；指标 α_{1i}、α_{2i}、α_{3i}、α_{4i}、α_{5i}、α_{6i} 代表各个变量之间的短期动态关系；指标 α_7、α_8、α_9、α_{10}、α_{11}、α_{12} 代表各项指标之间的长期协整关系；指标 μ_t 代表白噪声。

原假设 H_0：$\alpha_7 = \alpha_8 = \alpha_9 = \alpha_{10} = \alpha_{11} = \alpha_{12} = 0$，即各个变量之间不存在长期的协整关系。

备择假设 H_1：$\alpha_7 \neq 0$ 或 $\alpha_8 \neq 0$ 或 $\alpha_9 \neq 0$ 或 $\alpha_{10} \neq 0$ 或 $\alpha_{11} \neq 0$ 或 $\alpha_{12} \neq 0$，即变量之间存在一定的长期协整关系。

基于联合显著 F 统计量，可以对上述假设进行边界性检验。若 F 统计量高于临界值的上限，则拒绝原假设 H_0，接受备择假设 H_1，认为指标 α_7、α_8、α_9、α_{10}、α_{11}、α_{12} 中至少有一个不为 0，各项指标之间存在长期的协整关系；若 F 统计量低于临界值的下限，则接受原假设 H_0，拒绝备择假设 H_1，认为各项指标之间不存在长期的协整关系；若 F 统计量介于临界值的上限与下限之间，则无法进行评判。若判定各项指标之间确实存在协整关系，则可以进一步依据 AIC 准则和 SC 准则确定模型的滞后阶数，并基于 ARDL 模型估计各项指标之间的长期动态关系。用式（8-2）表示为：

$$SSP_t = \beta_0 + \sum_{i=1}^{n} \beta_{1i} SSP_{t-i} + \sum_{i=0}^{n} \beta_{2i} SFP_{t-i} + \sum_{i=0}^{n} \beta_{3i} SZI_{t-i} +$$

$$\sum_{i=0}^{n}\beta_{4i}FSP_{t-i} + \sum_{i=0}^{n}\beta_{5i}DCP_{t-i} + \sum_{i=0}^{n}\beta_{6i}YCP_{t-i} + \varepsilon_i \qquad (8-2)$$

第三节 数据说明与变量处理

为了厘清新形势下中国大宗敏感农产品市场价格波动的真实驱动因素，以食糖市场为例，深入剖析传统驱动因素、全球化冲击势力、金融化冲击势力以及能源化冲击势力综合作用机理，本章选取一系列指标展开协整检验与 ARDL 模型分析。限于各项数据资料的可得性，本章截取的研究区间为 2007 年 1 月至 2017 年 12 月。为了确保样本数据的一致性，在研究过程中将所有的指标均转化为月度频率数据。

研究过程中涉及的因变量主要为中国食糖现货市场价格（SSP），采用柳糖现货合同价格进行衡量，其初始单位为元/吨。自变量主要涵盖传统驱动因素、全球化因素、金融化因素以及能源化因素共四个层面合计六项指标。其中，影响国内食糖现货市场价格的传统驱动因素主要涵盖糖料作物的播种面积与产量、食糖消费需求、国家食糖产业宏观政策、未来产品价格预期等，由于传统驱动指标的月度频率数据指标获取相对较难，在本书后续部分 ARDL 模型的分析过程中将通过对未来市场价格的预期——国内食糖市场前期价格即 SSP(-1)、SSP(-2)、……、SSP(-N) 体现。借鉴吴海霞、葛岩等（2017）对大宗农产品金融化问题的研究，本章将影响国内食糖现货市场价格波动的金融化因素选用两项指标进行替代，分别为上证综合指数（SZI）和国内食糖期货结算价格（白砂糖连续，SFP），初始单位分别为百分比和元/吨。影响国内食糖现货市场价格波动的能源化因素的替代指标为在能源市场与糖料作物存在竞争替代关系的玉米市场价格和燃料乙醇市场价格，分别用国内玉米集贸市场价格指数定基（DCP）和巴西无水乙醇市场价格指数（YCP）表示。影响国内食糖现货市场价格波动的国际化因素的替代指标主要为联合国粮农组织公布的食糖月度市场价格指数（FSP）数据。以上数据资料均来源于 Wind 金融资讯终端数据库。

为了科学研究新时期中国食糖市场价格传导驱动机制，有效剔除因研究单位不一致给实证结果带来的影响，本章在进行正式实证模型解析之前需要对各个变量的原始数据值展开如下处理：首先，利用 CPI 指数对各个变量的原始数据值进行消胀处理，有效剔除物价波动因素的影响，以期得到实际时间序列数据；其次，为了方便各个时间序列之间的横向对比，继续将前序流程所得的实际时间序列数据进行相对化处理，即将其中的绝对值数据资料均转化为以 2007 年 1 月为基期的指数数据，各项指标的描述性统计结果详见表 8 - 1。在数据处理的过程中，涉及的 CPI 指数数据源自国家统计局网站。

表 8 - 1　　　　　各项指标的描述性统计结果

变量	SSP	SZI	FSP	SFP	DCP	YCP
均值（%）	139.8859	102.7563	175.5928	139.9411	144.6806	105.4685
中值（%）	143.7398	100.1438	173.7588	143.6309	147.4416	101.6179
最大值（%）	210.6242	206.6053	298.2984	211.2520	180.6380	172.3176
最小值（%）	75.6781	66.5499	84.5179	74.4508	100.0000	62.2124
标准误	0.3502	0.2845	0.5322	0.3392	0.2208	0.2013
偏度	0.0211	1.3815	0.2435	0.0194	-0.3647	0.5596
峰度	2.0689	4.9708	2.3290	2.1473	1.8319	3.5058
JB 统计量	4.4880	59.5097***	3.5512	3.7647	9.7996***	7.7933**

第四节　实证分析过程

一　Johansen 协整检验

Johansen 协整检验的主要目的在于判别各个变量之间是否存在整合关系。在正式展开各项指标之间协整检验之前，首先基于 ADF 检验和 DF 检验对各个时间序列实施单位根检验，检验结果表明，各个时间序列在 5% 的显著性水平下均为平稳序列。表 8 - 2 各项指标之间的协整检验结果进一步表明，在 10% 的显著性水平上，各个时间序列之间至少存在 4 个协整方程，即国内食糖市场价格指数（SSP）、上证综合指数（SZI）、食糖期货市场价格指数（SFP）、玉米市场价格指数（DCP）、乙醇市场价格指数（YCP）以及国际食糖市场价格指数（FSP）相互之间存在长期的协整关系。

表8-2　　　　　　　各项指标之间的协整检验结果

协整方程的数量	特征值	迹统计量	10%临界值	P值
0个	0.4115	178.2061	91.1103	0.0000***
至少1个	0.3688	115.1235	65.8197	0.0000***
至少2个	0.2289	60.3657	44.4936	0.0022***
至少3个	0.1221	29.4357	27.0670	0.0550*
至少4个	0.0980	13.9420	13.4288	0.0845*
至少5个	0.01387	1.6617	2.7055	0.1974

二　基于 ARDL 模型的实证估计

上一节协整检验已经证实了各个变量之间的确存在整合关系，那么，本章选取的作为全球化冲击因素、能源化冲击因素以及金融化冲击因素的替代指标是否对国内食糖现货市场价格真的存在经济意义上的显著作用？若存在显著作用，其作用力度为多大？为了深入研究传统驱动因素、全球化因素、能源化因素以及金融化因素等多重因素共同驱动下的中国食糖产业市场价格波动新机理，利用式（8-2）展开 ARDL 模型的回归分析，研究过程中依据 SIC 准则和 AC 准则将模型的最优滞后期设定为4期，研究结果如表8-3所示。

从中国食糖市场价格波动的传统驱动因素来看，国内食糖现货市场价格受自身历史价格的影响十分显著。其中，滞后1期的国内食糖市场价格波动对当期国内食糖市场价格的影响系数为0.6644，表明滞后1期的国内食糖市场价格每上涨1个百分点，将会引致当期国内食糖市场价格上涨0.6644个百分点；滞后2期的国内食糖市场价格波动对当期国内食糖市场价格的影响在10%的水平上显著，回归系数为-0.2401，表明滞后2期的国内食糖市场价格每上涨1个百分点，将会引致当期国内食

表 8-3　基于 ARDL 模型的回归结果

变量	系数	标准误	t 统计量	P 值	变量	系数	标准误	t 统计量	P 值
SSP(-1)	0.6644	0.1070	6.2109	0.0000***	SFP(-1)	-0.3792	0.1003	-3.7826	0.0003***
SSP(-2)	-0.2401	0.1233	-1.9482	0.0545*	SFP(-2)	0.0722	0.1070	0.6747	0.5016
SSP(-3)	-0.0343	0.1199	-0.2863	0.7753	SFP(-3)	0.1547	0.1037	1.4916	0.1393
SSP(-4)	-0.1124	0.1040	-1.0804	0.2829	SFP(-4)	0.0240	0.0987	0.2435	0.8082
SZI	-0.0436	0.0251	-1.7360	0.0860*	DCP	-0.2573	0.0799	-3.2190	0.0018***
SZI(-1)	0.0182	0.0387	0.4710	0.6388	DCP(-1)	0.3173	0.1405	2.2583	0.0263**
SZI(-2)	-0.0095	0.0384	-0.2482	0.8046	DCP(-2)	0.0401	0.1470	0.2726	0.7858
SZI(-3)	0.0010	0.0379	0.0266	0.9789	DCP(-3)	0.0135	0.1424	0.0948	0.9247
SZI(-4)	-0.0095	0.0248	-0.3833	0.7024	DCP(-4)	-0.1111	0.0848	-1.3101	0.1935
FSP	0.0129	0.0156	0.8281	0.4098	YCP	0.0205	0.0264	0.7760	0.4398
FSP(-1)	-0.0445	0.0236	-1.8858	0.0626*	YCP(-1)	0.0192	0.0293	0.6557	0.5137
FSP(-2)	0.0350	0.0250	1.4006	0.1648	YCP(-2)	0.0232	0.0294	0.7888	0.4323
FSP(-3)	-0.0258	0.0242	-1.0650	0.2897	YCP(-3)	-0.0610	0.0293	-2.0800	0.0404**
FSP(-4)	0.0002	0.0158	0.0150	0.9880	YCP(-4)	0.0331	0.0239	1.3862	0.1691
SFP	0.8777	0.0423	20.7621	0.0000***	C	0.0045	0.0280	0.1596	0.8735
R²	0.9978				被解释变量的样本均值	1.4118			
调整的 R²	0.9971				因变量标准差	0.3487			
回归标准误	0.0187				AIC 值	-4.9111			
残差平方和	0.0314				SC 值	-4.2142			
对数似然值	324.6654				H-Q 信息准则	-4.6281			
F 统计量	1427.4520				DW 统计量	2.0007			
P 值	0.0000								

糖市场价格下调 0.2401 个百分点。这与中国食糖市场价格周期性波动的规律基本相符，能够较好地揭示出国内食糖现货市场价格受到自身历史价格波动的影响情况，同时也意味着：消费主体对未来市场价格的预期这一传统因素仍然是影响国内食糖市场价格波动的重要因素之一。

从中国食糖市场价格波动的全球化冲击因素来看：在 10% 的显著性水平上，滞后 1 期的国际食糖市场价格对当期国内食糖市场价格的影响显著，回归系数为 -0.0445，表明上个月度的国际食糖市场价格每上升 1 个百分点，将会引致当月的国内食糖市场价格下调 0.0445 个百分点。这从侧面揭示出，国际食糖市场价格对国内食糖市场价格具有一定程度的负向引导作用。

从中国食糖市场价格波动的能源化冲击因素来看：在 5% 的显著性水平上，滞后 3 期的燃料乙醇市场价格与国内食糖市场价格之间存在显著的负向相关关系，滞后 3 期的燃料乙醇市场价格每降低 1 个百分点，国内食糖现货市场价格将会提升 0.0610 个百分点。与此同时，在农产品能源化方面，与甘蔗产品存在竞争替代关系的玉米市场价格的波动对国内食糖现货市场价格的影响也十分显著。当期的玉米市场价格和滞后 1 期的玉米市场价格对国内食糖现货市场价格的影响系数分别为 -0.2573 和 0.3173，即当期的玉米市场价格每提升 1 个百分点，国内食糖现货市场价格将会下调 0.2573 个百分点；而滞后 1 期的玉米市场价格每提高 1 个百分点，国内食糖现货市场价格将会提高 0.3173 个百分点。

从中国食糖市场价格波动的金融化冲击因素来看：在食糖产品兼备金融化属性之后，其原有的市场价格波动机制受到了较大冲击，食糖期货市场价格对食糖现货市场价格的影响作用十分显著。表 8-3 的 ARDL 模型回归结果显示：在 1% 的显著性水平上，当期的食糖期货市场价格和滞后 1 期的食糖期货市场价格对当期食糖现货市场价格的影响系数分别为 0.8777 和 -0.3792，即当期的食糖期货市场价格每提高 1 个百分点，国内食糖现货市场价格将会提高 0.8777 个百分点；而滞后 1 期的食糖期货市场价格每提高 1 个百分点，国内食糖现货市场价格将会下调 0.3792 个百分点。与此同时，在 10% 的显著性水平上，当期的上证综合指数也对国内食糖现货市场价格存在显著的影响，上证综合指数每下调 1 个百分点，国内食糖现货市场价格将会提高 0.0436 个百分点。总之，食糖期货市场对食糖现货市场具有较强的价格发现与价格引导功能，食糖产品的金融化属性已然成为国内食糖市场不容小觑的影响力量。

综合而言，基于月度频率数据的实证研究表明，在新形势下中国食糖市场价格波动是多重市场势力共同作用的结果。国内食糖现货市场价格仍然受到自身历史价格波动较大的影响，然而不容忽视的是，当前全球化冲击因素、能源化冲击因素以及金融化冲击因素均已全面融入国内食糖市场价格的传导机制。

三 模型的稳健性检验

为了有效检测基于月度频率数据展开的关于金融化冲击因素、全球化冲击因素以及能源化冲击因素导入后的国内食糖市场价格传导新机制是否具有稳健性，本节将食糖产业价格相关指数月度频率数据转化为季度频率数据指标，再次进行 ARDL 模型回归。

表 8-4 的模型稳健性检验结果表明，从中国食糖市场价格波动的传统驱动因素来看，在 5% 的显著性水平上，滞后 2 个季度的食糖市场价格波动对当期的食糖市场价格存在显著影响，回归系数为 -0.8033，表明滞后 2 个季度的食糖市场价格每上升 1 个百分点，将会引致当期的食糖市场价格下调 0.8033 个百分点。从食糖市场价格波动的全球化冲击因素来看：在 5% 的显著性水平上，滞后 1 期的国际食糖市场价格与滞后 2 期的国际食糖市场价格均对当期国内食糖市场价格产生显著影响，回归系数分别为 0.0749 和 -0.1029，即上个季度的国际食糖市场价格每上升 1 个百分点，当期的国内食糖市场价格将会上升 0.0749 个百分点，而滞后 2 个季度的国际食糖市场价格每上升 1 个百分点，当期的国内食糖市场价格将会下调 0.1029 个百分点。从食糖市场价格波动的能源化冲击因素来看：在 10% 的显著性水平上，与甘蔗产品存在竞争替代关系的玉米滞后 4 个季度的市场价格波动对国内食糖现货市场价格影响显著，滞后 4 个季度的玉米市场价格每上升 1 个百分点，当期的国内食糖现货市场价格将会上升 0.1697 个百分点。从食糖市场价格波动的金融化冲击因素来看：在 1% 的显著性水平上，当期的食糖期货市场价格和滞后 2 个季度的食糖期货市场价格对食糖现货市场价格的影响也十分显著，当期的食糖期货市场价格和滞后 2 个季度的食糖期货市场价格每上升 1 个百分点，国内食糖现货市场价格将会分别上升 1.0209 个和 0.9603 个百分点。

综合而言，转换为季度频率数据之后的稳健性检验结果再次证实了传统驱动因素、全球化因素、能源化因素以及金融化因素之中均有系列

表 8 – 4 基于季度频率指标的 ARDL 模型稳健性检验结果

变量	系数	标准误	t 统计量	P 值	变量	系数	标准误	t 统计量	P 值
SSP2（-1）	-0.4318	0.4708	-0.9172	0.3859	SFP2（-1）	0.3840	0.4893	0.7848	0.4552
SSP2（-2）	-0.8033	0.2618	-3.0687	0.0154**	SFP2（-2）	0.9603	0.2769	3.4685	0.0085***
SSP2（-3）	-0.3692	0.3554	-1.0387	0.3293	SFP2（-3）	0.3069	0.4028	0.7620	0.4679
SSP2（-4）	-0.5326	0.3702	-1.4385	0.1882	SFP2（-4）	0.4839	0.3924	1.2333	0.2525
SZI2	0.0327	0.0330	0.9891	0.3516	DCP2	-0.0615	0.0961	-0.6394	0.5404
SZI2（-1）	-0.0233	0.0352	-0.6623	0.5264	DCP2（-1）	-0.0362	0.0928	-0.3903	0.7065
SZI2（-2）	-0.0391	0.0421	-0.9297	0.3797	DCP2（-2）	-0.0451	0.0854	-0.5282	0.6117
SZI2（-3）	-0.0101	0.0355	-0.2841	0.7836	DCP2（-3）	0.0227	0.0753	0.2970	0.7740
SZI2（-4）	0.0345	0.0298	1.1553	0.2813	DCP2（-4）	0.1697	0.0878	1.9324	0.0894*
FSP2	-0.0034	0.0339	-0.1007	0.9222	YCP2	0.0357	0.0496	0.7198	0.4921
FSP2（-1）	0.0749	0.0267	2.8043	0.023**	YCP2（-1）	-0.0231	0.0508	-0.4548	0.6614
FSP2（-2）	-0.1029	0.0364	-2.8292	0.0222**	YCP2（-2）	0.0761	0.0418	1.8212	0.1061
FSP2（-3）	0.05274	0.0450	1.1710	0.2753	YCP2（-3）	-0.0002	0.0511	-0.0037	0.9971
FSP2（-4）	0.0209	0.0321	0.6533	0.5319	YCP2（-4）	-0.0539	0.0363	-1.4836	0.1762
SFP2	1.0209	0.0465	21.9703	0.0000***	C	-0.2026	0.1200	-1.6883	0.1298
R^2	0.9998				被解释变量的样本均值	1.4488			
调整的 R^2	0.9992				因变量的标准差	0.3435			
回归标准误	0.0095				AIC 值	-6.4566			
残差平方和	0.0007				SC 值	-5.1638			
对数似然值	152.6762				H-Q 信息准则	-5.9967			
F 统计量	1672.1360				DW 统计量	2.7672			
P 值	0.0000								

指标通过了显著性检验，与基于月度频率数据展开的实证分析结果存在相似，从统计学意义上证实了基于月度频率数据展开的 ARDL 模型分析具有一定的稳健性。

第五节 研究结论与讨论

一 研究结论

在国内外学术界传统的研究范式中，一般将包括食糖类产品在内的大宗敏感农产品价格波动归因于价格预期、产品自身属性以及宏观政策变动等影响市场供求关系的传统驱动因素；然而，自进入 21 世纪以来，国内大宗敏感农产品市场开始经受全球化属性、金融化属性以及能源化属性的全面冲击，以往学术界这一研究结论的解释力度大打折扣。为了科学地剖析新形势下包括食糖在内的大宗敏感农产品现货市场价格变动的真实驱动机制，本章基于 2007—2017 年中国食糖市场价格变动相关的月度频率指标，利用单位根检验、协整检验以及 ARDL 模型展开实证研究。与此同时，为了有效确保研究结果的可靠性，将月度频率指数数据转化为季度频率指标之后展开稳健性研究。基于月度频率指数数据和基于季度频率指数数据的双重研究结果与前文图 8 - 1 的理论预测机制基本上吻合，综合研究结果表明：

第一，国内食糖现货市场价格仍然受到其自身历史价格波动较大的影响。ARDL 模型结果表明，若滞后 1 个季度的食糖市场价格和滞后 2 个季度的食糖市场价格分别上升 1%，当期的食糖市场价格将分别上升 0.6644% 和下调 0.2401%。显然，包括对未来市场价格的理性预期在内的传统驱动因素仍然是影响国内食糖市场价格波动的重要因素之一。

第二，全球化因素、能源化因素以及金融化因素等新型冲击势力均已全面融入国内食糖现货市场传导机制。这与本章第二部分的理论框架基本上吻合，进一步证实了国内食糖现货市场价格传导机制正在发生着新的变革，除了传统驱动因素之外，各大新型冲击力量正在同时作用于国内食糖市场，使国内食糖市场面临着更加复杂的、不确定的价格波动。

第三，从研究结果来看，在新型冲击因素中：食糖期货市场对国内食糖现货市场的价格发现与引导功能最为明显，当期的食糖期货市场价格、滞后 1 个季度的食糖期货市场价格和上证综合指数上升 1%，将分别引致国内食糖现货市场价格上升 0.8777%、下调 0.3792% 以及下调 0.0436%，这从侧面折射出金融化投机驱动因素已然成为新形势下冲击国内食糖市场的最大力量；能源化驱动因素的作用力次之，燃料乙醇与竞争替代产品——玉米的市场价格均在一定程度上作用于国内食糖市场，其中，滞后 3 个季度的燃料乙醇价格、当期的玉米市场价格以及滞后 1 个季度的玉米市场价格上升 1%，将分别引致国内食糖市场价格下调 0.0610%、下调 0.2573% 以及上升 0.3173%；国际化驱动因素的贡献作用相对较弱，滞后 1 个季度的国际食糖市场价格上升 1%，将引致国内食糖市场价格下调 0.0445%，即全球化驱动因素在国内市场价格传导新机制中表现出较弱的反向作用力。

二 讨论

未来，为了有效地保障包括食糖类产品在内的国内大宗敏感农产品的市场安全、科学把握市场价格新动向，除了仍旧要关注包括未来价格预期、产品自身属性以及宏观政策变动等传统产品市场供需关系驱动因素，还需要随时监管食糖期货市场、能源市场以及国际食糖市场的新动向，科学展开大宗敏感农产品市场公共信息平台建设。对中国食糖产业而言，尤其要充分做好以下几个方面的工作：第一，科学合理地展开未来食糖市场价格预期仍然是预防食糖市场价格剧烈震荡的有效方式。第二，新时期大宗敏感农产品市场行情的变动主要源自投机性市场价格的异常变动，农产品金融化属性极有可能导致市场价格与传统供给关系脱钩。为了确保投机性需求的农业产业安全，更要进一步强化对包括食糖产品在内的大宗敏感农产品金融市场的监管力度，从源头上杜绝市场过度投机与恶性炒作行为，科学发挥食糖期货市场对现货市场的价格发现与引导功能。第三，未来有必要继续关注与研究包括燃料乙醇市场价格、玉米市场价格等能源市场相关价格变动的新趋势，科学制定因能源市场价格变动引发的食糖市场价格变动应急调控预案，有效保障市场相关利益主体能够及时且准确地获得相关信息。第四，政府相关部门要继续做好国内外大宗敏感商品市场行情信息的传递和共享服务，及时研判并预警国际食糖市场价格变动的新规律、新特点、新趋势以及新苗头，强化对市场相关利益主体的有效引导，及时预防国内食糖市场可能面临的冲击。

第六节　本章小结

21世纪以来，大宗敏感农产品市场价格波动机制正在发生深刻的变革。那么，近年来引发国内食糖市场价格剧烈变动背后的深层次原因是什么呢？以食用性、战略化、全球化、金融化以及能源化等多重属性兼具的食糖产业为例，从原材料供给、消费主体需求、市场价格预期、生产成本推动以及宏观政策因素等传统市场供需关系因素，到全球经济一体化、原材料能源化、产品金融化等一系列新型市场冲击势力，究竟是哪些因素在操纵新时期中国食糖市场价格的波动？中国食糖市场价格波动与传导方式独特，对人民生活、经济发展以及农业稳定等诸多方面影响十分显著。伴随国内食糖产业进口份额的逐年加大，如何稳定食糖市场价格、确保产品自给率成为摆在新时代的难题，深挖影响其市场价格的形成、价格波动以及价格传递的深层次原因将有利于新时期更好地应对国内外市场形势，有效确保中国食糖产业安全。

为了深入研究传统驱动因素、全球化因素、能源化因素以及金融化因素等多重因素共同驱动下的中国食糖产业市场价格波动新机理，本章节选取2007—2017年中国食糖产业相关月度频率数据资料，基于Johansen协整检验和ARDL模型展开多重市场势力对中国食糖市场价格波动综合冲击效应的实证分析，研究过程中依据SIC准则和AC准则将模型的最优滞后期设定为4期。实证研究结果表明：传统驱动因素仍然是影响国内食糖市场价格波动的重要因素之一，国内食糖现货市场价格仍然受到其自身历史价格波动较大的影响；国内食糖现货市场价格传导机制正在发生新的变革，最近十年，金融化因素、能源化因素以及全球化因素等新型市场势力均已全面融入食糖市场价格传导新机制，多重因素的叠加效应使国内食糖市场面临着更加复杂的、不确定性的价格波动；在多重市场势力中，食糖期货市场的价格发现与引导功能最为明显，从侧面折射出金融化投机驱动因素已然成为新形势下冲击国内食糖市场的最大力量；能源化驱动因素次之；全球化势力的贡献效应相对较弱，在国内市场价格传导新机制中表现出较弱的反向作用力。随后，转化为季度频率数据后的稳健性检验再次证实了这一研究结果的可靠性。

未来为确保中国食糖产业安全，有必要充分做好以下工作：一是科学合理地展开未来食糖市场价格预期仍然是预防食糖市场价格剧烈震荡的有效方式；二是新时期大宗敏感农产品金融化属性极有可能导致市场价格与传统的供给关系脱钩；三是有必要继续关注与研究包括燃料乙醇市场价格、玉米市场价格等能源市场相关价格变动的新趋势；四是政府相关部门要继续做好国内外大宗敏感商品市场行情信息的传递和共享服务，及时研判并预警国际食糖市场价格变动新规律、新特点、新趋势、新苗头。

第九章　中国食糖市场价格系统结构性突变诊断

第一节　引言与文献回顾

大宗敏感农产品价格波动问题始终是社会各界关注的热点话题（刘华军等，2017）。仰炬等（2008）指出，食糖及其制品既是关系国计民生的大宗敏感农产品之一，也是全球为数不多的兼具食用性、战略性、金融化、全球化以及能源化等多重属性的重要战略物资，食糖与粮食、棉花、油料并称中国四大主要农作物，如何有效确保食糖产业安全是关乎一国农业经济稳定发展、产品供给稳定的重大性全局性问题。与此同时，食糖及其制品在世界与中国市场均占据重要地位，其市场价格及产品供给稳定状况备受全球关注；尤其是伴随食糖产业期货市场的迅猛发展，食糖类产品的金融化属性越发增强，食糖价格对各种事件的反映也越发灵敏（高群等，2018）。《中国农业展望报告（2015—2024）》进一步显示，伴随中国城镇化步伐的推进，越来越多的农民工进入城市生活，其饮食结构也相应地发生了转变，食糖及其制品的消费比例急剧上升，这导致国内居民对食糖及其制品的消费量在未来一段时间内将持续增加。其中，在消费环节，食糖市场价格的异常波动将改变城乡居民日常生活支出，严重时将影响城乡居民基本生活；在生产环节，食糖市场价格的异常波动将改变种植户的作物生产选择。这就在一定程度上从侧面揭示出，食糖及其制品市场价格的异常波动将最终影响中国食糖产业市场价格的整体推进，进而给全国物价水平带来重要的影响。由此可见，科学识别食糖市场价格突变拐点具备重要的理论意义和现实意义，不仅将有助于投资者科学把握市场、预判市场走向、择优规划投资策略，还有助于维护利益相关主体的福利，确保中国食糖产业安全。

21世纪以来，国内外学术界关于食糖市场价格相关的研究成果颇丰，按照时间的演变顺序，可以进一步地细化为以下两个阶段：第一，早期的学者研究视角主要集中于对食糖市场价格波动特性的研究，重点在趋势性波动和周期性波动等几个方面。如熊中才（2001）关注国内外食糖市场价格水平和波动态势，并从理论层面对食糖市场价格波动的成因展开定性分析。罗四维（2013）则将1999—2012年中国食糖市场价格界定为五个跌宕起伏的周期，分别是：1999—2001年，因产业结构性调整引致的食糖市场价格持续上涨阶段；2001—2006年，因产量增加引发的食糖市场新一轮价格波动；2006—2009年，食糖市场价格回落阶段；2009—2011年年底，食糖市场价格再次上扬阶段；2011年年底以后，食糖市场价格迅速回落阶段。第二，近年来，尤其是2010年前后，学者则将关注视角转向了对食糖市场价格波动原因的探讨，并且研究范式逐步从定性研究走向定量研究。如仰炬等（2008）提出，政府管制在一定程度上扭曲了全球食糖市场正常价格行情，使世界食糖市场价格长期低于生产成本。伴随食糖产品进出口贸易的加深、金融化属性和能源化属性的增强、食糖产品收放储政策的实行，更多学者开始进一步研究供需关系因素以及全球食糖市场、能源市场、金融市场、竞争替代产品、国家宏观政策等因素对食糖市场价格形成与价格波动的影响。例如，王蕾（2011）基于1994—2007年的相关数据资料，从涵盖食糖生产环节、流通环节以及消费环节的产业链视角选取了一系列可能的景气警兆指标，基于SVM模型综合探讨了各个因素对国内食糖市场价格波动的影响，以期科学构建食糖产业风险预警指标体系；He和Xe（2012）辨析了究竟是食糖期货市场还是食糖现货市场在操控中国食糖市场话语权的问题；黄春全、司伟（2014）选取2000—2012年的月度频率数据资料，基于VECM模型展开了关于生物质燃料乙醇和原油市场等能源化因素对中国食糖市场价格影响的研究，结果证实了能源市场价格的不断攀升是引致食糖市场价格高企的一个重要因素；毛学峰、杨军（2015）基于门槛模型证实了食糖和玉米在淀粉糖市场存在显著的竞争替代关系，并且当两者的比价大于2.88时，两个市场之间的价格关联关系将会明显增强；Cafiero等（2015）基于极大似然估计量考察了1921—2009年产品库存量同食糖市场价格之间的关系；魏振祥（2012）和Xu等（2016）分别基于

Granger 因果关系检验、VAR 模型以及图模型探讨了中美两国食糖市场之间的价格关联关系；张瑞娟（2016）选取了 2008 年 1 月至 2015 年 12 月相关数据资料，采用同样的研究方法，新增了国家食糖产品收放储政策指标，综合考察了三个市场之间的价格关联水平，分析后得出：国家食糖储备政策和美国食糖市场价格均对国内糖市价格形成具有较为显著的影响；高群、柯杨敏（2016）选取了 2000—2014 年月度频率数据，基于 VEC – BEKK – GARCH 模型，综合分析了国际化冲击和能源化冲击双重势力对国内食糖市场价格波动溢出效应的类型、方向以及作用程度；刘华军等（2017）基于 SNA 和 GIRF 方法证实了包括食糖、能源、钢铁、牲畜等在内的 9 大类 26 种大宗商品市场之间存在联动的价格溢出网络。

综合而言，国内外学术界已有研究选取了不同研究节点，基于不同研究方法，基本上都证实了确保市场价格的稳定对农产品供给稳定与确保产业安全具有重要意义，为本章研究的顺利展开奠定了坚实的基础。然而不可否认的是，以往学术界针对粮食、蔬菜、畜禽等农产品市场价格传导相关的研究较多（吕捷、林宇洁，2013；潘方卉、李翠霞，2015；于爱芝、杨敏，2018），而专门指向食糖市场价格的研究相对较为薄弱；与此同时，以往学术界针对中国食糖市场价格波动的研究大多集中于对周期性波动、规律性波动的刻画，采用的包括 VAR 和 Granger 因果关系检验在内的一系列分析方法存在一定的局限性，尤其是在刻画波动频繁并且形式复杂的非周期性、非规律性的食糖市场价格异常波动时或者市场价格变点问题时就会显得比较粗糙，无法较好地描述食糖市场价格波动的新特性。食糖产业作为国内种植业领域中的一个重要组成部分，也是国家重要的大宗敏感农产品之一，其产品市场价格波动与传导方式独特，并且对人民生活、经济发展以及农业稳定等诸多方面影响显著。并且，近年来，伴随国内食糖产业进口份额的逐年加大，如何从源头上稳定食糖市场价格、确保产品自给率成为摆在新时代的难题，在此背景下，深入探究中国食糖产业市场价格异常波动特性及其对中国食糖产业安全的影响具有重要意义。因此，从当前国内外学术界已有研究来看，仍然存在以下值得进一步深入的优化空间：第一，食糖多重属性兼具，并且是关乎国计民生的重要大宗敏感农产品，其市场价格系统内是否存在非周期性、非规律性的异常波动？若存在此类异常波动，如何识别这种价格异常波动的特征并进一步明晰驱动机理？第二，这些新的价格异常波动特性是否会给中国食糖产业安全带来区别于以往的影响，应该如何有效预防？这些均是目前国家对大宗敏感农产品进行宏观调控时需要迫切关注和提前解决的问题。

基于此，本章的研究将以食用性、战略性、全球性、金融化以及能源化等多重属性兼具的，全球重要的大宗敏感农产品食糖为例，选取适用于产品市场价格突变问题分析的结构性突变 PPM 模型来研究中国食糖市场价格异常波动的发生节点、发生次数以及突变特征，尝试给出大宗敏感农产品价格系统内结构性突变识别以及动因分析的一般路径；结合实际政治经济背景，从能源化因素、全球化因素、金融化因素、通货膨胀因素、市场供求关系以及宏观政策变动等多重视角出发，综合探讨中国食糖市场价格异常波动的形成机理；探讨食糖市场价格波动的新特性给我国食糖产业安全可能带来的影响，试图为包括食糖产业在内的大宗敏感农产品产业安全相关战略的制定提供相应建议。

第二节 PPM 模型设计与数据说明

一 PPM 模型构建

商品价格结构性突变模型（Product Partition Model，简称 PPM 模型），是一种有效用于识别和测算复杂时间序列突变节点的动态模型。1992 年，国外学者 D. Barry 和 J. A. Hartigan 率先将此模型引入变点问题研究领域，随后众多学者对该模型做了进一步的修正与改进，并且将其拓展至股票市场等众多领域。大宗商品价格突变问题相关的研究始于 Page（1954）关于连续抽样检验问题的探讨；柴建、朱青（2014）定义了大宗商品价格变动容忍阈值，为生产主体、消费主体以及政府部门对商品市场价格变动影响效应的容忍极限值所对应的价格变动幅度，一般用 A_0 表示。与之相呼应的另一概念为商品价格突变概率容忍阈值，即：假定考察区间内某一观察时点为 t_k 的产品市场价格是 P_k，$k=1$，2，…，n，商品价格突变概率为 F_k，$k=1$，2，…，$n-1$，当 $|P_{t_{k+1}} - P_{t_k}|P_{t_k} \geq A_0$ 时，价格突变发生时点 t_k 对应的容忍阈值，可以表示为公式（9-1）：

$$F_0 = \min\{F_k : |P_{t_{k+1}} - P_{t_k}| P_{t_k} \geq A_0\} \quad (9-1)$$

基于PPM模型展开大宗敏感商品变点问题分析的基本逻辑如下：

假定 $x_1, x_2, \cdots, x_n$ 为一串已知的数据序列，指标集合 $I = \{1, 2, \cdots, n\}$ 的一个随机分划为 ρ，详见式（9-2）。ρ 的区域个数为随机变量 B，如式（9-3）所示，原始数据序列 $x_1, x_2, \cdots, x_n$ 可以被划分为 b 个连续子序列：

$$\rho = \{i_0, i_1, \cdots, i_b\}, \ 0 = i_0 < i_1 < i_2 < \cdots < i_b = n \quad (9-2)$$

$$x_{[i_{r-1}, i]} = (x_{i_{r-1}}, \cdots, x_{i_r})^t, \ r = 1, 2, \cdots, b \quad (9-3)$$

$c_{[ij]}$ 为相关区域 [ij] 的先验紧度，表示若产品市场价格突变发生于 i 处，则下期价格突变发生于 j 处的概率值。其中，相关区域 [ij] 可用式（9-4）表示为：

$$[ij] = \{i+1, i+2, \cdots, j\}, \ i < j, \ i, j \in \{0, 1, 2, \cdots, n\} \quad (9-4)$$

假定数据序列中任意点是突变节点的发生概率为 p，则得到先验紧度的测算公式：

$$c_{[ij]} = \begin{cases} (1-p)^{j-i-1}, & j = n \\ p(1-p)^{j-i-1}, & j < n \end{cases} \quad (9-5)$$

式（9-5）揭示出突变节点发生时间序列是离散的更新过程并且独立同分布于几何分布。相对而言，上述假设较为符合客观现实，即认为过去同未来的变点之间无直接的关联关系。进一步，假定序列 $x_1, x_2, \cdots, x_n$ 的边际分布密度为 $f_1(x_1|\theta_1), f_2(x_2|\theta_2), \cdots, f_n(x_n|\theta_n)$，其中，$\theta_1, \theta_2, \cdots, \theta_n$ 为一组未知参数。则对于任意的 $i_{r-1} < i \leq i_r$，随机设定一个分化 ρ，参数 $\theta_i = \theta_{[i_{r-1} i_r]}$ 中的各项 $\theta_{[i_0 i_1]}, \theta_{[i_1 i_2]}, \cdots, \theta_{[i_{b-1} i_b]}$ 均独立。$\theta_{[ij]}$ 存在先验分布 $\pi_{[ij]}(\theta), \theta \in \Theta_{[ij]}$，其中，$\Theta_{[ij]}$ 代表参数空间。此时，随机变量 $(x_1, x_2, \cdots, x_n; \rho)$ 服从PPM模型分布。

对于 $k = 1, 2, \cdots, n$，在平方损失的条件下，θ_k 的条件数学期望和相关区间 [ij] 的后验关联度分别可以用式（9-6）和式（9-7）表示：

$$E(\theta_k | x_1, x_2, \cdots, x_n) = \sum_{i=0}^{k-1} \sum_{j=k}^{n} r_{ij}^* E(\theta_k | x_{ij}) \quad (9-6)$$

$$r_{ij}^* = P([ij] \in \rho | x_1, x_2, \cdots, x_n) \quad (9-7)$$

此时，ρ 和 B 的先验分布分别表示为式（9-8）和式（9-9）的形式：

$$P(\rho = \{x_1, x_2, \cdots, x_n\} | p) = p^{b-1}(1-p)^{n-b}, \ b \in I \quad (9-8)$$

$$P(B=b \mid p) = C_{b-1}^{n-1} p^{b-1} (1-p)^{n-b}, \ b \in I \tag{9-9}$$

若 p 的先验分布为 $\pi(p)$，则 ρ 和 B 的条件后验分布分别如式（9 - 10）和式（9 - 11）所示：

$$P(p = \{x_1, x_2, \cdots, x_n\} \mid x_1, x_2, \cdots, x_n)$$
$$= \prod_{j=1}^{b} f(x_{i_{j-1}i_j}) \int_0^1 p^{b-1}(1-p)^{n-b} \pi(p) dp \tag{9-10}$$

$$P(B = b \mid x_1, x_2, \cdots, x_n)$$
$$= C_{b-1}^{n-1} \prod_{j=1}^{b} f(x_{i_{j-1}i_j}) \int_0^1 p^{b-1}(1-p)^{n-b} \pi(p) dp \tag{9-11}$$

在正态先验假设条件下，关于 PPM 模型的分析求解过程可参见 Loschi 和 Cruz（2002）。需要特别指出的是，假定 p 的先验分布服从于 β 分布，即 $p \sim \beta(e, f)$，变点个数 $B-1$ 服从于 β 二项先验分布，参数依次是 $n-1$、e、f，则 B 的先验均值与方差可分别用式（9 - 12）和式（9 - 13）表示。假设先验知识认为变点个数可能较少，则选取超参数较小的 e 与较大的 f 先验值，可使 p 值的后验估计较小。

$$E(B) = (n-1)\frac{e}{e+f} + 1 \tag{9-12}$$

$$Var(B) = (n-1)\frac{ef(e+f+n-1)}{(e+f)^2(e+f+1)} \tag{9-13}$$

二　数据说明

为了考察大宗敏感农产品价格系统内的结构性突变，并科学明晰价格突变的发生机理，选取中国食糖市场现货价格（中国柳州食糖现货合同价 SSP，单位为元/吨）作为研究的主变量。样本考察区间为 2006 年 1 月至 2017 年 12 月，采样频率统一转换为月度频率指标数据。

研究的相关变量主要涵盖以下几个维度：（1）能源化指标，主要指油价、生物质能源价格以及其他在能源市场上与甘蔗产品存在竞争替代关系的产品价格。《中国农产品贸易发展报告（2012）》指出，全球大约 15% 的玉米、10% 的甘蔗被用于液态生物燃料的生产。其中，以燃料乙醇为代表的生物质能源市场迅速发展引致了对农产品的非传统需求，打通了能源市场与玉米、甘蔗等农产品的市场价格链接通道，使能源市场的价格信息能够直接传递至农产品市场。其中，油价 OIP，采用样本考察区间内 IMF 全球原油实际市场价格指标替代，单位为美元/桶；生物质能源市场价格 BEPI，采用世界上较早一批实施生物质能源计划也是当前全球最大的利用甘蔗产品为原材料进行燃料乙醇生产的国家巴西的燃料乙醇市场价格指数为代表，单位为%；在能源市场和淀粉糖市场上均存在竞争替代关系的产品，用同期玉米集贸市场价格指数CP表示，单位为%。（2）全球化贸易指标，涵盖国际食糖市场价格、汇率、产品进出口情况等。在国际进出口等贸易流动现象的共同作用下，国内食糖市场与国际食糖市场之间的价格联系越发紧密，国际食糖市场是确保国内食糖市场良性运营的有益补充。然而，国际食糖及其制品对国内食糖市场的传导，也为中国食糖产业安全带来了新挑战。其中，国际市场食糖价格SIP，采用IMF全球食糖实际市场价格表示，单位为美分/磅；美元实际有效汇率ER，采用美元兑人民币的平均汇率表示；产品进口情况SIQ，采用食糖产品进口数量表示，单位为吨；产品出口情况SEQ，采用食糖产品出口数量表示，单位为吨。（3）金融化指标。食糖类产品具有一定的金融化属性，故而食糖期货市场价格行情的变动也作为一项重要的考核指标。金融化指标采用中国食糖期货市场价格SFP替代，数据选用白砂糖期货收盘价（连续），单位为元/吨。（4）通货膨胀因素，主要指利率CPI及其他突发情况。通货膨胀因素是测评时间序列数据变动的一项重要指标，拟采用食品类CPI指数替代，单位为%。（5）市场供给量指标，包括糖料作物播种面积和产量等。因糖料作物的播种面积和产量数据缺乏基于月度频率和基于季度频率的量化数据，无法直接纳入模型展开实证研究，仅适合于选用年度数据指标展开定性分析。（6）其他变量，如宏观政策干预指标。食糖作为中国四大主要农作物之一，为了有效确保中国食糖产业安全，中央及地方各级政府往往会启动部分市场宏观干预举措。对食糖市场而言，宏观政策干预举措主要表现为国家针对食糖产品的收储和放储政策，这类指标因其数据获取难度较大，也难以展开定量化分析。

本章研究涉及以下数据：中国柳州食糖现货合同价SSP、油价OIP、生物质能源市场价格BEPI、国际市场食糖价格SIP以及中国食糖期货市场价格SFP，数据均源自Wind金融资讯终端数据库；玉米集贸市场价格指数CP，源自中国经济与社会发展统计数据库；美元实际有效汇率ER、食糖产品进口数量SIQ、食糖产品出口数量SEQ以及CPI指数数据均源自国家统计局网站。因第五维度和第六维度指标月度频率数据的缺失，在本章后续的定量化实证研究的过程中暂且只考虑前四个维度的指标。此外，为了有效确保研究结果的可靠性，在本章后续研究会将涉及的上述所有月度频率考察指标转化为季度频率数据，并进行稳健性检验。

第三节 实证过程与结果分析

一 价格系统结构性突变特征检验

本节基于价格突变 PPM 模型的算法，利用 R 软件的 bcp 程序包进行了中国食糖市场价格系统内结构性突变节点的识别以及作用强度、作用方向的分析，得出了国内食糖市场价格变量的后验概率和后验均值（见图 9-1）。2006—2017 年，中国食糖市场价格共经历了 6 次异常震荡。其中，有 3 次为市场价格下降突变，分别发生在 2006 年 7—8 月、2011 年 12 月和 2012 年 8 月；有 3 次为市场价格上升突变，分别发生于 2009 年 5 月、2009 年 11 月以及 2010 年 10 月。具体如下。

2006 年 7—8 月，中国食糖市场首次表现出价格下降突变，后验概率分别为 0.280 和 0.264，柳州食糖现货市场价格后验均值从 6 月份的 91127 元/吨跌至 7 月和 8 月的 87019 元/吨和 81245 元/吨，并进一步下滑至 9 月的 76043 元/吨。2011 年 12 月，中国食糖市场出现了第二次价格下降突变，突变发生概率为 0.280，柳州食糖现货市场价格后验均值自 11 月的 144879 元/吨跌至 12 月的 142665 元/吨，并进一步回落至次年 1 月的 136933 元/吨。2012 年 8 月，国内食糖市场出现了第三次价格下降突变，突变发生概率为 0.468，柳州食糖现货市场价格后验均值自 7 月的 1367058 元/吨跌至 8 月的 132543 元/吨，并进一步跌落至 9 月的 119529 元/吨。

2009 年 5 月，国内食糖现货市场发生了首轮价格上升突变（突变发生概率为 0.244），当年 4—6 月的国内食糖现货市场价格后验均值分别为 73530 元/吨、75809 元/吨以及 80825 元/吨。第二轮食糖市场价格上升突变发生于 2009 年 11 月，突变发生概率为 0.360，柳州食糖现货市场价格后验均值自 10 月的 85550 元/吨提升至次月的 90472 元/吨，并进一步增加至 12 月的 99735 元/吨。次年 10 月，国内食糖市场出现了第三轮显著的价格上升突变，突变发生概率高达 0.892，柳州食糖现货市场价格后验均值自当月的 113041 元/吨猛增至次月的 146358 元/吨，上涨幅度超过 29.473%。2017 年 5—6 月，国内食糖市场出现了第四轮价格上升突变，突变发生概率分别为 0.446 和 0.312，柳州食糖现货市场价格后验均值自 4 月的 105115 元/吨上涨至次月的 105418 元/吨，并继续上涨至 6 月的 118809 元/吨。

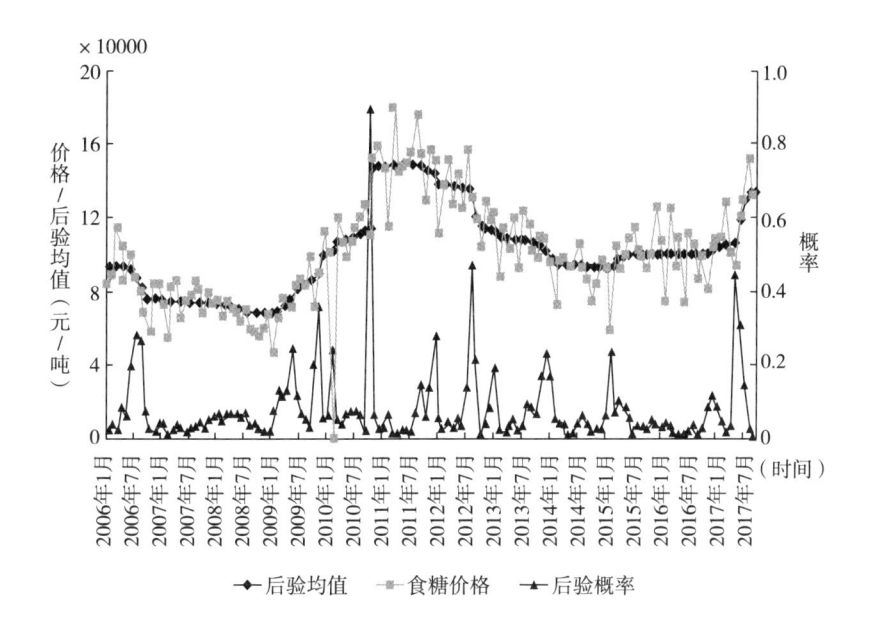

图 9-1　基于月频数据的中国食糖价格突变 PPM 模型测算结果

二　分作用方向的突变驱动因素分解

（一）下降突变成因估计与分解

（1）2006 年的 7—8 月，国内食糖市场出现首轮价格下降突变。表 9-1 基于商品价格突变 PPM 模型的分析结果表明，国际食糖市场的价格突变是此番国内食糖市场价格突变发生的首要诱因。在此区间内，国际食糖市场价格也表现出显著的价格下降突变，7 月价格突变概率高达 0.954，其价格后验均值由 5 月的 16.768 美分/磅持续下跌至 8 月的 12.084 美分/磅；由此，也间接促进了对外出口市场的显著突破，中国食糖产品出口量由 7 月的 5984 吨猛增至次月的 35762 吨。与此同时，伴随食糖类产品金融化属性的增强，食糖期货市场也成为这一阶段影响中国食糖现货市场价格突变的重要推手。表 9 - 1 的数据测算结果显示，自 2006 年 5 月以来，食糖期货市场持续低迷，尤其是 6 月价格突变发生概率达到 0.440，食糖产品期货市场价格从 5 月的 86973 元/吨降至次月的 83245 元/吨，并最终跌落至 8 月的 72220 元/吨。综上所述，全球化属性冲击和金融化属性冲击成为此次国内食糖市场价格下降突变的主要驱动力量。

表 9 - 1　基于月度频率数据的食糖市场价格下降突变成因的实证分析结果

指标	2006 年 7—8 月 后验均值	2006 年 7—8 月 突变概率	2011 年 12 月 后验均值	2011 年 12 月 突变概率	2012 年 8 月 后验均值	2012 年 8 月 突变概率
ER	7.991—7.973	(0.148—0.442)	6.328	(0.048)	6.116	(0.008)
$CPI(\%)$	116.350—117.400	(0.000—0.004)	190.420	(0.700)	206.740	(0.512)
$BEPI(\%)$	101.800—101.340	(0.008—0.010)	135.600	(0.022)	135.120	(0.414)
SFP(元/吨)	48365—86136	(0.054—0.050)	142546	(0.234)	108961	(0.110)
SIP(美分/磅)	15.860—12.980	(0.954—0.060)	23.420	(0.024)	16.540	(0.030)
SEQ(吨)	4213—36368	(1.000—1.000)	3989	(0.046)	4357	(0.024)
$CP(\%)$	101.900—100.400	(0.360—0.278)	98.380	(0.416)	100.000	(0.118)
OIP(美元/桶)	72.510—71.810	(0.062—0.386)	104.260	(0.122)	105.490	(0.020)
SIQ(吨)	180000—130000	(0.034—0.042)	494549	(0.846)	434700	(0.610)

（2）2011 年 12 月，国内食糖市场出现第二轮价格下降突变。表 9 - 1 的实证结果显示：尽管食品类产品 CPI 指数在此区间内始终保持着上行的态势，国内食糖市场价格却明显呈现出反向的下行态势，一个重要的原因在于国际食糖市场价格的异常波动。事实上，比国内市场提早 2 个月，国际食糖市场就发生了明显的价格下降突变，突变发生概率高达 0.612，国际食糖市场价格自 10 月的 26.325 美分/磅降至 11 月的 24.150 美分/磅，并进一步下跌至年底的 23.760 美分/磅，不难看出，此番国际食糖市场价格下降突变成为国内食糖市场价格震荡的直接推手。此外，12 月食糖期货市场也出现了小幅的价格下降突变（突变概率为 0.230），价格后验均值自 11 月的 134122 元/吨降至 12 月的

132352 元/吨，并进一步跌落至次年 1 月的 12735 元/吨，食糖期货市场价格的持续走低也在一定程度上助推了国内食糖市场价格萧条局面的形成。

（3）2012 年 8 月，国内食糖市场发生第三轮价格下降突变。此番全球食糖市场的不景气直接诱发了国内食糖市场价格的低位运行。具体来看，2012 年 4 月，国际食糖市场出现了新一轮价格下降突变，价格突变概率高达 0.608，此后国际食糖市场价格持续低迷，自当期的 23.790 美分/磅火速跌落，截至 2012 年年底国际食糖市场价格始终保持在 20 美分/磅左右的低位徘徊。与此同时，食糖期货市场也出现了小幅回落，8 月发生了概率为 0.350 的价格下降突变，期货市场价格后验均值自上月的 126044 元/吨降至当月的 125364 元/吨，并持续跌落至次月的 114780 元/吨，这进一步助推了国内食糖现货市场价格的走低。

（二）价格上升突变成因估计与分解

（1）2009 年 5 月，国内食糖市场价格出现首轮价格上升突变。从表 9-2 的统计分析结果来看，原油市场价格在当年 4 月和 5 月接连出现了两次明显的价格上升突变，突变发生概率分别为 0.540 和 0.530，单桶原油市场价格后验均值由 4 月的 47.920 美元提升至 5 月的 58.070 美元，并进一步增长至 6 月的 68.410 美元。虽然在此区间内国际食糖市场和食糖期货市场同样表现出价格上行态势，然而两者的突变发生概率均显著低于原油市场，分别仅为 0.118 和 0.110。其中，对食糖市场而言，国际市场价格和期货市场价格分别自 4 月的 12.932 美分/磅和 73627 元/吨飙升至 5 月的 16.247 美分/磅和 74884 元/吨，并稳步提升至 6 月的 16.611 美分/磅和 77191 元/吨。综上所述，能源化属性的冲击已然成为此番国内食糖市场价格异动的主推势力，其次为全球化属性的冲击作用和金融化属性的冲击作用。

（2）2009 年 11 月，国内食糖市场出现第二轮价格上升突变。2009 年下半年国际食糖市场出现巨变，7 月突变发生概率高达 100%，当月国际食糖市场价格后验均值自 16.695 美分/磅猛增至 8 月的 22.766 美分/磅，此后数月，国际食糖市场价格保持稳定的上扬态势，至 12 月国际食糖市场价格后验均值已高达 22.829 美分/磅。自 7 月以来国际食糖市场价格持续上涨，直接带动了国内食糖市场价格的提升。与此同时，能源市场和食糖期货市场价格的异常变动也是促进国内食糖市场价格震荡的重要因素之一。具体来看：就能源市场而言，生物质燃料市场、与食糖产品存在竞争替代关系的玉米市场以及原油市场价格同步上涨，其中，生物质燃料市场和原油市场在9月均出现了显著的价格上升突变（突变发生概率分别为 0.860 和 0.400），9—12 月生物质燃料乙醇价格指数的后验均值依次为 93.950%、108.640%、111.770% 以及 112.740%，在此区间内，单桶原油的市场价格则依次为 70.240 美元、74.060 美元、75.900 美元以及 76.410 美元；玉米集贸市场价格指数在 11 月的突变发生概率为 0.530，市场价格后验均值由当月的 99.770% 提升至次月的 101.320%。就食糖期货市场而言，在 10 月和 11 月接连发生了两次中等程度的价格异动，突变发生概率分别为 0.340 和 0.370，9—12 月食糖期货市场价格自 80998 美元/吨稳步提升至 101378 美元/吨，月均增幅约为 7.768%。此外，食品类产品的 CPI 指数也保持着上昂的态势，并接连发生了两次价格上升突变，CPI 指数自 11 月的 154.400% 提升至下月的 158.200%，并进一步增至次年 1 月的 164.100%。总的来看，中国食糖市场价格的第二轮突变是国际食糖市场价格、能源市场价格、食糖期货市场价格以及 CPI 指数四重因素累加之后的综合结果。

（3）2010 年 10 月，国内食糖市场出现第三轮价格上升突变。在样本考察时期内，此轮突变的价格波动幅度堪称史上之最。在此时期内，国际食糖市场价格同样呈现出剧烈幅度的变动，8 月和 9 月国际食糖市场接连出现了两次大幅度的价格上升突变，突变发生概率分别为 0.920 和 0.896，9 月和 10 月国际食糖市场价格分别上涨了 29.127% 和 20.054%。在此时期内，食糖期货市场价格和能源市场价格也同样表现出上升的态势，其中，前者的突变发生概率为 0.710，市场价格后验均值由当月的 109351 元/吨提升至次月的 132397 元/吨，上涨幅度高达 21.075%；后者主要指向生物质燃料乙醇市场和原油市场。其中，生物质燃料乙醇市场在 9 月发生了一次价格上升突变，突变发生概率为 0.740，生物质燃料乙醇价格指数后验均值由当月的 101.140% 提升至次月的 112.580%，并最终提升至 11 月的 115.470%；原油市场价格在 10 月表现出较小幅度的价格上升突变（0.290），原油单桶价格后验均值由 77.440 美元提升至次月的 79.160 美元，并最终提升至 11 月的 82.910 美元。此外，在此区间内 CPI 指数也表现出一定的上扬之势（0.352），CPI 指数后验均值由当月的 167.300% 提升至次月的 169.600%，并最终涨至 11 月的 173.100%。综上，此次国内食糖市场价格上升突变是国际食糖价格、食糖期货价格、能源市场价格以及 CPI 指数同步综合作用的结果。

表9－2　基于月度频率数据的食糖市场价格上升突变成因的实证分析结果

指标	2009 年 5 月 后验均值	突变概率	2009 年 11 月 后验均值	突变概率	2010 年 10 月 后验均值	突变概率
ER	6.825	(0.010)	6.827	(0.016)	6.673	(0.074)
CPI（%）	154.290	(0.000)	154.560	(0.412)	169.670	(0.352)
BEPI（%）	89.880	(0.012)	111.010	(0.084)	110.040	(0.182)
SFP（元/吨）	67347	(0.112)	90397	(0.372)	103256	(0.710)
SIP（美分/磅）	15.470	(0.118)	22.770	(0.030)	26.940	(0.096)
SEQ（吨）	9582	(0.090)	5576	(0.050)	6194	(0.336)
CP（%）	100.820	(0.082)	99.350	(0.526)	98.040	(0.140)
OIP（美元/桶）	58.100	(0.526)	77.560	(0.078)	81.720	(0.290)
SIQ（吨）	141457	(0.086)	34802	(0.064)	252882	(0.746)

第四节　稳健性检验

为了有效确保本章第三部分数据分析模型结果的稳健性，将前文研究涉及的所有基于月度频率数据的指标均统一转化为基于季度频率数据的指标之后，再次进行商品结构性价格突变 PPM 模型分析。基于商品价格突变 PPM 模型的国内食糖市场季度频率价格的后验均值和后验概率结果如图9-2所示。

一　价格系统结构性突变特征的再检验

图9-2基于季度频率数据的中国食糖市场价格突变 PPM 模型测算结果，与基于月度频率数据考察突变发生的时间和作用的方向基本上一致。自 2006 年以来，国内食糖市场价格系统共经历了 6 次异常的震荡。具体

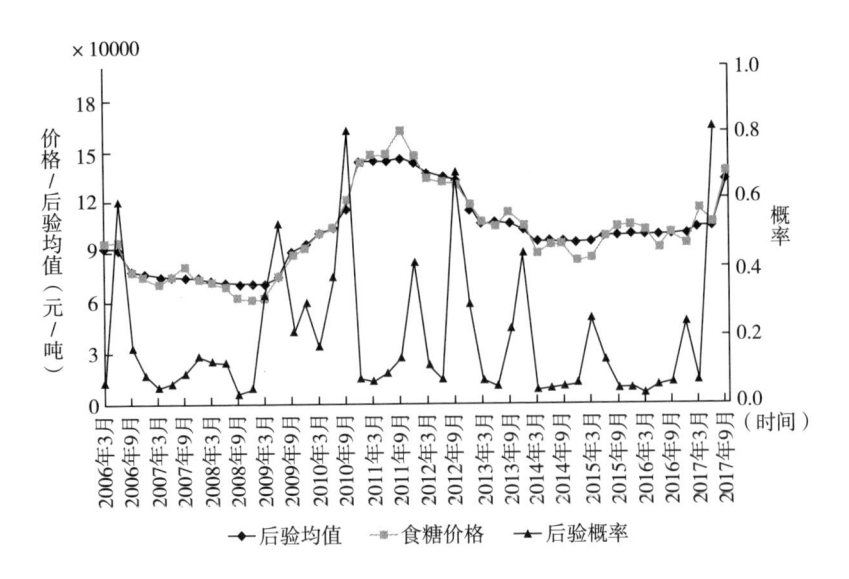

图9-2 基于季频数据的中国食糖价格突变 PPM 模型测算结果

来看：(1) 国内食糖市场价格下降突变，依次发生于 2006 年第二季度、2011 年第四季度以及 2012 年第三季度。其中，2006 年第二季度，中国食糖市场表现出首次价格下降突变，突变后验概率为 0.600，柳州食糖现货市场价格后验均值从第二季度的 91302 元/吨跌落至第三季度的 78372 元/吨，价格下跌幅度高达 16.498%。2011 年第四季度，国内食糖市场出现了第二轮价格下降突变，此轮突变发生概率为 0.416，食糖现货市场价格后验均值自第四季度的 143136 元/吨跌落至次年第一季度的 135891 元/吨。2012 年第三季度，国内食糖市场出现了第三轮价格下降突变，突变发生概率为 0.684，柳州食糖现货市场价格自第三季度的 133548 元/吨跌落至第四季度的 114494 元/吨，并进一步下跌至次年第一季度的 107426 元/吨。(2) 国内食糖市场价格上升突变，依次发生于 2009 年第二季度、2009 年第四季度以及 2010 年第三季度。其中，柳州食糖现货市场首轮价格上升突变发生于 2009 年第二季度（突变发生概率为 0.530），国内食糖现货价格后验均值自第一季度的 69902 元/吨提升至第二季度的 76154 元/吨，并进一步增至第三季度的 89276 元/吨。同年第四季度，国内食糖市场出现了第二轮价格上升突变，突变发生概率为 0.300，柳州食糖现货市场价格的后验均值自第四季度的 93978 元/吨上涨至次年第一季度的 100385 元/吨，涨幅约为 6.818%。2010 年第三季度，国内食糖市场发生了第三轮显著的价格上升突变，突变概率高达 0.806，图 9-2 的数据分析结果显示，自进入第二季度以来柳州食糖现货市场价格始终保持着上行的态势，第二季度至第四季度的市场价格后验均值分别为 103285 元/吨、114732 元/吨以及 142671 元/吨。

二 分作用方向的突变驱动因素分解

（一）价格下降突变成因估计与分解

（1）2006 年第二季度，国内食糖市场发生了首轮价格下降突变。从表 9-3 基于季度频率的模型统计结果来看，同期国际食糖市场和食糖期货市场价格的突变，成为本轮国内食糖市场价格突变形成的两大主要诱因。其中，国际食糖市场和食糖期货市场的突变发生概率分别为 0.392 和 0.390，两个市场价格后验均值分别自第二季度的 15.770 美分/磅和 82806 元/吨跌落至第三季度的 13.900 美分/磅和 73877 元/吨，下跌幅度分别为 13.453% 和 12.086%。在此区间内，食糖对外出口市场份额有了新的突破，中国食糖产品出口量由第二季度的 39169 吨猛增至下一季度的 44322 吨，增长幅度约为 13.156%。

（2）2011 年第四季度，国内食糖市场发生第二轮价格下降突变。此番柳州食糖现货市场出现了明显的价格下降突变，与食品类 CPI 的上涨走势相悖，一个最主要的原因在于全球食糖市场和食糖期货市场的持续萧条。伴随食糖类产品全球化属性和金融化属性的增强，国内食糖现货市场同全球食糖市场和食糖期货市场之间的联系也越发紧密。表 9-3 的实证分析结果显示，2011 年第四季度全球食糖市场和食糖期货市场均经历了价格下降突变，突变发生概率分别为 0.296 和 0.180，两个市场的价格后验均值分别自第三季度的 24.840 美分/磅和 133693 元/吨下降至第四季度的 23.57 美分/磅和 131250 元/吨，并且进一步跌落至次年第一季度的 21.02 美分/磅和 127867 元/吨。无疑，全球食糖市场和食糖期货市场价格的异常波动成为此轮国内柳州食糖现货市场价格突变的直接推手。

（3）2012 年第三季度，国内食糖市场发生了第三轮价格下降突变。同期，食糖期货市场和全球食糖市场均出现了新一轮价格下降突变，突变发生概率分别为 0.580 和 0.234，此后食糖期货市场价格和全球食糖市场价格表现出双双下滑的态势，两者分别由上一季度的 124180 元/吨和 21.010 美分/磅滑落至当季的 104697 元/吨和 20.190 美分/磅，并且进一步下滑至下一季度的 93537 元/吨和 19.210 美分/磅。由此推断，食糖期货市场价格和全球食糖市场的价格异动直接促成了本轮国内食糖市场价格突变的形成。

表 9-3　基于季度频率数据的食糖市场价格下降突变成因实证分析结果

指标	2006 年第二季度 后验均值	突变概率	2011 年第四季度 后验均值	突变概率	2012 年第三季度 后验均值	突变概率
ER	7.969	(0.052)	6.346	(0.128)	6.319	(0.082)
CPI（%）	121.800	(0.028)	190.100	(0.236)	194.200	(0.236)
BEPI（%）	96.340	(0.010)	130.990	(0.012)	131.050	(0.014)
SFP（元/吨）	82806.000	(0.390)	131250.000	(0.180)	124180.000	(0.580)
SIP（美分/磅）	15.770	(0.392)	24.840	(0.296)	20.190	(0.234)
SEQ（吨）	39165.000	(0.336)	13747.000	(0.076)	13048.000	(0.044)
CP（%）	100.930	(0.036)	100.370	(0.102)	100.380	(0.116)
OIP（美元/桶）	64.770	(0.006)	103.880	(0.020)	103.750	(0.026)
SIQ（吨）	329334.000	(0.030)	950389.000	(0.060)	973267.000	(0.082)

（二）价格上升突变成因估计与分解

（1）2009 年第二季度，国内食糖市场出现首轮价格上升突变。同期，国际食糖市场、能源市场和食糖期货市场均表现出价格上行态势，突变发生概率分别为 0.870、0.624 以及 0.410，市场价格后验均值分别自第一季度的 12.790 美分/磅、53.750 美元/桶和 71789 元/吨增至第二季度的 13.890 美分/磅、56.790 美元/桶和 76334 元/吨，并稳步提升至下一季度的 20.570 美分/磅、70.310 美元/桶和 86770 元/吨（见表 9-4）。综上所述，此番国内食糖市场价格异动是国际食糖市场、能源市场和食糖期货市场三个市场综合作用的结果。

（2）2009 年第四季度，国内食糖市场发生第二轮价格上升突变。自 2009 年下半年以来，能源市场价格保持着上行态势，生物质燃料乙醇市场价格和原油市场价格全面高涨，第三季度生物质燃料乙醇市场和原油市场价格分别发生了突变概率为 0.386 和 0.336 的高位震荡，价格后验均值分别由第二季度的 96.750% 和 56.790 美元/桶上涨至第三季度的 97.970% 和 70.310 美元/桶，并持续攀升至第三季度的 103.320% 和 76.340 美元/桶。对食糖产业而言，国际市场和期货市场同期同样表现出价格上行的趋势，两个市场价格后验均值分别由第三季度的 20.570 美分/磅和 86770 元/吨增长至第四季度的 20.630 美分/磅和 91070 元/吨。此外，同期食品类产品 CPI 指数也出现了一次小幅度的上升突变，CPI 指数后验均值自第四季度的 157.700% 提升至次年第一季度的 161.900%，上涨幅度约为 2.663%，这在一定程度进一步刺激了包括食糖类产品在内的大宗农产品价格高企。综上所述，能源市场、国际食糖市场、食糖期货市场以及通货膨胀等多重因素共同的正向冲击是触发此轮国内食糖市场价格突变的主要诱因。

（3）2010 年第三季度，国内食糖市场出现第三轮价格上升突变。对食糖产业而言，国际食糖市场价格的异常高涨直接带动了此轮国内市场价格的上涨，表 9-4 的实证分析结果显示，仅 2010 年第三季度全球食糖市场就发生了概率高达 0.942 的上升突变，国际食糖市场价格后验均值自当季的 19.510 美分/磅猛增至第四季度的 25.770 美分/磅，增长幅度高达 32.086%，成为国内食糖现货市场价格上升突变的直接推手。此外，食糖期货市场和能源市场也呈现出上昂态势，其中食糖期货市场价格、生物质燃料乙醇市场价格指数和石油市场价格的后验均值分别自第二季度的 101067 元/吨、103.160%、77.010 美元/桶增至第三季度的 111144 元/吨、103.470%、77.210 美元/桶，并进一步增长至第四季度的 128085 元/吨、113.360%、79.570 美元/桶。同期 CPI 指数也表现出一定的上涨趋势（突变发生概率为 0.306），CPI 指数后验均值由当季的 162.400% 提升至下一季度的 166.100%，并最终提升至第四季度的 173.360%。综上所述，国际食糖市场、食糖期货市场、能源市场以及通货膨胀因素共同推动了此轮食糖市场价格上升突变。

表 9-4　基于季度频率数据的食糖市场价格上升突变机理实证分析结果

指标	2009 年第三季度		2009 年第四季度		2010 年第三季度	
	后验均值	突变概率	后验均值	突变概率	后验均值	突变概率
ER	6.830	0.030	6.826	0.044	6.793	0.510
CPI（%）	154.100	0.076	157.700	0.348	166.100	0.306
BEPI（%）	96.750	0.114	103.320	0.046	103.470	0.340
SFP（元/吨）	76334.000	0.410	91070.000	0.250	111144.000	0.550
SIP（美分/磅）	13.890	0.870	20.630	0.142	19.510	0.942

续表

指标	2009年第三季度		2009年第四季度		2010年第三季度	
	后验均值	突变概率	后验均值	突变概率	后验均值	突变概率
SEQ（吨）	16988.000	0.056	17410.000	0.496	18517.000	0.050
CP（%）	100.810	0.044	100.750	0.058	100.720	0.066
OIP（美元/桶）	56.790	0.624	76.340	0.056	77.210	0.136
SIQ（吨）	324683.000	0.028	323860.000	0.040	381257.000	0.052

第五节　研究结论和启示

一　研究结论

本章选取了食用性、战略性、能源化、全球化以及金融化等多重功能属性兼具的食糖作为大宗敏感农产品的代表，利用2006年1月至2017年12月中国食糖市场相关价格月度频率数据，展开价格系统内结构性突变特性检验。首先，基于商品价格突变PPM模型科学判别中国食糖产业价格突变发生拐点、发生次数、作用强度以及呈现方向；其次，基于能源化指标、全球化指标、金融化指标以及通货膨胀指标等食糖产业相关市场行情指标深入挖掘历次市场价格突变诱发机理；最后，为了有效确保研究结果的可靠性，将研究过程中涉及的相关月度频率研究变量统一转换为季度频率指标之后展开稳健性检验。综合研究结果共同显示：

（1）就食糖价格系统内结构性突变节点、发生次数、作用强度以及呈现方向等基本特性而言，在样本考察区间内，中国食糖产业共经历了6次非周期性、非规律性的市场价格系统结构性异常波动，涵盖3次价格下降突变和3次价格上升突变。其中，前者依次发生在2006年的7—8月、2011年12月以及2012年8月；后者则依次发生于2009年5月、2009年11月以及2010年10月。基于季度频率数据的稳健性检验与基于月度频率数据的节点识别结果基本吻合，再次验证了上述结果的可靠性。

（2）就食糖价格系统内结构性突变的驱动因素而言：第一，分指标来看。国际食糖市场行情和食糖期货市场的异常波动直接刺激中国食糖现货市场，诱发国内食糖产业市场价格发生突变，在国内食糖现货市场价格的 6 次异动过程中，国际食糖市场和食糖期货市场始终发挥着重要的主导作用；其次为能源市场的推动，尤其是表现在 3 次价格上升突变的发生过程中，生物质燃料乙醇市场和原油市场始终扮演着重要的角色；此外，通货膨胀因素也在较小程度上影响着国内食糖市场价格上升突变的形成。第二，分作用方向来看。就国内食糖产业市场价格下降突变而言，在三次价格下降突变过程中，国际食糖市场和食糖期货市场价格异动均起到了主要的推动作用，尤其是国际食糖市场的同向震荡发挥着主导作用；其次为食糖期货市场的助推。相对而言，中国食糖市场价格上升突变的成因则更加复杂，多数时候是国际食糖市场、食糖期货市场以及能源市场等新型冲击因素综合作用的结果，仅在少数阶段或者特定时期通胀因素表现出微小的差异。

（3）全球化属性、金融化属性和能源化属性是诱发中国食糖现货市场价格系统结构性突变形成和传导方向的主要载体。对于食糖产业而言，在样本考察区间内，食用性、战略性、能源化、全球化、金融化等多重功能属性中，有且仅有全球化属性、金融化属性、能源化属性等新型冲击势力是触发中国食糖市场价格发生异常变动的重要原因；与此同时，三大市场价格异动与中国食糖现货市场价格突变的方向也存在一定的趋同性。

二 启示

对中国食糖产业而言，市场价格异常波动将通过影响产品市场供给、影响竞争替代品价格波动以及游资炒作等方式直接或间接威胁食糖产业安全。例如，中国作为全球十分重要的糖料作物生产大国和消费大国，若食糖市场价格出现异常波动无疑会扰乱正常的市场供给秩序，为食糖类产品供给增添不确定性，直接威胁食糖产业安全；与此同时，食糖市场异常的价格波动将改变相关利益主体的价格预期，横向拉动玉米以及其他与之存在竞争替代关系的产品价格波动，间接威胁中国种植业整体产业安全；此外，由于金融化属性的存在，食糖市场异常的价格波动还易引发金融资本的游资炒作行为。

在新时代背景下，为了力保包括食糖在内的重要大宗敏感农产品市场的安全，要更加重视波动频繁、形式复杂的非周期性、非规律性的市场价格异常波动新特性。为了有效应对上述异常波动新特性，针对食糖产业今后工作的重点，应从食用性和战略性的传统属性，切换至全球化、金融化、能源化三大新型冲击属性。具体来看：第一，相关部门要继续强化对国际食糖市场价格的动态监测预警。食糖的全球化属性密切了国际市场和国内市场之间的经济关联，为有效应对农产品全球化贸易的挑战，要继续协调巩固国内与国际两个市场，强化对包括食糖类产品在内的大宗敏感农产品进出口贸易和流通贸易领域的监管。第二，着力搭建期货市场、现货市场之间良好的衔接机制。金融化属性已然强化了食糖期货市场与现货市场之间的空间经济关联，期货市场的价格发现和风险规避职能正在显现，故而在此背景下，要继续强化与完善对包括食糖在内的大宗敏感农产品期货市场的运行与监管。第三，密切关注能源市场新动向。尤其是与大宗敏感农产品市场行情息息相关的能源市场，科学研判以燃料乙醇为代表的生物质能源市场和原油市场价格新动向。

第六节　本章小结

食糖及其制品价格的异常波动将最终影响中国食糖产业价格的整体推进，进而给物价水平带来重要影响。食糖多重属性兼具，并且是关乎国计民生的重要大宗敏感农产品，是否存在非周期性、非规律性的价格异常波动？若此类异常波动存在，如何识别这种市场价格异常波动的特征并进一步的明晰驱动机理？这些新的异常波动特性是否会给中国食糖产业安全带来区别以往的影响，应该如何有效预防？科学识别中国食糖市场价格突变拐点具备重要的理论意义和现实意义，不仅有助于投资者把握市场预判市场走向、择优规划投资策略，还有助于维护利益相关者福利，有效确保中国食糖产业安全。

基于此，本章节选取 2006—2017 年月度频率数据，基于一种适用于商品价格突变问题分析的系统结构性突变 PPM 模型，展开了中国食糖现货价格系统内非周期性、非规律性的结构性突变特性检验，判别突变拐点、发生次数、作用强度以及作用方向；并结合实际的政治经济背景，从能源化因素、全球化因素、金融化因素、通货膨胀因素、市场供求关系以及宏观政策变动等多重视角出发深入解析食糖现货市场价格异动的诱发机理；并在此基础上，探讨食糖现货市场价格波动的新特性给我国食糖产业安全可能带来的影响，试图为包括食糖产业在内的大宗敏感农产品产业安全相关战略的制定提供相应政策建议。实证研究结果表明，在研究区间内，中国食糖产业共历经了 6 次市场价格异常突变，价格下降突变和价格上升突变各发生 3 次；国际食糖市场和食糖期货市场是触发食糖现货市场价格突变的主导因素，其次为能源市场，并且三者与食糖现货市场价格突变方向趋同；食糖市场价格上升突变比食糖市场价格下降突变的成因更为复杂，但是多数时候也是全球化属性、金融化属性以及能源化属性综合作用的结果，仅在少数阶段或特定时期通胀因素表现出微小差异。基于季度频率数据的稳健性检验再次证实了上述研究结果的可靠性。在新时代背景下，为了有效应对市场价格异常波动新特性并确保中国食糖产业安全，未来工作重点应从食用性和战略性的传统属性，切换至全球化、金融化以及能源化三大新型冲击属性。

第十章　研究结论与对策建议

第一节　研究结论

第一，基于空间洛伦兹曲线的生产集中化指数分析结果表明：1978—2015年中国糖料作物生产逐步向优势区域集中并呈现"西移"趋势，食糖产业生产集中度有了明显提高；中国南方和北方两种主要的糖料作物——甘蔗作物和甜菜作物生产布局均出现了较大幅度的位置迁移。

（1）基于空间洛伦兹曲线的生产集中化指数测算结果显示，从食糖产业整体视角来看，自改革开放以来中国糖料作物生产空间格局出现了较大幅度的调整，在样本考察区间内食糖生产的集中化水平逐年提升，生产区域逐步向优势产区偏移，2006年以后中国糖料作物的生产集中化趋于稳定；并且21世纪以来，中国食糖产业整体上已经基本上实现了生产专业化地域分工。（2）从品种细分视角来看，改革开放以来中国糖料作物生产呈现明显的"蔗多菜少"态势，并且甘蔗作物与中国食糖产业的整体变动路径更为接近，其生产集中化程度要明显优于甜菜作物，历经了"U"形变动轨迹，即1988年之前表现出波动性下降态势，1988年之后稳步增进，2007年以来相对稳定；而甜菜作物的生产集中化水平则历经了"上升—下降—上升—下降—上升"的类"M"形波浪式演进，即1978—1993年和1993—2013年分别历经两个完整的起伏周期，2013年以后甜菜作物生产进一步向优势产区集中。（3）从区域布局视角来看，广西壮族自治区、云南省以及新疆维吾尔自治区在中国食糖产业整体的时空集聚过程中发挥了主导作用。其中，甘蔗作物生产逐步向广西壮族自治区和云南省等西南优势区域集中，而广东省、海南省、福建省、四川省以及重庆市等传统种蔗大省的生产地位明显下降；相对甘蔗作物而言，甜菜作物的生产集中化水平仍然存在较大的提升空间，当前正在向着新疆维吾尔自治区、内蒙古自治区等西北产区迁移，与此同时，黑龙江省和吉林省等东北甜菜作物传统产区的地位正在下降。

第二，基于对数平均迪氏分解 LMDI 模型的实证分析结果表明，从产业整体视角、品种细分视角、区域布局视角三个不同维度测算的中国食糖生产时空格局演变因素分解效应存在显著差异。

（1）对数平均迪氏分解 LMDI 模型的研究结果显示，从食糖产业整体视角来看，在样本研究区间内因科技进步等因素引致的糖料作物单产水平提升是中国改革开放以来糖料作物总产量增长的根本原因，其对总产量的要素贡献值要明显优于播种面积的贡献效应。（2）从品种细分视角来看，促进中国糖料作物总产量提升的主导作物为甘蔗作物。具体来看，甘蔗作物播种面积扩大是引致样本考察区间 1978—2013 年中国糖料作物总产量显著增加的首要因素；其次为甘蔗作物的单产效益与甜菜作物的单产效益；而甜菜作物的播种面积效应为负值，在一定程度上对糖料作物总产量起到了负向消减的作用进而延缓了糖料作物总产量的增速。（3）从区域布局来看，广西壮族自治区、云南省、新疆维吾尔自治区、海南省以及贵州省等省域糖料作物产量的迅猛增加取决于播种面积与单产水平提升双因素，而其余各个省域产量变化均是由单一因素主导。

第三，中国糖料作物市场逐步趋于整合状态，主产省域之间的市场整合程度较高，并且地理距离临近主产省域之间的市场整合程度要高于地理距离相对较远的主产省域。

中国北方地区甜菜作物和南方地区的甘蔗作物均基本上形成了市场对价格形成的导向机制，市场的整合程度相对较高。并且，外部综合价格在中国糖料作物市场价格变化中占据着主导作用，对比气候条件、气候条件变异系数以及作物丰收质量等当地生产条件，外部综合价格变动对食糖市场价格的影响程度更高。在保持当地生产条件不变的情况下，在引入地理距离变量之前，外部综合价格每上升 10%，将分别引致主产省域甜菜作物和甘蔗作物的市场价格平均上涨 8.67% 与 7.73%；在引入了地理距离变量之后，糖料作物的市场价格波动主要源自地理距离相对较近的省域间综合价格的变化，其中，地理距离相对较近省域的综合价格每上升 10%，将引致主产省域甜菜作物和甘蔗作物市场价格平均上涨

0.289%和1.85%，而地理距离相对较远省域的综合价格系数均不显著。

第四，步入21世纪以来，国内食糖市场价格传导机制正在发生新的变革，包括对未来市场价格的理性预期在内的传统驱动因素仍然是影响国内食糖市场价格波动的重要因素之一；与此同时，全球化属性、金融化属性、能源化属性等各大新型外部冲击势力同时作用于国内食糖市场，给中国食糖产业安全带来不容小觑的威胁，使国内食糖市场面临更加复杂的、不确定的价格波动。

（1）中国食糖产业相关的不同市场价格之间存在紧密联系的动态关联关系。基于Granger因果关系检验和VEC模型的估计结果表明，中国食糖产业的全球化程度、金融化程度和能源化程度均已然较高，国际食糖市场价格、食糖期货市场价格以及能源市场价格均是预测国内食糖现货市场价格走势的重要指标，任意一个市场与国内食糖市场之间均具有显著的价格均值溢出效应。这也就暗示着受到不同外部属性的冲击，国际食糖市场价格、食糖期货市场价格以及国际燃料市场价格已然成为国内外食糖市场价格变动的重要指示器。

（2）对于食糖产业而言，基于BEKK-GARCH模型的估计证实，国际食糖市场、国内食糖市场、食糖期货市场、食糖现货市场以及能源市场内部均存在相应的价格运行和调适机制，均在方差层面受到自身历史价格波动较大的影响，即在一定程度上具有价格的长记忆特征。与此同时，国内食糖市场具备一定的价格反向修复机制，在受到外部冲击之后能够在一定时间内从非均衡状态调整到长期均衡水平。

（3）国际食糖市场、国内食糖市场、食糖期货市场、食糖现货市场以及能源市场任意两个市场价格序列彼此之间均表现出显著的波动溢出效应，而波动溢出效应的单双向关系及效应类型不尽相同。基于ARDL模型的估计证实，在新型冲击因素中，食糖期货市场在国内食糖市场价格传导新机制中的作用最为明显，即金融化投机驱动已然成为新形势下冲击国内食糖市场的最大力量；其次为能源化属性驱动因素的作用力；对比之下，国际化属性冲击的贡献作用相对较弱。

第五，2007—2017年，中国食糖市场共经历了6次非周期性、非规律性的市场价格系统结构性异常突变；突变形成的主要驱动因素为全球化属性、金融化属性、能源化属性等新型冲击势力，三大市场价格异动与中国食糖现货市场价格突变的方向存在一定的趋同性。

基于月度频率数据的商品价格突变 PPM 模型测算结果显示：在 2007—2017 年国内食糖市场价格的 6 次异常波动过程中，3 次为价格下降突变，依次发生在 2006 年的 7—8 月、2011 年 12 月以及 2012 年 8 月，国际食糖市场行情和食糖期货市场的异动发挥着重要的主导作用，其次为能源市场的推动；3 次价格上升突变则依次发生于 2009 年 5 月、2009 年 11 月以及 2010 年 10 月，对比价格下降突变，食糖市场价格上升突变的成因相对更为复杂，多数时候是国际食糖市场、食糖期货市场、能源市场等新型冲击因素综合作用的结果，仅在少数阶段或者特定时期通胀因素表现出微小的差异。

基于季度频率数据的中国食糖市场价格突变 PPM 模型的测算结果与基于月度频率数据考察突变的发生时间、作用方向以及要素贡献基本上一致。自 2006 年以来，国内食糖市场价格系统共经历了 6 次异常震荡，其中价格下降突变依次发生于 2006 年第二季度、2011 年第四季度以及 2012 年第三季度，价格上升突变依次发生于 2009 年第二季度、2009 年第四季度以及 2010 年第三季度。基于季度频率数据的稳健性检验与基于月度频率数据的节点识别结果基本吻合，再次验证了上述结果的可靠性。

第二节　对策建议

为了确保中国食糖产业生产稳步发展和市场安全，除了要及时掌握与更新食糖产业生产集中化水平演进脉络，做好省域层面的土地利用分化，科学优化食糖产业生产功能区，稳步推进专业化分工进程并有效确保产品的稳定供给；还要科学把握食糖市场价格新动向，密切关注包括未来价格预期、产品自身属性、宏观政策变动等传统的产品市场供需关系驱动因素的同时，随时监管食糖期货市场、能源市场以及国际食糖市场新动向，科学展开大宗敏感农产品市场公共信息平台建设。为了有效确保中国食糖产业安全，建议未来强化以下几个方面的工作。

（1）甘蔗作物是中国食糖产业的主导要素与关键命脉，中央和地方各级政务必要紧抓广西壮族自治区和云南省两个省域甘蔗作物的规模化生产工作，加大对当地甘蔗作物优势产区基地建设范围与支持力度，鼓励农民专业合作社、龙头企业等新型经营主体与农民建立长期稳定的契约关系，重点推动甘蔗作物的规模化、机械化生产；与此同时，要适度优化中国甜菜作物的优势区域布局，在巩固与提升新疆维吾尔自治区等西北甜菜作物优势产区的同时要尽量稳住东北传统产区。

（2）依托现代化科技，提升糖料作物的单产水平。科学选育推广高产抗旱并且含糖量高的优势作物品种，研究与推广病虫害综合防治技术及应用轻简栽培技术，力推"广西模式"，努力提高糖料作物单产水平。

（3）建立糖料作物主产区长效供求合作机制，支持北方甜菜作物与南方甘蔗作物的跨省域生产与投资。对北方甜菜作物和南方甘蔗作物而言，其不同主产省域之间均存在较强的空间整合关系，未来有必要强化中国糖料作物大空间流通体系建设，鼓励发展中国食糖产业新型流通业态，逐步完善中国食糖产业市场流通体系。

（4）在新时代背景下，要更加重视中国食糖市场非周期性、非规律性的价格异常波动新特性，继续做好食糖市场行情信息发布、传递和共享服务，不断提高食糖产业相关价格理论预期的准确度，随时防控因外部市场冲击叠加引致的市场风险升级。针对食糖产业政府相关部门今后工作的重点应从食用性和战略性的传统属性，切换至全球化属性、金融化属性、能源化属性三大新型冲击属性，并强化对市场相关利益主体的有效引导。第一，继续强化对国际食糖市场价格的动态监测预警，及时研判和预警国际食糖市场价格变动的新规律、新特点、新趋势、新苗头，及时预防国内食糖市场可能面临的冲击效应。第二，着力搭建食糖产业期货市场和现货市场之间良好的衔接机制，使期货市场能够切实服务于实体食糖经济。完善期现货权威价格信号产业信息发布平台，强化金融市场监管力度，科学发挥食糖期货市场对现货市场的价格发现与引导功能，确保更多的交易主体能够获得利用期货规避风险的资格。第三，密切关注能源市场相关价格新动向。尤其是与食糖产业息息相关的以燃料乙醇为代表的生物质能源和原油市场的新动向，科学制定因能源市场价格变动引发的糖市价格应急调控预案，保障市场相关利益主体能够及时准确获得相关信息。

（5）坚持市场导向的原则，改革与规范国内现行的食糖产业调控政策体系。对食糖产业相关市场而言，经过一段时间的自我调节可以达到市场均衡；与此同时，波动溢出效应的存在将使国家针对某一市场的政策有可能通过市场传导机制影响其他市场的稳定，并且这一影响可能通过市场间的乘数效应被扩大，增添了政策负面效应的风险。因此，从食糖生产安全、糖农福利、价格稳定等多方面出发，未来政府有必要借鉴国际市场和期货市场运营机制，坚持市场对价格形成起决定性作用，避免不当干预导致的空间层面价格传导与溢出机制发生扭曲，规范与完善国内食糖现货市场价格的形成、传导和调控机制。

参考文献

白秀广等：《气候变化与中国苹果主产区空间变迁》，《经济地理》2015年第6期。

蔡伟毅等：《利率冲击与流动性冲击对大宗商品价格影响研究》，《财贸研究》2018年第6期。

柴建等：《国际油价突变识别及分析》，《中国人口·资源与环境》2014年第1期。

陈定洋：《供给侧改革视域下现代农业产业化联合体研究——产生机理、运行机制与实证分析》，《科技进步与对策》2016年第13期。

陈景新、王云峰：《我国劳动密集型产业集聚与扩散的时空分析》，《统计研究》2014年第2期。

陈利、朱喜钢：《基于空间计量的经济集聚对农民收入的影响效应——以云南省为例》，《农业技术经济》2015年第10期。

陈宇峰等：《国际油价波动对国内农产品价格的冲击传导机制：基于LSTAR模型》，《中国农村经济》2012年第9期。

程琳琳、张俊飚：《中国食用菌主要品种时序演进及空间差异——以香菇和平菇为例》，《华中农业大学学报》（社会科学版）2015年第5期。

程艳：《中国区域经济整合的"泛一体化"框架及其多维取向》，《改革》2010年第5期。

程长林：《我国乳制品产业空间集聚效应研究》，博士学位论文，中国农业科学院，2018年。

宗兵等：《中国粮食生产区域格局变动及成因的实证分析》，《宏观经济研究》2014年第3期。

董晓霞等：《完全竞争条件下的中国生鲜农产品市场价格传导——以西红柿为例》，《中国农村经济》2011年第2期。

冯中朝、朱诗萌：《中国—东盟农产品产业内贸易规模、水平和结构分析》,《华中农业大学学报》(社会科学版) 2015 年第 4 期。

高鸣、宋洪远:《粮食生产技术效率的空间收敛及功能区差异——兼论技术扩散的空间涟漪效应》,《管理世界》2014 年第 7 期。

高强、孔祥智:《中国农业结构调整的总体估价与趋势判断》,《改革》2014 年第 11 期。

高群、宋长鸣:《地理距离变量抽离前后中国糖料作物市场整合研究》,《统计与信息论坛》2015 年第 2 期。

高群、柯杨敏:《国内外食糖市场空间联动与溢出效应研究——基于能源化视角》,《国际贸易问题》2016 年第 2 期。

高群等:《中国糖料生产时空变动特征及作物贡献要素分解》,《经济地理》2016 年第 4 期。

高群:《基于 PPM 模型的大宗敏感农产品价格结构性突变诊断——以食糖产业为例》,《系统工程》2018 年第 11 期。

高群等:《1978—2015 年中国糖料作物生产集中化水平变迁》,《经济地理》2018 年第 11 期。

葛亚宁等:《近 50 年气候变化背景下我国玉米生产潜力时空演变特征》,《自然资源学报》2015 年第 5 期。

桂琦寒等:《中国国内商品市场趋于分割还是整合:基于相对价格法的分析》,《世界经济》2006 年第 2 期。

韩俊、伍振军:《糖料生产的扶持政策因应:滇省例证》,《改革》2011 年第 11 期。

郝晓燕:《我国小麦生产区位集聚:特征、影响因素及增长效应》,博士学位论文,中国农业大学,2019 年。

何蒲明等:《粮食品种产量波动对粮食总产量波动的影响研究》,《农业技术经济》2010 年第 3 期。

何启志:《价格惯性、波动性与学习型预期——以农产品和能源价格为例的研究》,《财贸经济》2015 年第 2 期。

和龙等:《我国农业供给侧结构性改革:机遇、挑战及对策》,《农村经济》2016 年第 7 期。

贺亚亚:《中国农业地理集聚:时空特征、形成机理与增长效应》,博士学位论文,华中农业大学,2016 年。

胡中应、胡浩:《产业集聚对我国农业碳排放的影响》,《山东社会科学》2016 年第 6 期。

黄春全、司伟：《国际甘蔗燃料乙醇与食糖市场间的非对称价格传导效应》，《经济问题探索》2014 年第 2 期。

黄春全、司伟：《甘蔗能源化如何影响食糖价格》，《农业技术经济》2014 年第 10 期。

黄福江、高志刚：《国内外农业产业集群研究综述与展望》，《新疆农垦经济》2016 年第 3 期。

黄少安等：《中国土地产权制度对农业经济增长的影响——对 1949—1978 年中国大陆农业生产效率的实证分析》，《中国社会科学》2005 年第 3 期。

黄守坤：《国际大宗商品对我国农产品价格的波动溢出》，《宏观经济研究》2015 年第 7 期。

黄新飞等：《外部供给、地理距离与中国粮食市场整合研究》，《统计研究》2013 年第 9 期。

黄勇、朱信凯：《基于指数分解法的中国粮食增量贡献要素研究》，《农业技术经济》2014 年第 6 期。

孔祥智：《农业供给侧结构性改革的基本内涵与政策建议》，《改革》2016 年第 2 期。

李二玲等：《中国农业地理集聚格局演化及其机制》，《地理研究》2012 年第 5 期。

李辉：《澳大利亚糖业经济的发展经验及其对我国的启示》，《华东师范大学学报》（哲学社会科学版）2011 年第 6 期。

李剑、李崇光：《农产品期货市场风险评价——一个基于价格泡沫模型的新分析框架》，《中国农村经济》2017 年第 5 期。

李静：《农业产业集群的形成机制及社会效应研究》，博士学位论文，浙江大学，2015 年。

李秋萍等：《产业链视角下农产品价格溢出效应研究——基于三元 VAR – BEKK – GARCH（1，1）模型》，《财贸经济》2014 年第 10 期。

李炜、田国双：《生态补偿机制的博弈分析——基于主体功能区视角》，《学习与探索》2012 年第 6 期。

李显戈：《基于国际视角的粮食自给率变动研究》，《世界农业》2015 年第 3 期。

李艳梅等：《京津冀地区蔬菜生产的时空分异及分区研究》，《经济地理》2015 年第 1 期。

李志方、陈通：《我国 GI 农产品空间分布特征及与农业发展匹配度研究》，《财经论丛》2013 年第 4 期。

梁权熙等：《期货市场在我国食糖价格形成中作用的实证研究》，《价格月刊》2009 年第 3 期。

刘华军等：《中国大宗商品价格溢出网络结构及动态交互影响》，《数量经济技术经济研究》2017 年第 1 期。

刘庆富、王海民：《期货市场与现货市场之间的价格研究——中国农产品市场的经验》，《财经问题研究》2006 年第 4 期。

刘心竹等：《中国食糖行业需求现状分析及未来发展预测研究》，《资源开发与市场》2014 年第 9 期。

刘彦随、翟荣新：《中国粮食生产时空格局动态及其优化策略探析》，《地域研究与开发》2009 年第 1 期。

刘一江等：《我国糖类价格波动分析》，《生产力研究》2015 年第 2 期。

刘玉等：《基于 LMDI 模型的中国粮食产量变化及作物构成分解研究》，《自然资源学报》2014 年第 10 期。

刘再起、徐艳飞：《对外贸易、市场整合与地区经济增长——基于 bootstrap 面板因果检验》，《世界经济研究》2013 年第 3 期。

刘志雄：《开放条件下中国糖业安全状况评估及国际比较》，《农业经济问题》2012 年第 6 期。

刘忠等：《2003—2011 年中国粮食增产的贡献因素分析》，《农业工程学报》2013 年第 23 期。

柳松、唐婷斐：《金融危机前后国际原油市场对中国菜油市场"溢出效应"的比较研究》，《农业技术经济》2015 年第 8 期。

罗锋、牛宝俊：《国际农产品价格波动对国内农产品价格的传递效应——基于 VAR 模型的实证研究》，《国际贸易问题》2009 年第 6 期。

罗海平、宋炎：《基于偏离—份额法的我国粮食主产区农业产值结构与增长效益研究：1980 年—2012 年》，《经济经纬》2015 年第 6 期。

罗良国、李宁辉：《结构调整与区域比较优势对我国粮食主产区农业增长的影响》，《中国农业大学学报》（社会科学版）2005 年第 2 期。

罗四维：《我国食糖价格波动特征研究》，《学术论坛》2013年第1期。

罗兴武等：《中国大宗农产品进口非关税措施的效应分析——以大豆、棉花、植物油、谷物、食糖为例》，《农业经济问题》2014年第3期。

吕超、周应恒：《我国农业产业集聚与农业经济增长的实证研究——基于蔬菜产业的检验和分析》，《南京农业大学学报》（社会科学版）2011年第2期。

吕捷、林宇洁：《国际玉米价格波动特性及其对中国粮食安全影响》，《管理世界》2013年第5期。

吕亿环、何伟艳：《郑州白糖期货市场价格发现功能的实证研究》，《价格理论与实践》2011年第6期。

毛学峰、杨军：《价格联系、市场边界与政府干预——以小麦、玉米和食糖价格联系为例》，《中国农村经济》2015年第8期。

毛学峰等：《国际食物消费启示与中国食物缺口分析：基于历史数据》，《经济理论与经济管理》2014年第8期。

倪印锋、王明利：《中国牧草产业地理集聚特征及影响因素》，《经济地理》2018年第6期。

潘方卉、李翠霞：《生猪产销价格传导机制：门限效应与市场势力》，《中国农村经济》2015年第5期。

彭迪云、温舒甜：《基于主体功能区视角的产业集群转型发展——以中部地区为例》，《江西社会科学》2013年第10期。

秦富等：《主动应对农产品贸易挑战的思考和建议》，《农业经济问题》2015年第11期。

邱德荣、黄晨：《基于收入结构的大宗农产品产业格局研究——以糖产业为例》，《云南民族大学学报》（哲学社会科学版）2015年第6期。

司伟、王秀清：《中国糖料生产成本差异及其原因分析》，《农业技术经济》2004年第2期。

司伟：《中国糖料生产的地区优势分析》，《中国农村经济》2004年第3期。

司伟：《全球化背景下的中国糖业：价格、成本与技术效率》，博士学位论文，中国农业大学，2005年。

司伟、王秀清：《中国糖料的供给反应》，《中国农村观察》2006年第4期。

司伟：《中国食糖消费：结构转变与区域差异》，《中国农业大学学报》（社会科学版）2012年第3期。

宋士菁、张建清：《从战略性贸易政策的视角来看欧盟食糖政策》，《国际贸易问题》2007年第1期。

宋燕平、王艳荣：《面向农业产业集聚发展的技术进步效应分析》，《科学学研究》2009年第7期。

宋长鸣等：《中美农产品市场整合及其价格传导机制研究——以大豆市场为例》，《世界经济研究》2013年第3期。

孙秀玲：《中国生猪价格波动机理研究（2000—2014）》，博士学位论文，中国农业大学，2015年。

谭晶荣等：《国际大宗商品期货价格与中国农产品批发市场价格关系研究》，《财贸经济》2012年第6期。

田甜：《国际粮食市场波动及利用研究》，博士学位论文，中国农业大学，2017年。

涂圣伟、蓝海涛：《我国重要农产品价格波动、价格调控及其政策效果》，《改革》2013年第12期。

王栋：《我国农业产业集聚区形成机理研究》，中国传媒出版社2009年版。

王国刚等：《中国肉牛产业发展的阶段识别及时空分异特征》，《经济地理》2014年第10期。

王国刚等：《中国畜牧业地理集聚特征及其演化机制》，《自然资源学报》2014年第12期。

王介勇、刘彦随：《1990年至2005年中国粮食产量重心演进格局及其驱动机制》，《资源科学》2009年第7期。

王蕾：《基于SVM的食糖市场风险预警研究》，《兰州学刊》2011年第6期。

王丽娜、陆迁：《国内外玉米市场价格的动态关系及传导效应》，《国际贸易问题》2011年第12期。

王宁等：《我国北方小麦收购市场与面粉零售市场的整合研究》，《农业经济问题》2008年第6期。

王伟、黄汉权:《促进我国糖业持续健康发展的几点思考》,《宏观经济管理》2007 年第 12 期。

王伟新等:《中国水果产业地理集聚研究:时空特征与影响因素》,《经济地理》2013 年第 8 期。

王孝松、谢申祥:《国际农产品价格如何影响了中国农产品价格》,《经济研究》2015 年第 6 期。

王艳荣、刘业政:《农业产业集聚对农民收入影响效应研究》,《农业技术经济》2011 年第 9 期。

王艳荣、刘业政:《农业产业集聚形成机制的结构验证》,《中国农村经济》2011 年第 10 期。

王艳荣:《农业产业集聚视角下技术创新效应的影响因素研究》,《经济经纬》2012 年第 5 期。

王艳荣:《农业产业集聚的效应与对策研究》,博士学位论文,合肥工业大学,2012 年。

王耀中等:《国际大宗农产品定价机制影响中国农产品价格的传导机理研究》,《财经理论与实践》2018 年第 2 期。

王永刚等:《我国油料及植物油贸易发展与价格整合分析》,《国际贸易问题》2006 年第 3 期。

王云清:《能源价格冲击与中国的宏观经济:理论模型、数值分析及政策模拟》,《经济学动态》2014 年第 2 期。

王振宇:《中美农产品价格波动特征及溢出效应研究——基于大豆期货数据的分析》,《农村经济》2014 年第 5 期。

韦佳培、梁戈夫:《中国制糖产业依存度与波及效应分析》,《求索》2013 年第 1 期。

魏振祥、刘国良:《入世后中美食糖价格联动效应动态变化的实证研究》,《北京工商大学学报》(社会科学版)2012 年第 4 期。

吴海霞、王静:《我国粮食市场价格波动溢出效应研究》,《农业技术经济》2012 年第 10 期。

吴海霞等:《原油、玉米、燃料乙醇市场波动溢出效应分析》,《中国农村经济》2013 年第 2 期。

吴海霞等:《农产品金融化对玉米价格波动的传导效应研究》,《厦门大学学报》(哲学社会科学版)2017 年第 2 期。

武拉平：《我国小麦、玉米和生猪收购市场整合程度研究》，《中国农村观察》1999年第4期。

肖超苏：《中国农业集聚发展研究》，博士学位论文，湖南农业大学，2008年。

肖俊喜、郭晓利：《中美农产品期货市场流动性比较研究》，《证券市场导报》2012年第9期。

肖卫东：《中国种植业地理集聚：时空特征、变化趋势及影响因素》，《中国农村经济》2012年第5期。

肖小勇等：《国际粮食价格对中国粮食价格的溢出效应分析》，《中国农村经济》2014年第2期。

熊中才：《食糖价格走势分析及政策建议》，《中国物价》2001年第3期。

徐丽华、王慧：《区域农业产业集群特征与形成机制研究》，《农业经济问题》2014年第11期。

徐雪、仇焕广：《中国农产品进口对其国内外价格的影响趋势分析》，《学习与实践》2015年第5期。

徐雪：《中国与巴西食糖产业竞争力比较》，《农业经济问题》2004年第11期。

徐雪：《2014年我国糖料生产形势及后市展望》，《中国糖料》2014年第4期。

薛亮等：《规模化发展——广西蔗糖业生产的必由之路》，《农业经济问题》2004年第4期。

颜色、刘丛：《18世纪中国南北方市场整合程度的比较——利用清代粮价数据的研究》，《经济研究》2011年第12期。

杨春、王明利：《考虑空间效应的中国肉牛生产区域集聚及成因》，《技术经济》2013年第10期。

杨莲娜：《中国食糖的进口波动研究——基于进口安全的视角》，《国际经贸探索》2013年第3期。

仰炬等：《政府管制与大宗敏感商品价格及波动性研究——以世界糖产业为例》，《管理世界》2008年第6期。

姚云浩：《农业产业集群识别及评价综述》，《中国农学通报》2014年第11期。

叶永刚、杨佳琪：《中国糖产业发展战略及糖产业金融工程》，《武汉大学学报》（哲学社会科学版）2013 年第 4 期。

易丹辉：《数据分析与 Eviews 应用》，中国人民大学出版社 2008 年版。

于爱芝、杨敏：《农产品价格波动非对称传递研究的回顾与展望》，《华中农业大学学报》（社会科学版）2018 年第 3 期。

喻闻、黄季焜：《从大米市场整合程度看我国粮食市场改革》，《经济研究》1998 年第 3 期。

袁华伟等：《我国食糖价格波动原因分析及对策建议》，《价格理论与实践》2011 年第 1 期。

袁永康、谢良俊：《我国糖业何时不再"扭秧歌"》，《中国国情国力》2003 年第 6 期。

翟雪玲等：《农产品金融化概念、形成机理及对农产品价格的影响》，《中国农村经济》2013 年第 2 期。

张成思等：《中国商品金融化分层与通货膨胀驱动机制》，《经济研究》2014 年第 1 期。

张贺泉、孙建明：《中外食糖价格传递关系研究》，《统计与决策》2013 年第 17 期。

张红富等：《江苏省粮食生产时空变化及影响因素分析》，《自然资源学报》2011 年第 2 期。

张晶、周海川：《国际大米价格互动性与中国粮食安全研究》，《中国人口·资源与环境》2014 年第 10 期。

张巨勇、于秉圭：《我国农产品国内市场与国际市场价格整合研究》，《中国农村经济》1999 年第 9 期。

张瑞娟：《国家储备政策对猪肉和食糖市场价格的影响研究——基于中美价格波动差异的对比分析》，《农村经济》2016 年第 12 期。

张怡：《中国花生生产布局变动解析》，《中国农村经济》2014 年第 11 期。

张元红：《中国食物自给状况与变化趋势分析》，《中国农村经济》2016 年第 4 期。

张屹山等：《中国期货市场功能及国际影响的实证研究》，《管理世界》2006 年第 4 期。

张有望、李崇光:《农产品价格波动中的金融化因素分析——以大豆、食糖为例》,《华中农业大学学报》(社会科学版) 2018 年第 5 期。

张振、乔娟:《中国生猪生产布局影响因素实证研究》,《统计与信息论坛》2011 年第 8 期。

赵留彦等:《"裁厘改统"对国内粮食市场整合的效应》,《经济研究》2011 年第 8 期。

赵一夫:《我国食糖市场价格与国际市场联动关系研究》,《价格理论与实践》2014 年第 6 期。

郑力文、谭智心:《食糖产业发展及其走向判断》,《重庆社会科学》2012 年第 3 期。

郑展鹏:《基于国家"钻石"模型的中国食糖国际竞争力分析》,《国际经贸探索》2009 年第 1 期。

中国农业科学院农业经济与发展研究所:《农业经济计量模型》,中国农业出版社 2006 年版。

周宏:《中国种植业增长与贡献因素分析》,《中国农村经济》2008 年第 1 期。

周立青、程叶青:《黑龙江省粮食生产的时空格局及动因分析》,《自然资源学报》2015 年第 3 期。

周章跃、万广华:《论市场整合研究方法——兼评喻闻、黄季焜〈从大米市场整合程度看我国粮食市场改革〉一文》,《经济研究》1999 年第 3 期。

朱厚岩等:《广西糖料蔗"双高"基地建设探析》,《宏观经济管理》2016 年第 5 期。

朱鑫榕、王亚星:《蔗糖国际贸易价格对中国甘蔗产业的影响研究》,《生产力研究》2011 年第 7 期。

朱信凯、李海鹏:《"十一五"期间我国食糖供给与需求预测研究》,《中州学刊》2005 年第 6 期。

Ang, B. W., "Decomposition Analysis for Policymaking in Energy: Which is the Preferred Method?", *Energy Policy*, 2004, 32 (9).

Ang, B. W., "The LMDI Approach to Decomposition Analysis: A Practical Guide", *Energy Policy*, 2005, 33 (7).

Anonymous, "World Sugar Market: Have Sugar Prices Risen Too Fast

Too Soon?", *Sugar Industry – Zuckerindustrie*, 2016, 141 (7).

Balcombe, K. G. and Rapsomanikis, G., "Bayesian Estimation of Non – Linear Vector Error Correction Models: The Case of the Sugar – Ethanol – Oil Nexus in Brazil", *American Journal of Agricultural Economics*, 2008 (1).

Beghin, J., et al., "The Cost of the U. S. Sugar Program Revisited", *Contemporary Economic Policy*, 2003, 21 (1).

Buccola, S. T., "Risk Preferences and Short – Run Pricing Efficiency", *American Journal of Agricultural Economics*, 1983 (65).

Buchhofer, E., "Cluster – Structures in the Agricultural Supply Chain in East Germany and Poland: An Example of the Rural Districts Elbe – Elster and the Powiats Pyrzyce", *Erdkunde*, 2008, 62 (1).

Cabrera, B. L. and Schulz, F., "Volatility Linkages between Energy and Agricultural Commodity Prices", *Energy Economics*, 2016, 54.

Cafiero, C., et al., "Maximum Likelihood Estimation of the Standard Commodity Storage Model: Evidence from Sugar Prices", *American Journal of Agricultural Economics*, 2015, 97 (1).

Catherine, J. M. P. and Donald, S. S., "Scale Economies and Industry Agglomeration Ezternalities: A Dynamic Cost Function Approach", *The American Economic Review*, 1999, 89 (1).

Chen, J., et al., "Model of KIBS Embedding Driving Enterprises' Technology Innovation among Agricultural Industrial Clusters", The 2016 International Symposium on Business Cooperation and Development, 2016.

Daniel, B. and J. A. Hartigan, "Product Partition Models for Change Point Problems", *The Annals of Statistics*, 1992, 20 (1).

Dutta, A., "Cointegration and Nonlinear Causality among Ethanol – Related Prices: Evidence from Brazil", *GCB Bioenergy*, 2018, 10 (5).

Ferreira, J. A., et al., "Detecting Changes in Time Series: A Product Partition Model with across Cluster Correlation", *Signal Processing*, 2014 (96).

Frandsen, S. E., et al., "Reform of EU Sugar Policy: Price Cuts versus Quota Reductions", *European Review of Agriculture Economics*, 2003, 30 (1).

Gao, F., et al., "A Game Analysis of Cooperation Relationship Based on the Vertical Supply Chain in Agricultural Industrial Cluster", The 5th International Conference on Innovation and Management, 2008.

Gao, J., "Jilin Province Spatial Pattern of Agricultural Product Processing Industry Cluster and Development Model", The 2nd International Conference on Engineering and Business Management, 2011.

Gocht, A. and Roder, N., "Using a Bayesian Estimator to Combine Information from a Cluster Analysis and Remote Sensing Data to Estimate High-Resolution Data for Agricultural Production in Germany", *International Journal of Geographical Information Science*, 2014, 28 (9).

Hailu, G. and B. J. Deaton, "Agglomeration Effects in Ontario's Dairy Farming", *American Journal of Agricultural Economics*, 2016, 98 (4).

He, L. Y. and Xe, W. S., "Who Has the Final Say? Market Power versus Price Discovery in China's Sugar Spot and Futures Markets", *China Agricultural Economic Review*, 2012, 4 (3).

Head, K. T. and Mayer, "Regional Wage and Employment Responses to Market Potential in the EU", *Regional Science and Urban Economics*, 2006, 36 (5).

Jiang, H. Y., et al., "Dynamics of Volatility Transmission between the US and the Chinese Agricultural Futures Markets", *Applied Economics*, 2017, 49.

Jing, Z. F., et al., "Dynamics of Technology Learning of Economic Entities in Agricultural Cluster", Conference on Systems Science, Management Science and System Dynamics, 2009.

Jordan, C., et al., "Statistical Modeling Using Product Partition Models", *Statistical Modeling*, 2007, 7 (3).

Keller, M. and Shiue, H., "Market Integration and Economic Development: A Long-Run Comparison", *Review of Development Economics*, 2007, 11.

Koizumi, T. and Yanagishima, K., "Impacts of Brazilian Ethanol Program on the World Ethanol and Sugar Market: An Econometric Simulation Approach", *Japanese Journal of Rural Economy*, 2005, 7.

KREI（Korea Rural Economic Institute），"Agro – Industry Sector and Agro – Enterprise Cluster Development in Selected Transition Economies"，www. unescap. org，2005.

Kristoufek，L.，et al.，"Comovements of Ethanol – Related Prices：Evidence from Brazil and the USA"，*Gcb Bioenergy*，2016，8（2）.

Lee，W. and Schrock，G. M.，"Rural Knowledge Clusters：The Challenge of Rural Economic Prosperity"，State and Local Policy Program Staff Working Paper，2002.

Li，E. Y. C. and Wang，Y. W.，"Empirical Study on the Relationship between Clustering in Agricultural Produce Processing Industry and Small Town Construction"，International Conference on Construction and Real Estate Management，2008.

Li，E. L.，et al.，"Analyzing Agricultural Agglomeration in China"，*Sustainability*，2017，9（2）.

Li，X. T.，"Innovation System of Agricultural Industrial Cluster：A Perspective from Dynamical Structure Model"，*Advances in Intelligent Systems*，2012，1.

Liu，T.，"Study on the Development Countermeasures of Characteristics of Agricultural Industry Clusters in Henan Province – Based on Swot Analysis"，International Conference on Management Innovation and Public Policy，2012.

Liu，X. N.，"The Effect Assessment System of Agricultural Industry Clusters"，Conference on Systems Science，Management Science and System Dynamics，2009.

Loschi，R. H. and Cruz，F. R. B.，"An Analysis of the Influence of Some Prior Specifications in the Identification of Change Points via Product Partition Model"，*Computational Statistics & Data Analysis*，2012，39（4）.

Manish，K. C.，"Life Cycle Assessment of Sugar Industry：A Review"，*Renewable and Sustainable Energy Reviews*，2011，15（7）.

Martin，R.，"Testing Market Integration"，*American Journal of Agricultural Economics*，1986，68.

Mueller，P.，et al.，"A Product Partition Model with Regression on Covariates"，*Journal of Computational and Graphical Statistics*，2011，20（1）.

Nastari, P. M., "The Growing Importance of Ethanol: More Sugar Price Volatility?", *Zuckerindustrie*, 2009, 134 (1).

Page, E. S., "Continuous Inspection Schemes", *Biometrika*, 1954, 41 (2).

Park, J. H. and Dunson, D. B., "Bayesian Generalized Product Partition Model", *Statistica Sinica*, 2010, 20 (3).

Philippe, M. and Gianmarco, I. P., "Growth and Agglomeration", *International Economic Review*, 2001, 42 (4).

Pindyck, R. S. and J. J. Rotemberg, "The Excess Co-Movement of Commodity Prices", *Economic Journal*, 1990, 100 (403).

Rapsomanikis, G. and Mugera, H., *Methods to Analyse Agricultural Commodity Price Volatility*, Springer, 2011.

Sabri, E. R. and Ozcelik, A., "The Clustering of Agricultural Products and Determining Important Countries for These Clusters by the Factor Analysis", *Agricultural Economics - Zemedelska Ekonomika*, 2014, 60 (11).

Saether, B., "Socio-Economic Unity in the Evolution of an Agricultural Cluster", *European Planning Studies*, 2014, 22 (12).

Scholleova, H., A. Eglite, "Economic Science for Rural Development: Production and Cooperation in Agriculture/Finance and Taxes", *Agricultural Clusters - Efficiency Measurement*, 2013, 2.

Serra, T., "Volatility Spillovers between Food and Energy Markets: A Semi-Parametric Approach", *Energy Economics*, 2011, 6.

Serra, T., et al., "Price Volatility in Ethanol Markets", *European Review of Agricultural Economics*, 2011, 38.

Sexton, R., et al., "Market Integration, Efficiency of Arbitrage, and Imperfect Competition: Methodology and Application to U. S. Celery Markets", *American Journal of Agricultural Economics*, 1991, 73.

Stewart, L., et al., "Tennessee Agriculture and Forestry Industry Clusters and Economic Performance, 2001-2006", *Journal of Agricultural and Resource Economics*, 2009, 34 (1).

Todd, M., "High World Sugar Prices: Is Asia's Production Cycle to Blame?", *Zuckerindustrie*, 2010, 135 (3).

Wang, F., et al., "Causal Analysis of Futures Sugar Prices in Zhengzhou", *Acta Mathematicae Applicatae Sinica - English Series*, 2012, 28 (1).

Wang, Y. M., et al., "China's Agricultural Industry Cluster's Sustainable Development Model and Countermeasures", The 27th Chinese Control and Decision Conference, 2015.

Wang, Y. M., et al., "Analysis on the Innovation Model Establishing and Innovation Ability of Agriculture Industry Cluster Network", Proceedings of the 28th Chinese Control and Decision Conference, 2016.

Wang, Y. R. and Liu, Y. Z., "The Structure Verification of Agricultural Cluster Formation Mechanism", International Conference on Applied Social Science, 2011.

Wang, Y. R., "The Research on the Effect of Farmers Employment Creation Based on Agriculture Industry Cluster", *Applied Economics, Business and Development*, 2011, 1.

Wang, Z. and Tang, X., "Analyze Agricultural Industry Clusters of Hebei Province Based on the Gem Model", International Conference on Industry Engineering and Management, 2010.

Wieser, H., "The Austrian Agricultural Cluster – Example for a Company Co - Operation for the Realisation of Integrated Agribusiness Projects through the Food Chain", The 2nd International Symposium on Prospects for the 3rd Millennium Agriculture, 2003.

Xu, J., et al., "Learning Dynamic Causal Relationships among Sugar Prices", *Acta Mathematicae Applicatae Sinica - English Series*, 2017, 33.

Xu, J. and Tong, X. W., "Causality Analysis of Futures Sugar Prices in Zhengzhou Based on Graphical Models for Multivariate Time Series", *Acta Mathematicae Applicatae Sinica - English Series*, 2016, 32 (1).

Zhu, C. J., et al., "Agricultural Industry Cluster Sustainable Development Based on the Perspective of the Scientific Outlook on Development", *Natural Resources and Sustainable Development*, 2012, 35.

致　　谢

本书完工之际，感慨颇多。本书是本人主持的国家自然科学基金项目"中国食糖产业功能区时空格局分异、集聚效应及其优化研究"（项目编号：71763018）课题的一部分。

事实上，对于中国食糖产业的研究兴趣始于本人的研究生阶段。当时，借助于导师担任国家蔬菜产业体系经济岗位专家和国家社科基金重大项目"我国鲜活农产品价格形成、波动以及调控机制研究"首席专家的契机，读研期间本人有幸接触到了一系列与鲜活农产品产销相关的实地调研和论文撰写工作。在此，真诚地感谢我的硕博导师李崇光教授，一直以来给予我的各种实地调研机会、学术能力培养、人格魅力熏陶。也就是从那时起，我开始对中国大宗农产品生产环节、流通环节、消费环节等产业链各个环节有了一定的认知，并且对研究中国农业产业问题产生了浓厚兴趣。在阅读了国内外大量关于大宗农产品领域的系列文献之后，结合自身对农业经济和管理问题的认识，本人发现食糖是食用性、战略性、全球化、金融化以及能源化多重属性兼具的重要大宗敏感农产品之一，也是继蔬菜、棉花和油料作物之后的中国重要的大宗经济作物，在中国农业经济领域中扮演着十分重要的角色；并且中国也是全球为数不多的兼具甘蔗作物和甜菜作物生产优势的国家，在全球食糖市场上扮演着重要角色，是世界上重要的糖料作物生产国、食糖类产品进口国以及消费国。然而，中央及地方各级政府对食糖产业的政策支持水平相对要远弱于粮食、棉花、油料等作物。研究如何从源头上稳定糖料作物生产、确保产品供给稳定、保障食糖市场安全是一项复杂的系统性工程，同时具备重要的现实意义。与此同时，国内外学术界针对种植业领域的研究大多围绕着粮食安全和蔬菜产业安全等问题开展，关于食糖产业的研究也并不多见。在此背景下，本人决定开始尝试中国食糖产业安全问题的研究。

首次从市场整合视角考察食糖产业问题源于 2014 年。当时，本人选取了中国南方地区和北方地区两种不同的糖料作物——甘蔗作物和甜菜作物，首次尝试撰写地理距离变量抽离前后中国南北方食糖主产区市场整合的研究，次年论文被 CSSCI 刊物收录，无疑这是对本人的一种肯定。随后，本人又基于空间地理学视角、空间联动视角展开中国食糖生产稳定与市场安全的一系列研究，也先后得到了优秀刊物的认可和发表机会。尤其是 2017 年本人以中国食糖产业安全问题作为申报选题，获批国家自然科学基金委立项资助，这极大地鼓励和支持了我继续从作物生产稳定和市场安全双重视角展开中国食糖产业安全的系统性研究。在此，对审阅我论文的杂志社编辑老师、匿名审稿专家、农业经济问题研究的同行们以及国家自然科学基金委的评审老师们给予的支持和宝贵的修缮意见表示最真挚的谢意。

本书的出版，得到了国家自然科学基金项目（71763018）、江西省高校人文社会科学研究项目（GL19242）、江西省社会科学规划项目（20GL05）、南昌大学江西扶贫发展研究院项目（FPFZ001）、南昌大学廉政研究中心和公共管理学院的资助。在此致谢！

最后，谨以此文献给我的家人。感恩你们始终如一的默默陪伴与支持。

高群

2020 年 6 月完稿于江西省南昌市前湖畔